Carlos Slim

José Martínez

Carlos Slim

OS SEGREDOS DO HOMEM MAIS RICO DO MUNDO

Tradução
Alfredo Dario

PRUMO
retratos

Título original: *Carlos Slim – Retrato inédito*

Direção editorial
Jiro Takahashi

Editora
Luciana Paixão

Editora assistente
Anna Buarque

Assistência editorial
Roberta Bento

Preparação de texto
Rosamaria Gaspar Afonso

Revisão
Dida Bessana
Marcia Benjamim

Produção e arte
Marcos Gubiotti

Todas as fotografias utilizadas nesta obra foram cedidas pela editora Oceano e fazem parte do acervo pessoal do biografado.

CIP-Brasil. Catalogação-na-fonte
Sindicato Nacional dos Editores de Livros, RJ

M337c Martínez, Jose
Carlos Slim: Os segredos do homem mais rico do mundo / José Martínez; tradução Alfredo Dario. – São Paulo: Prumo, 2012.
256p. : 23 cm

Tradução de: Carlos Slim: retrato inédito
Caderno de fotos
ISBN 978-85-7927-196-0

1. Slim Helu, Carlos 1940-. 2. Homens de negócios - México - Biografia. 3. México - Condições econômicas. 4. Administração de empresas. 5. Sucesso. I. Título.

12-4017. CDD: 923.3
CDU: 929:330

Direitos de edição para o Brasil: Editora Prumo Ltda.
Rua Júlio Diniz, 56 – 5º andar – São Paulo/SP – CEP: 04547-090
Tel.: (11) 3729-0244 – Fax: (11) 3045-4100
E-mail: contato@editoraprumo.com.br
Site: www.editoraprumo.com.br

O dinheiro não é nada.
Agora, muito dinheiro, isso já é outra coisa.
George Bernard Shaw

Não existe nada mais doce que o mel.
Exceto o dinheiro.
Benjamin Franklin

Sumário

Prólogo

O mexicano Carlos Slim é o homem mais rico e um dos mais poderosos do mundo. Há pouco tempo, o jornal *Excélsior* publicou uma matéria sobre certa informação veiculada na revista *Vanity Fair*. Nela se enumeravam os cem personagens mais poderosos do mundo – não necessariamente os mais ricos, pois também apareciam um primeiro-ministro russo e um casal do cinema norte-americano. A matéria continha alguns pormenores superficiais sobre Carlos Slim, o empresário mexicano de origem libanesa. No entanto, ficaram de fora alguns dados fundamentais sobre esse homem, conhecido como um dos mais ricos do planeta. O interessante não é que esse empresário apareça na mídia internacional, na qual não são poucos os que se ocupam de suas atividades industriais e inclusive das pessoais, mas que talvez isso ocorra contra sua vontade.

Na realidade, Carlos Slim dedica a vida aos seus negócios e, certamente, à sua família. Jamais esteve vinculado a escândalos de nenhum tipo e, em um país de enormes contradições, não é vítima dos dardos de partidos ou políticos de aparência progressista, que pretendem uma distribuição mais justa da riqueza. A esse respeito, o livro que apresentamos, *Carlos Slim, Os segredos do homem mais rico do mundo*, faz um levantamento crítico das suas relações com o mundo da política e da maneira como o magnata as conduz dentro e fora do país. Mas também abordamos os feitos do homem altruísta, que dedica parte de sua fortuna ao estímulo das causas culturais, sociais e educativas. É notória sua vinculação à Universidade Nacional Autônoma do México (Unam), sua *alma mater*, a qual apoia com entusiasmo. É possível inferir que, nesse terreno, suas principais simpatias estão do lado da universidade pública.

Talvez, por fatos como esse, os meios de comunicação de um país que recentemente se livrou da censura exagerem ao falar de Slim. O que não chega a ser generosidade, pois, na realidade, ele não dá motivos para isso. Além do mais, suas iniciativas procuram uma maneira de gerar empregos, mostrando com isso uma vocação social. Porém, além dessas generalidades, o que sabemos de Carlos Slim? Quais informações temos a respeito de sua origem, seus estudos, sobre como passou de empresário dedicado a dono de uma das mais importantes fortunas do mundo? O que conhecemos de sua personalidade, de suas relações familiares, amizades, vínculos com outros empresários, políticos importantes e intelectuais famosos? Qual é sua posição ideológica, suas preferências culturais?

Frequentemente, os multimilionários se transformam em lendas; uns porque conquistaram sua fortuna mediante trapaças e crimes, outros porque a herdaram, e outros, ainda, pelos sacrifícios com que a obtiveram. No entanto, todos esses homens e mulheres usaram suas riquezas para contribuir com o desenvolvimento de um país ou de uma comunidade. Porque não é raro que as grandes fortunas do mundo tenham estado associadas a tragédias, dor e exploração. Inclusive, muitos dos grandes patrimônios poderiam integrar – lembrando um dos títulos de Borges – toda uma *História universal da infâmia*. Não é o caso de Carlos Slim, o que é notável, já que fenômenos iguais tendem a seguir caminhos paralelos.

Por outro lado, em um país como o México, poucos fazem jornalismo investigativo e menos ainda se atrevem a abordar temas espinhosos. José Martínez é um dos que optaram por lançar um olhar atento às grandes personalidades desse país. Como prova disso, escreveu sobre personagens tão controvertidos como Carlos Hank Gonzáles, Elba Esther Gordillo e o próprio Carlos Slim. Para isso, recorreu a uma investigação detalhada e rigorosa, pois não pode correr o risco de ser obrigado a publicar um desmentido ultrajante ou uma digilência vergonhosa. Além do mais, os leitores esperam que uma biografia seja objetiva e inteligente, que nela predominem dados verídicos e afirmações sérias, não um texto que elogie ou denigra um personagem, segundo os cálculos da conveniência do autor e de seus editores. Embora o México tenha historiadores rigorosos, que forneceram dados e elementos para a melhor compreensão de um personagem importante, também há, infelizmente, interesses que trabalham para denegrir ou exaltar, de modo avesso, as figuras públicas.

José Martínez é um jornalista que conhece bem os segredos do ofício e, com isso, conseguiu produzir algumas biografias notáveis; retratos de figuras que se destacam no México contemporâneo, com as quais ingressamos em um novo milênio e em uma etapa sociopolítica diferente. Cabe ressaltar que a biografia de Carlos Slim é quase oposta à da maioria dos magnatas. Sua história de sucesso é diferente. Podemos apreciar isso na investigação conduzida por Martínez.

O livro começa falando da origem dos Slim e encerra com a relação das maiores aquisições do magnata. Seu pai, Julián Slim Haddad, chegou ao México por Veracruz, procedente de Jezzine, Líbano, seguindo os quatro irmãos mais velhos, Carlos, Elías, José e Pedro, todos procurando estabelecer-se e crescer. Contudo, não se trata apenas de percorrer a vida familiar e íntima do empresário, mas de seguir o itinerário de um homem que criou um império econômico.

José Martínez nos traz os dados necessários para situar Carlos Slim familiar e emocionalmente. No entanto, boa parte do interesse deste trabalho está na sua vida pública, nas suas proezas financeiras, na maneira como conquistou o poder econômico e no modo como evita intrometer-se de maneira ostensiva na política.

O texto também revela que, assim como Julián Slim Haddad, seu pai, foi otimista a respeito do México nos tempos da Revolução, ele também o foi nas crises atravessadas pelo país. Martínez destaca que o magnata, em vez de emigrar com sua fortuna, optou por assumir os riscos ocasionados pelas turbulências políticas.

No anexo "O leilão", é narrada a aquisição da companhia Teléfonos de México. A esse respeito, o autor afirma: "...foi uma operação aberta e alheia a todo interesse político. Com o propósito de romper com o estigma de ter sido favorecido pelo ex-presidente Salinas, Slim disse estar disposto a abrir os livros contábeis de suas empresas". Da minha parte, ainda me lembro da polêmica daqueles anos em que se consolidaram as intenções privatizantes do Estado. O porta-voz do então presidente Carlos Salinas declarou aos meios de comunicação que Slim não teve tratamento preferencial; simplesmente apresentou as melhores propostas. Naquela época, entre seus críticos se encontravam muitas das figuras mais relevantes do perredismo* atual, os quais não mantiveram a polêmica, talvez por considerá-la inconveniente e pouco ajustada à realidade.

A crise dos anos 1980 surgiu como consequência da inépcia do governo; uma série de decisões econômicas torpes comprometeu o país, houve fuga de capitais e medo. O desastre parecia iminente. Carlos Slim e seu grupo foram dos poucos que continuaram fazendo fortes investimentos no México, adquirindo empresas e criando postos de trabalho. Sobre essa época, Martínez

* Partido de la Revolución Democrática – PRD. (N.T.)

reproduz as declarações do magnata: "Se meu pai, em plena revolução, com o país abalado, sem ainda ter uma família, sendo estrangeiro e sem o enraizamento que só o tempo dá, mesmo assim confiou no México e no seu futuro, como eu não iria fazê-lo?".

À medida que cresceu o poderio de Carlos Slim, os meios de comunicação de outros países começam a se concentrar nele, como também no México. A expansão de sua riqueza começou nos tempos da Revolução Mexicana, quando as velhas fortunas acumuladas durante o porfiriato*, ou inclusive antes, procuravam guardar seus capitais no exterior.

O interesse pelas conquistas impressionantes do personagem principal se traduziu na busca de fontes fidedignas que explicassem seu sucesso. Lembro-me de que, durante algumas conferências que dei na República Dominicana, onde Slim tem negócios de telefonia de grande envergadura, várias pessoas, ao saberem que sou mexicano, fizeram perguntas sobre ele. Indiquei como referência o livro de Martínez, destacando que se tratava de uma investigação pormenorizada sobre um personagem que está fazendo história no México e que começa também a fazê-lo no resto do planeta.

René Avilés Fabila

Escritor e jornalista mexicano

* Período de prosperidade sob o governo do general Porfirio Diaz, de 1877 a 1911. (N.T.)

Introdução

Em seus relatórios dos últimos três anos, a revista *Forbes* colocou Carlos Slim em primeiro lugar na célebre lista dos homens mais ricos do mundo. Slim, cuja fortuna a mencionada publicação estima em mais de 53,5 bilhões de dólares, monopoliza os refletores faz um bom tempo e, como consequência, é cada dia maior o interesse do público em conhecer sua história e a da sua família.

Há mais de cem anos, os Slim chegaram ao México. Quatro gerações se sucederam até os dias de hoje. A riqueza incomensurável fez dos Slim o sobrenome mais popular do México. Ao contrário de outros mexicanos ricos, muitos deles envolvidos no glamour e no escândalo, essa dinastia é muito peculiar. Mesmo não participando da política, o carisma do magnata Carlos Slim o converteu em personalidade influente em muitos âmbitos da vida econômica, política, social e cultural.

Em outros tempos, o império econômico dos Slim poderia ter feito deles a única família real do México.

Ricos e poderosos, os Slim são uma família simples, de bons modos, aparência informal, alheios à ostentação da elite do dinheiro.

Quinto de seis irmãos, aos 25 anos de idade Carlos Slim começou a edificar as bases do seu vasto império.

Um dos seus livros de cabeceira é *A conquista da felicidade*, escrito por Bertrand Russell, um dos últimos grandes humanistas do Ocidente, que sustentava que o segredo da felicidade consistia em não ser completamente imbecil, além de que, para ser razoavelmente feliz, deve-se pensar de maneira apropriada, não deixar de pensar completamente; agir de forma correta, criativa e, se possível, desinteressada, e nunca deixar de agir.

Justamente, Slim diz sempre que seu trabalho principal consiste em "pensar".

Esta pesquisa jornalística pretende retratar sem distorções o homem mais rico e poderoso da história do México, que emergiu como o maior investidor do século XXI.

Seu nome está associado ao mundo do dinheiro, e servir aos demais tem sido, para ele, a chave do sucesso. Personagem vital da globalização, construiu seu império no país que abriu as portas para seus pais, depositando sua confiança nele, quando a grande maioria dos empresários começou a abandonar o barco que afundava, colocando seus capitais em bancos estrangeiros, enquanto os cofres da nação ficavam vazios.

Longe das histórias de avareza e cobiça do passado, quando o sentido da vida consistia em acumular fortunas, o auge da economia neoliberal criou uma nova classe de magnatas mexicanos com uma mentalidade mais enérgica e ambiciosa, que apostaram em sociedades com os grandes capitais. Slim, criador do maior grupo empresarial do país, é um dos representantes dessa elite que simboliza o novo capital financeiro.

Sua história é a do típico *self-made man*: perdeu o pai quando mal havia completado treze anos de idade e herdou dele o espírito empreendedor.

Por sua posição predominante na economia, é visto no exterior como um dos "construtores do país" e foi considerado pela mídia especializada dos Estados Unidos, do Japão e da Europa um dos mais importantes líderes da globalização, pela sua visão dos negócios.

Possuidor de uma fortuna incomensurável, esse sagaz representante do dinheiro criou a própria filosofia e se autodefiniu como um simples administrador temporário.

Sua carreira empresarial não tem sido isenta de contratempos; forçado pelas circunstâncias, foi obrigado a enfrentar ataques e mentiras.

De qualquer forma, como um arqueólogo das finanças, soube decifrar os códigos do sistema financeiro quando, em meio às crises dos anos 1980 e 1990, este chegou a ficar por um fio e poucos se atreveram a arriscar os seus capitais.

O mais surpreendente é que foi no México que Slim começou a construir o seu império e, por isso, muitos querem saber qual é a chave do seu êxito.

Nas livrarias de qualquer lugar, é comum encontrar obras sobre o caminho do sucesso, seguido por homens que hoje são considerados vencedores. As pessoas querem saber qual é o segredo para vencer na vida.

Mais do que um manual de superação pessoal, este livro não trata apenas da vida de um homem vencedor e da construção do seu vasto império. Também é um esboço da nossa história recente. Fala sobre a nova conquista, que sem ter empunhado nenhuma espada nem disparado uma só bala, transcendeu o continente americano de norte a sul e de leste a oeste e que procura estender seus domínios à Europa e à Ásia. É a história de um conquistador contemporâneo, bem diferente do que se conhecia. Um homem que foi capaz de criar uma riqueza imensa graças à sua visão e ao seu talento, e que soube se cercar de uma equipe de colaboradores e amigos que conseguiram compartilhar o seu pensamento, seguindo os conselhos de Henry Ford, que costumava dizer: "Cerque-se sempre de pessoas inteligentes, inclusive mais inteligentes do que você".

É a biografia de um homem que rompeu com todos os paradigmas de conquistadores de que se tinha conhecimento e que, em quatro décadas, conseguiu reunir uma fortuna descomunal. Mas não se trata só de dinheiro. Uma das suas qualidades é a de ter uma sensibilidade surpreendente. Na América Latina, os magnatas são comparados a usurários modernos que procuram sempre o próprio benefício, que acumulam dinheiro em grandes quantidades e o guardam em cofres, que em vez de trabalhadores prefeririam escravos, para não terem de gastar um centavo em salários. Mas esse magnata mexicano é diferente.

Milionário que coleciona obras de arte não é novidade, mas milionário que cria museus e expõe sua coleção é uma coisa bem diferente. Esse homem descendente de libaneses resgatou do esquecimento livros escritos pelas próprias mãos de Cristóvão Colombo e da rainha de Castela, livros sobre a independência do México, escritos por seus protagonistas, ou livros quase desconhecidos da Revolução Mexicana. Livros da época contemporânea, relatórios, cartas íntimas de pintores e escritores. Ele os recuperou do esquecimento e do abandono governamental, que preferia que se desfizessem, em vez de restaurá-los. Esse homem que paga fianças de milhares de dólares por pessoas presas injustamente pelo simples fato de serem indígenas, de serem pobres, de não falarem espanhol, de não saberem escrever ou por roubarem um alimento. Um homem que investe dinheiro para que a tecnologia esteja ao alcance de todos e em todos os lugares, que o investe em pesquisa médica para que a cura das doenças seja mais simples e acessível, que procura uma forma de erradicar completamente o analfabetismo, não só do seu país, mas de todo o continente, e que faz isso da maneira mais reservada possível.

Para muitos homens, a fortuna se encontra no norte do continente; é assim que, no subconsciente latino, penetra com facilidade o que chamamos "o sonho americano", isto é, o triunfo e o sucesso de uma pessoa. Milhões de latinos procuram esse ideal. Apenas uma oportunidade para destacar-se. Ser um vencedor. Ir para a terra das oportunidades. E como poderia ser diferente se, desde crianças, incutiram em nós a frase "Deus salve a América". Mas o homem retratado neste livro é um cidadão forjado no México.

A Dinastia Slim

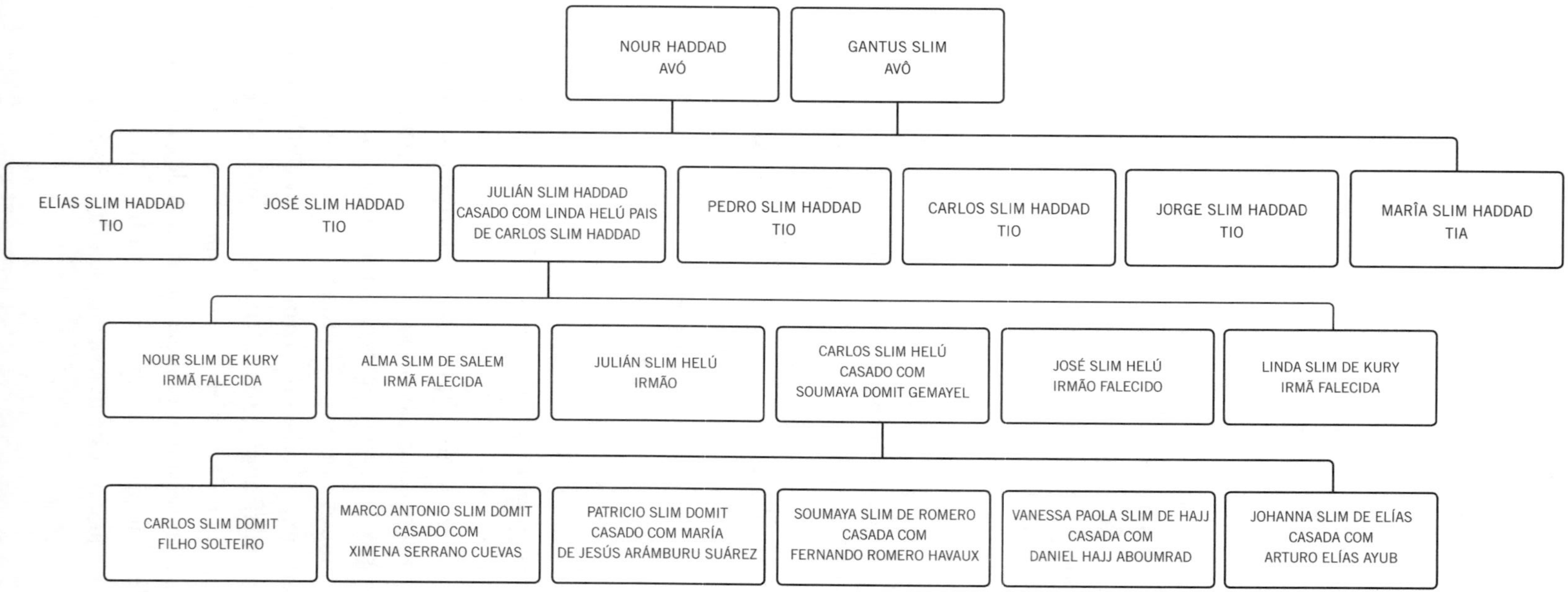

Os exilados do Levante*

A terra prometida

No fim do século XIX, quando os refletores do porfiriato iluminavam a ambição da burguesia de acumular dinheiro, começaram a chegar ao México os primeiros grupos de imigrantes libaneses, em busca de um destino melhor. Na época, as três principais fortunas pertenciam a dois espanhóis, Avelino Montes Molina e Iñigo Noriega Laso (do qual dois filhos se suicidaram), e a um norte-americano, Thomas Braniff. Havia então, no México, 44 fortunas de mais de um milhão de pesos. Do patrimônio total, 26,4% pertenciam a nove imigrantes espanhóis, 8,2% a dois norte-americanos, 1,4% a um alemão e 0,7% a um francês.

No Líbano, o Império Otomano estava em convulsão. Estima-se que pouco mais de 1 milhão de pessoas partiu do Líbano entre 1860 e 1914. A maioria, em torno de 40%, dirigiu-se aos Estados Unidos; outros 31% foram para o Brasil e 15% para a Argentina. Nesse período, apenas 2% desse total teria emigrado para o México, o que quer dizer, aproximadamente, 20 mil libaneses.

A maioria deles fugia dos excessos do Império Otomano. Os registros migratórios do governo mostram o desembarque dos primeiros libaneses no porto de Veracruz, em 1878, pouco depois que o general Porfirio Díaz concluiu o seu primeiro mandato como presidente da República. Segundo o censo de 1900, havia no país 391 libaneses. Dez anos depois, eles passaram a ser 2.907, representando 2,5% da população estrangeira no ocaso do governo de Porfirio Díaz.

A fama do militar de Oaxaca ultrapassava as fronteiras, pois ele se distinguira na luta contra a intervenção francesa. A imigração libanesa cresceu até que Díaz foi derrotado por Francisco I. Madero e o ditador foram obrigados a abandonar o território mexicano. Por azar do destino, Porfirio Díaz, que havia dado as boas-vindas aos grupos de imigrantes que chegavam do Oriente Médio, também saiu rumo ao exílio pelo mesmo porto de Veracruz, a bordo do *Ypiranga*, depois de permanecer ali por cinco dias à espera do barco a vapor que havia zarpado de Coatzacoalcos para levá-lo à Europa, em uma penosa

* Países do Mediterrâneo oriental (N.T.)

travessia do Atlântico. Da baía de Veracruz, Teodoro Dehesa, governador do Estado, foi o político que deu o último adeus ao ditador, que terminou sua vida em Paris, em 1915. Nos primeiros meses do seu exílio, Porfirio Díaz solicitou ao Banco de Londres y México sua poupança, num montante de 1,5 milhão de francos, equivalentes a aproximadamente meio milhão de pesos daquela época, e a setenta anos de pensão por ter sido general do Exército mexicano.

Em 1936, Bernardo Diaz Casasús, o último bisneto do general Díaz nascido no exílio, via os primeiros raios de sol na cidade de Bloiz, França. Ao mesmo tempo, nascia no México a primeira geração nativa dos Slim. Com o passar dos anos, e a partir da última década do século XX, consolidaram-se como a família de origem libanesa mais rica do país, possuidores de uma das principais fortunas do mundo, depois de terem sido atraídos pela miragem da paz social e pelo dinheiro, no ocaso do porfiriato.

Nascido em 1887, Julián Slim Haddad, pai de Carlos Slim Helú, chegou ao México com catorze anos de idade, depois de sair de Jezzine, seu povoado natal. Entrou por Veracruz e viajou logo para o porto de Tampico, seguindo os quatro irmãos mais velhos, Carlos, Elías, José e Pedro, em uma época em que todos os habitantes do Oriente Médio eram súditos do Império Otomano. Como ele, muitos libaneses saíram em busca de um horizonte melhor. Outros porque fugiam da dominação turca.

Sobre suas origens, Carlos Slim Helú lembra:

> Meus antepassados paternos e maternos chegaram ao México há cem anos, fugindo do jugo do Império Otomano. Naquela época, os jovens eram forçados, por meio de um recrutamento, a ingressar no Exército, motivo pelo qual as mães exilavam seus filhos antes que estes completassem quinze anos de idade.

Assim, no ano de 1902, Khalil Slim Haddad chegou ao território mexicano e depois trocou o seu nome por Julián. Khalil é um nome árabe comum, que significa “amigo fiel” ou “amigo leal”. Como ele, milhares de libaneses que chegaram ao país o fizeram por três portos: Tampico, em Tamaulipas, Progreso, em Yucatán, e Veracruz.

Um dos pioneiros da emigração libanesa foi José María Abad, o primeiro libanês que se dedicou ao comércio ambulante no México, em 1878. Os ganhos de um mascate como Abad eram cerca de 50% mais elevados dos que o de um assalariado médio.

No Oriente Médio, onde se localiza o Líbano – uma das menores nações do mundo, com apenas 10,4 mil km^2 e uma população aproximada de 3,6 milhões de habitantes, dos quais apenas 3,5 milhões nasceram ali, enquanto se supõe que a diáspora libanesa no mundo chegue a 16 milhões de pessoas – vivem 24 povos, 23 árabes e um judeu. Posto que os três grandes profetas das três grandes religiões monoteístas procedem dessas terras, muitos dos seus seguidores têm sido vítimas das guerras que aconteceram na Terra Santa, ao longo da sua história, e que deixaram feridas profundas nos seus povos.

O escritor libanês Amin Maalouf, ator de *As Cruzadas vistas pelos árabes*, procura encontrar, em sua obra, uma resposta para esse espírito bélico com as seguintes reflexões: "Por que um romance sobre as Cruzadas agora?" e "Por que o Islã?"

Para o Ocidente – sustenta Maalouf – a ameaça do Islã tem sido permanente. Depois de quase um século da morte do profeta Maomé, no ano 632 d.C., os mouros haviam conquistado a Espanha e se encontravam nos umbrais da França, quando foram detidos por Carlos Martel, no ano de 932. Em 1453, no entanto, turcos e otomanos capturaram Constantinopla e, em 1569, se encontravam às portas de Viena. Foram definitivamente detidos em 1683.

Aos olhos do Islã, o conflito com o Ocidente assumiu diferentes formas: Bizâncio *versus* império islâmico, reinos cristãos *versus* Al-Ándaluz, Europa *versus* Império Otomano, colonialismo *versus* nacionalismo árabe etc. Para o mundo muçulmano, o Ocidente tentou ainda posicionar-se contra sua cultura e sua religião.

Com o território fragmentado ao longo dos seus 5 mil anos de história, o Líbano sobreviveu à tragédia e à desolação. Os libaneses no exílio dizem que o símbolo do seu país, o cedro, está desaparecendo, porém insistem que o espírito de Gibran Khalil Gibran, do cedro, do cardo e da rosa viverão para sempre.

O Líbano, país decantado pelo rei Salomão, que decorou o templo e seu palácio com cedro, permaneceu mais de quatrocentos anos sob o domínio da Turquia, o império da Sublime Porta. Quando acabou a Primeira Guerra Mundial, o litoral libanês estava ocupado pelos franceses, o interior pelos ingleses e a região montanhosa pelos nacionalistas que haviam se unido para resistir ao domínio turco.

Em consequência da guerra ancestral, os primeiros emigrantes do Oriente Médio para o México foram os libaneses, entre o fim do século XIX e o princípio do século XX, quando os habitantes dessa pequena nação eram súditos do Império Otomano.

Nesse sentido, o sociólogo e historiador Carlos Martínez Assad relata com profundidade as mudanças do Líbano ao longo da sua história milenar, que deixou um território fragmentado.

Ele descreve que surgiu, então, uma nova etapa na história política do Líbano, quando, entre 1918 e 1920, o país esteve sob um regime de ocupação. Depois, uma grande disputa diplomática entre a França e a Inglaterra deu lugar ao Tratado de Sévres, por meio do qual os turcos renunciaram às suas pretensões sobre o Líbano e a Síria, que ficaram subordinados a um mandato francês. Por outro lado, a Palestina ficou sob a supervisão dos ingleses. Em 1920, ao ser criado o Grande Líbano, somaram-se à montanha cristã quatro territórios árabes muçulmanos. Assim, foi construído um Estado binacional, ali onde jamais existira um Estado, no sentido moderno da palavra. Essa situação permaneceu até 22 de novembro de 1943, quando o Líbano alcançou sua independência no âmbito da modernidade que, supostamente, percorria o mundo.

No entanto, problemas seculares se arrastam no Líbano. Por quê? Porque o direito de mandar, fazer justiça, proteger e explorar o povo durante o domínio turco esteve dividido em uma infinidade de células locais. Os chefes, esses homens com a espada na mão, se consideravam os representantes de Deus, os encarregados de manter a ordem que esse mesmo Deus queria que houvesse na Terra. Amin Maalouf, em *O rochedo de Tânios*, assim descreveu a vida no Líbano, já na segunda metade do século XX:

> O povo inteiro pertencia, então, a um mesmo senhor feudal. Era o herdeiro de um antigo sistema de xeques (...) Não era nem ao menos um dos personagens mais poderosos do país. Entre a planície oriental e o mar havia dezenas de propriedades mais extensas do que a sua (...) Acima dele e das pessoas da sua condição, estava o Emir da montanha e, acima do Emir, os paxás das províncias, os de Trípoli, de Damasco, de Sídon ou de Acre. Ainda mais alto, muito mais alto, perto do céu, estava o sultão de Istambul (...).

Por isso, quando veio a independência, não havia como se transformar em um Estado com um núcleo modernizador, pelo menos. Para isso, influiu a saída de milhares de emigrantes à procura de outras terras, como uma reação à impossibilidade de alcançar melhores condições de vida em sua terra natal. Mas, com eles, saíram também os intelectuais e era normal, no começo do século XX, encontrar núcleos de pensadores libaneses fora do seu país, particularmente na Europa. Os nacionalistas reuniam-se em Paris, e até mesmo o

Congresso Árabe se reuniu nessa cidade, em 1913, para proclamar o respeito à autonomia do Líbano e exigir urgência no reconhecimento do seu caráter nacional. Em 1914, a Turquia, aliada aos alemães, pôs fim ao regime do Líbano. No ano seguinte, invadiu militarmente o pequeno país e anunciou o fim da autonomia do Mutassarifiah. A repressão posterior foi brutal. Muitos decidiram emigrar para não voltar jamais.

Na época, a maioria dos imigrantes que chegavam ao México desde o fim do século XIX, provenientes do Oriente Médio, eram libaneses; em escala bem menor, iraquianos, jordanianos, palestinos e sírios entraram no país. Era comum que fossem chamados de "turcos", ainda que não o fossem, por causa do passaporte, posto que, até 1918, eram súditos do Império Otomano; erroneamente também eram chamados de "árabes", por causa da língua que falavam e escreviam. O idioma, as tradições gastronômicas e os costumes sociais irmanaram ao México os que haviam emigrado do Levante; assim o descreve a estudiosa de assuntos libaneses Patricia Jacobs Barquet, autora de um dicionário sobre os mexicanos de origem libanesa, patrocinado pela *Inversora Bursátil* e pela *Sanborns*, empresas de Carlos Slim Helú. Jacobs narra em detalhes como os libaneses que emigraram do Levante se integraram aos costumes sociais mexicanos.

Os imigrantes do Oriente Médio que chegaram ao México saíram de seus pequenos territórios e aportaram em um país anfitrião em desenvolvimento e com apenas parte de sua extensão territorial ocupada. Puderam agradecer, com seus recursos, a acolhida que tiveram.

Os imigrantes integraram-se ao México pouco a pouco. Muitos deles, alguns em maior número do que outros, como é o caso dos libaneses, praticaram a exogamia. Hoje em dia, numerosos descendentes da primeira à quinta geração de imigrantes de vários países são mexicanos proeminentes, cujo trabalho e participação na atividade sociocultural da nossa nação tem uma transcendência que não se pode negar.

Seus ancestrais vieram de terras que haviam visto passar diferentes civilizações, como a egípcia, a grega, a romana e a persa, assim como vários conquistadores, a exemplo de Alexandre Magno, dos bizantinos, dos cruzados, dos árabes e dos otomanos. Saíram à procura de uma vida melhor; alguns deles com o desejo de ampliar seus horizontes, outros porque fugiam da dominação turca. A maioria era composta de cristãos maronitas e ortodoxos. Havia também muçulmanos sunitas e xiitas. Vieram alguns drusos e judeus. No México, encontraram um território rico em história e etnias. Apesar do desconhecimento do idioma, dos costumes, da falta de experiência e de recursos financeiros, na maior parte dos casos eles encontraram a maneira de se adaptar e de crescer. Deixaram sua família e suas terras, atraídos pela magia da América e pela abertura das leis migratórias. Grande parte deles era composta por jovens intrépidos, que se iniciaram como comerciantes em sua nova aventura; favorecidos por condicionantes como a instabilidade da moeda mexicana que, em contraposição, permitia aos bens e objetos converterem-se propriamente em um capital que incrementa seu valor, souberam poupar e investir seus lucros. Na luta pela sobrevivência, exploraram mercados quase virgens nos povoados isolados onde, levando mercadorias necessárias e atraentes, além de serem bem-vindos, eram estimados por oferecer facilidades de pagamento.

Assim se apresentaram; assim foram precursores das vendas a crédito; facilitaram a integração de áreas marginalizadas e favoreceram o mercado interno. Sua austeridade e sua luta constante os fizeram passar de mascates – primeiro nos portos de entrada e depois, ao viajar a pé, em mula ou de trem – nas aldeias, nas cidades ou nos povoados de todo o país, a negociantes estabelecidos em pequenas barracas nos mercados e depois em lojas próprias. Aprenderam a viver no fundo das lojas, antes de contar com o capital para pagar aluguéis ou transformar-se em proprietários. Os primeiros a se instalar ajudavam os que continuavam chegando. Não faltava o cidadão disposto a entregar-lhes um *kashshi* (a tradicional maleta de bugigangas que se identifica com a venda ambulante). Concediam-lhes crédito para que, por sua vez, começassem também como mascates que vendiam fiado. Aqueles que prosperaram no comércio se aventuraram na indústria; os que eram profissionais serviram nas novas comunidades. Esmeraram-se para que seus filhos aprendessem espanhol, a fim de que as gerações futuras estivessem mais preparadas e pudessem ingressar no mundo das outras profissões.

Sem esquecer seus valores, seu amor e seu apego a um país que sempre foi desejado e invejado por seus vizinhos, e que foi a porta de entrada dos europeus ao Oriente, os libaneses e seus descendentes chegaram a integrar uma das comunidades de maior prosperidade. Mas uma comunidade composta por indivíduos que, sem deixar de solidarizar-se com seus consanguíneos, escolheram, cada um, seu próprio caminho para crescer. Indivíduos que, sem deixar o comércio, diversificaram suas atividades.

Eles representaram uma das imigrações mais importantes do México, no que se refere à quantidade e à capacidade de incorporação. Diz-se que, em 1905, somavam 5 mil, e que estavam estabelecidos em várias cidades do interior, além do Distrito Federal. Esse número aumentou consideravelmente depois da Primeira Guerra Mundial, fato que, unido a outros fatores, estimulou ainda mais o tradicional desejo libanês de emigrar. O único censo específico que alguma vez se fez sobre essa população foi o de Salim Abud e Julián Nasr em 1948, que registra aproximadamente 20 mil imigrantes e seus descendentes que, na época, estavam estabelecidos em mais de trezentas cidades e povoados em todos os estados da República, cuja população era de 20 milhões de habitantes. Esse censo considera todos os imigrantes do Levante como uma única comunidade. Contudo, em 1927, Julián Slim Haddad havia realizado um primeiro censo de empresários e comerciantes libaneses.

Entre os mexicanos descendentes dos libaneses que chegaram ao México aproximadamente a partir de 1878, cabe mencionar que mais de mil deles sobressaíram em algum momento da história mexicana.

Os libaneses são principalmente empresários e comerciantes. Em sua maioria são católicos (maronitas), embora existam libaneses muçulmanos, que inclusive construíram sua primeira mesquita em Torreón, no estado de Coahuila. Por isso, não é raro ver a imagem de São Charbel em alguns templos católicos de nosso país.

Estima-se que no México haja cerca de meio milhão de descendentes de libaneses, concentrados principalmente nos estados de Puebla, Guanajuato, Hidalgo, Oaxaca, San Luis Potosí, Coahuila, Jalisco, Estado do México (frequentemente abreviado como Edomex), Yucatán e na capital do país.

Sobre esse tema, o estudioso Carlos Martínez Assad relata um testemunho no artigo "Os libaneses, um modelo de adaptação", do livro *Veracruz: puerto de llegada*, no qual relata que "quando os norte-americanos invadiram Veracruz, um libanês de sobrenome Nicolás ofereceu ao presidente Victoriano Huerta seus seis filhos varões e 200 mil pesos para a defesa do país", colocando em evidência o envolvimento de alguns libaneses e sua identificação com os acontecimentos políticos do México.

O estudioso Ernesto de la Peña, conhecedor de mais de trinta línguas antigas e modernas, foi o único que analisou com profundidade as raízes dos Slim. Poucos como ele estudaram as culturas mais remotas no tempo e no espaço, desde as mitologias chinesa, hindu e greco-latina até as religiões judaico-cristãs ou muçulmanas. Especialista em questões bíblicas e no fenômeno religioso, douto em música e ópera, Ernesto de la Peña diz que "o homem é o ser que procura, mesmo sabendo que não vai encontrar".

A respeito do sobrenome e da raiz de Slim, o mestre De la Peña realizou o seguinte estudo:

Slim (.سليم são, íntegro, impecável etc.)

O sobrenome Slim é de origem árabe, língua na qual tem uma ampla e interessantíssima família, integrada fundamentalmente por derivados do radical original. Quase todas as palavras das línguas semitas, como o próprio árabe, o assírio, o babilônio, o ugarítico, o hebraico, o aramaico, o siríaco etc. têm três letras radicais que, no caso concreto do sobrenome Slim, são, é claro, s, l, m. O radical dessa família é, portanto, سلم (s, l, m): s (س), l (.ل) e m (.م) e corresponde a outros que se encontram nas demais línguas do grupo, por exemplo, o hebraico שלום (*shalom*), o siríaco ܫܠܡ (*shalim*), o etíope ሰላም (*salam*). Todos eles têm um antepassado comum, o radical acadiano *salamu*, cujo significado geral é estar completo, estar em paz, haver cumprido e outras acepções paralelas. Embora com certas ressalvas, podemos incorporar a essa rica família o radical egípcio  (*sharm*), de sentido paralelo.

O sentido geral do radical é paz, tranquilidade, repouso. Contudo, as possibilidades semânticas são muitas, pois ele indica, em termos gerais, não só a tranquilidade que brota do interior do homem, como a que provém de ter os próprios assuntos na devida ordem. Nesse tipo de coisas, por exemplo, o hebraico שָׁלֵם (*shalem*) significa saldar, encerrar uma conta.

A combinação que esse radical experimenta no árabe (língua na qual existem, teoricamente, até quinze formas derivadas para cada radical verbal, com as conseguintes modificações do sentido original) torna possíveis certos termos que, ao menos aparentemente, não têm uma vinculação clara com o que agora nos preocupa. A título de exemplo, incluo alguns deles*, que nos permitirão dar-nos conta da versatilidade do idioma:

سالم (*sálam* = são, íntegro, impecável)
سلام (*salam* = integridade, bem-estar)
اسلام (*Islam* = submissão)
تسليم (*taslim* = entrega, rendição)
مسالمة (*musálama* = reconciliação, apaziguamento)
مسلم (*muslim* = muçulmano)
مسلم (*Sulaimán* = Solimão = Salomão. Equivale ao hebraico)
שלמה (*Shelomó*, Salomão [o pacífico])

* Deve-se levar em conta que tanto o árabe como o hebraico se escrevem da direita para a esquerda. Por essa razão, a ordem aparente está invertida. É preciso acrescentar a isso que as letras variam conforme se unem à anterior ou à seguinte, às duas ou a nenhuma. Isso pode provocar confusões.

La Estrella de Oriente

Os pioneiros

Como milhares de seus compatriotas, os Slim chegaram a terras mexicanas seguindo os passos do primeiro libanês que saiu de sua pátria para "fazer a América". Um desses pioneiros foi Antonio Freiha El-Bechehlani, um jovem estudante de teologia que, em 1854, desembarcou em Boston, na época uma das cidades mais importantes dos Estados Unidos, fundada em 1630 por imigrantes ingleses. Os primeiros libaneses se estabeleceram em Nova York em 1870; seus comércios se multiplicaram e os nova-iorquinos se assombravam com a ostentação desse grupo de imigrantes. Foi assim que eles integraram o primeiro bairro "oriental" de Nova York, ao que chamaram de "Pequena Síria".

Embora os documentos oficiais da Secretaria de Relações Exteriores não registrem o nome dos primeiros imigrantes libaneses a chegarem ao México, sabe-se que o precursor foi o sacerdote Boutros Raffoul, que aportou em Veracruz em 1878, apesar de outras fontes citarem que um dos fundadores da primeira colônia libanesa estabelecida no Yucatán em 1880 foi um comerciante chamado Santiago Sauma.

Don Julián Slim Haddad, que nasceu no dia 17 de julho de 1887 em Jezzine, no Líbano, chegou ao México em 1902, pelo porto de Tampico, onde começou a trabalhar com seu irmão – treze anos mais velho do que ele – José Slim Haddad, que havia chegado em 1893 ao território mexicano por esse mesmo porto. Seus outros irmãos mais velhos, Elías, Carlos e Pedro, chegaram em 1898, nos tempos em que, a cada ano, saíam do Líbano milhares de pessoas, situação que levou o Império Otomano a seu desmembramento. Isso fez com que uma quarta parte da população abandonasse o Líbano antes do começo da Primeira Guerra Mundial.

Anos depois, havia no México cerca de 10 mil libaneses, mas o governo começou a colocar entraves, impondo uma regulação aos imigrantes do Oriente Médio.

Foi assim que os irmãos José e Pedro, que entraram por Veracruz, depois de vários anos em Tampico, decidiram mudar-se para a capital do país e ali fundaram as próprias lojas de miudezas no centro da cidade. José Slim Haddad foi o primeiro comerciante libanês da Cidade do México.

Os irmãos Slim se mudaram para a capital à procura de novos horizontes. Haviam chegado nos últimos anos da ditadura de Porfirio Díaz. O descontentamento social crescia. Os levantes de camponeses armados aumentavam. A guerra era iminente. Mesmo assim, a ilusão dos Slim era trabalhar para forjar um futuro.

Na época, o maior apoio à ditadura era representado pelos empresários, não os ricos de linhagem, carentes de imaginação e de gosto pelas atividades lucrativas. Os empresários de então constituíam a burguesia, formada por estrangeiros – principalmente franceses e ingleses – e novos ricos mexicanos, que além de praticar a *joie de vivre*, seguia pisando o acelerador do progresso.

A produção de ouro no ciclo 1902-1903 alcançou 15 toneladas, e nesse mesmo período a de prata ascendeu a 2 mil toneladas. Antes de encerrar a primeira década do século XX, a produção de ouro chegava a mais de 30 toneladas e a de prata a 2.150 toneladas.

Mas nem tudo o que reluz é ouro. O fogo da revolução tornava mais incandescente o ambiente social e político. Os irmãos Slim não desencorajaram e continuaram trabalhando, pois estavam determinados a se estabelecer em território mexicano, sua nova pátria.

O líder agrário Emiliano Zapata, que havia nascido no dia 8 de agosto de 1879 em Anenecuilco e era descendente de uma antiga família de camponeses, apoiado em seu prestígio local e na confiança dos camponeses, decidiu armar-se e conduzir um motim em 1910.

Naquela época, o irmão mais velho de Emiliano, Eufemio Zapata – como os Slim, que haviam chegado procedentes do Levante – emigrou para Veracruz, onde desempenhou vários ofícios, entre eles o de comerciante. Pedro Slim foi amigo de Emiliano Zapata. Os dois haviam feito uma estreita amizade, por intermediação de Moisés Salomón, compadre de Emiliano Zapata.

Diego Zapata, filho do condutor do Plano de Ayala, fez chegar a Carlos Slim Helú documentos e cartas que testemunham essa relação.

Sr. Eng. Carlos Slim Helú
Paseo de las Palmas, Nº 736
Col. Lomas de Chapultepec, D.F.
México D.F., 11 de dezembro de 2001

Ilustre Senhor Engenheiro:

O subscrito, filho de meu amantíssimo pai "general Emiliano Zapata Salazar", com o devido respeito, permito-me enviar-lhe uma saudação afetuosa e um abraço ao grande amigo, pois assim o considero, e que é possível que exista um fiel parentesco entre o senhor e dom Pedro Slim, que manteve amizade com o meu senhor pai, apresentado em fevereiro de 1912 ao meu senhor pai "general Emiliano Zapata Salazar" por dom Moisés Salomón, de origem árabe, que foi compadre de meu amantíssimo pai "general Emiliano Zapata Salazar", que reunidos os três fizeram acordos interessantes, projetando bases primordiais que devem beneficiar os povos, dando-lhes cultura e trabalho: como aconteceu com anterioridade com o lema "Terra e Liberdade" que meu pai defendeu no "Plano de Ayala" no dia 28 de novembro de 1911.

A esse respeito, permito-me dedicar-lhe uma obra de cinco tomos, escrita pelo senhor general de divisão Gildardo Magaña, o qual militou com o meu senhor pai, obra intitulada *Emiliano Zapata y el agrarismo en México*, que contém o Plano de Ayala.

O "Plano de Ayala" foi base primordial para transformar o artigo 27 da Constituição que existia antes de 1910, que dizia aproximadamente: "Todo estrangeiro que viesse da Europa para obter terras devia sujeitar-se ao fisco da Fazenda anualmente; em caso de não fazê-lo, suas terras seriam confiscadas". Em consequência, o artigo 27 da Constituição foi transformado para que os camponeses que trabalhassem suas terras com as próprias mãos obtivessem sua parcela de terreno, amparando-os com seus certificados de Direitos Agrários.

Receba o senhor minha sincera e respeitosa saudação

Atenciosamente
Eng. Diego Zapata Piñeiro
Tel. Particular Cuautla, Morelos, 017353520736

O Caudilho do Sul foi um dos principais líderes da insurreição. No dia 29 de março de 1911, uma das locomotivas da fazenda de Chinameca foi lançada pelos revolucionários contra os portões, uma tática que os insurretos repetiriam no transcurso da luta armada. Nessa ocasião, Emiliano Zapata e seus combatentes irromperam no recinto da fazenda, apoderaram-se de quarenta rifles, de toda a munição e de todos os cavalos. Assim, Zapata foi formando sua coluna, que contava com mais de mil homens armados.

Nesse mesmo ano (em 11 de maio de 1911), os irmãos José e Julián Slim apresentaram-se na Cidade do México diante do tabelião Mariano Gavaldón Chávez para elaborar a ata de constituição da empresa *La Estrella de Oriente*. Assim, no meio da revolução, os Slim apostaram no trabalho e nos negócios.

O primeiro passo que deram como novos empresários de ascendência libanesa foi a conformação de uma nova sociedade comercial, inscrita no 11° Cartório Público, localizado na 3ª Calle de Donceles, nº 60, do qual era titular o advogado Gavaldón Chávez.

O documento que registra os primeiros passos dos Slim nos negócios – que foram a base do que, com o passar dos anos, se converteria no império comercial e financeiro mais poderoso do nosso país – está no 21º volume, nº 1.783 do 11°. Cartório Público.

A sociedade mercantil dos irmãos Slim Haddad foi batizada em homenagem a seu lugar de origem como *La Estrella de Oriente*, e seu capital inicial foi de 25 mil pesos.

A aposta dos Slim na economia do país lhes dera razão para triunfar nos negócios. A crise havia passado. Todos os ramos da atividade econômica encaminhavam-se outra vez para a rota do progresso. Por volta de 1911, a produção agropecuária exportável atingiu a cifra jamais vista de 71 milhões de pesos. As safras de trigo e feijão foram o dobro daquelas de dez anos antes. Também se duplicou o volume, assim como o valor, do algodão, da cana-de-açúcar e do tabaco. Entre os produtos exportáveis, só o café e o grão-de-bico não se recuperavam. Em troca, a goma, o sisal e a borracha bateram todos os recordes. A produção industrial chegou ao patamar de 500 milhões de pesos, pouco menos do dobro de dez anos antes. A indústria mineiro-metalúrgica foi responsável por 270 milhões de pesos, e a indústria manufatureira, pelos 230 milhões restantes. O ramo têxtil não recobrou o impulso que tinha antes de 1908; a indústria do tabaco estancou e a do álcool desceu a ladeira, mas as indústrias do açúcar e do ferro compensaram com sobra a estagnação e a queda de outras atividades. As importações não recobraram o nível de 225 milhões de pesos de 1907. O valor das exportações, por outro lado, chegou à cifra única de 288 milhões de pesos. Em suma, 1911 foi um ano de bonança econômica.

Em maio de 1914, dom Julián Slim, que tinha 26 anos de idade, comprou de seu irmão José a participação de 50% que a este correspondia na sociedade pela quantia de 30 mil pesos.

Já como único dono de *La Estrella de Oriente* – seu irmão José, tomado de nostalgia por seu povo, tinha voltado para o Líbano – dom Julián, o patriarca da dinastia Slim, deixou solta as rédeas de seu espírito de comerciante.

Em 1920, enviou um cabograma a um de seus agentes de compras, Dib Barquet, de Nova York, no qual exigia que este ficasse mais atento para obter melhores preços.

Dom Julián escreveu a Barquet:

> Recebi a cópia do pedido que você fez na Casa Clark e revisando os preços vejo que o alfinete de segurança Iris nos foi faturado no dia 8 de maio do ano passado ao mesmo preço, mas com um desconto maior, de mais de 7%. Não se deixe dominar pelas atenções que lhe dispensem, mas procure, em todos os casos, obter as melhores vantagens. Para isso, recomendo-lhe especialmente que evite fazer compras nas lojas importantes, pois estas sempre querem uma margem de comissão. Consulte o catálogo telefônico, encontre os fabricantes e faça negócios diretamente com eles, para não ter de dividir a comissão.

O fato é que dom Julián enviava Barquet, com cartas de crédito de milhares de dólares, de francos e de marcos alemães, em viagens pelas capitais manufatureiras do mundo para comprar produtos de armarinho, perfumaria, joalheria, chapelaria e artigos de seda, a fim de poder vender muito, a preços baixos, na *La Estrella de Oriente*.

Julián, o mais hábil dos Slim Haddad para os negócios, presidiu em 1928, quando tinha 41 anos de idade, a Câmara Libanesa de Comércio e um ano depois, por conta dos ajustes das leis migratórias, apresentou diante das autoridades mexicanas o documento que comprovava a residência dos imigrantes libaneses no México. Foi, portanto, o precursor na defesa dos direitos de sua comunidade. Sempre ativo, Julián Slim deu forte impulso à mencionada câmara e realizou um censo de todos os empresários e comerciantes libaneses. Também fundou o Hotel San Julián e o restaurante Gruta del Edén. Três anos depois de ter solicitado a nacionalidade mexicana, no dia 12 de dezembro de 1930, o presidente Pascual Ortiz Rubio a concede, e dom Julián envia ao governo um memorial dos cidadãos libaneses estabelecidos no México.

Incansável, dom Julián foi um dos principais promotores da fundação do Centro Libanês na Cidade do México.

"Desde que meu pai chegou ao México, teve a convicção de avançar junto com o país que o havia recebido", diz seu filho Carlos Slim.

Por outro lado, trinta anos depois de retornar ao Líbano, José Slim recebeu do governo da França, antes de morrer, em 1944, a Ordem de Cavaleiro da Legião de Honra.

As primeiras instituições formais da colônia libanesa que se constituíram no México foram o Centro Social Palestino de Monterrey, fundado em 1929, o Club México de Yucatán, em 1932, e a Liga Libanesa do México, fundada em 1937.

Anos depois, em 1945, iniciou-se a construção do Hospital Fajer, com o propósito de oferecer serviços de saúde e assistência social aos membros da comunidade libanesa. Contudo, uma vez terminada a obra, a família Fajer optou por vender o hospital ao governo, convertendo-o em um dos hospitais públicos mais importantes da época.

A dinastia

Retrato de família

Carlos Slim Helú, ao contrário dos pais, não teve uma infância traumática. Centenas de milhares de libaneses precisaram sobreviver à devastação de sua nação. Carlos Slim é o símbolo da nova geração de mexicanos de ascendência libanesa que deu impulso a seu novo país.

Herdou do pai a arte de fazer negócios, aprendeu com ele esse dom de "sentir o cheiro" de onde está o dinheiro, o que lhe trouxe fama como o "rei Midas" moderno.

Desde a infância, começou a forjar seu destino e, depois dos cinquenta anos, Slim começou a encabeçar a lista dos homens mais ricos do mundo.

Filho do comerciante Julián Slim Haddad e de Linda Helú, nascida em Chihuahua, de ascendência libanesa, que se casaram em 1926, Carlos Slim Helú nasceu no dia 28 de janeiro de 1940, quando seus pais viviam no número 51 da avenida México, na colônia Hipódromo Condesa, uma das áreas mais tradicionais da capital do país.

Quando seus pais se casaram, seu avô materno José Helú leu, diante dos presentes, a seguinte carta de bênção, com caligrafia de Muhámad Abu-Shajín, intitulada "Carinho Paterno":

> Como devo comportar-me no dia do casamento para ser eloquente e satisfazer minha querida? Gostaria de consegui-lo. Trançaria nas estrelas duas coroas, para cingir dois astros refulgentes, e isso seria o bastante.
>
> Linda! Para descrever-te, não vou imitar os maneirismos de um poeta. Para evitar as flechas dos críticos, falarei melhor contigo com a linguagem que poderia empregar para dar-te conselho.
>
> Linda: já que seguiste a lei do criador, que é a lei dos séculos e do segredo escondido, já que deixaste meus braços por outros braços, semelhantes aos meus, que te afastaste do meu regaço à procura do peito do teu prometido, e saíste da suave sombra do pai para encontrar a doce sombra do

amor, imita tua mãe nas suas virtudes e na sua inteligência, no seu caráter e na sua pureza.

Sê uma princesa na prosperidade e mostra-te como o orvalho compassivo, sem mesquinhez, para os pobres. A mansidão, na mulher, é uma joia que a afasta da fortuna sem transcendência. E a ostentação a quantos humilhou! E como fez que o tirano caísse de seu trono!

Se a pobreza te afligir, não te lamentes, nem te deixes vencer: pelo contrário, aceita com certeza os dissabores da vida e apressa a amarga taça até a borra; e se os invejosos tecerem uma calúnia contra ti, eleva-te, com tua nobreza, acima de quem o faça, porque o perdão destrói o mal com mais eficácia do que o fio de uma espada.

Sê fiel a teu esposo e atende às necessidades dele sem murmurar; se ele sorrir com alegria, não arqueie as sobrancelhas; se ele se zangar, tome isso em conta e sê, para ele, seus familiares e amigos, um laço de lealdade que nunca os defraude.

E se teu irmão se lastimar para teu esposo, zanga-te com ele; se teu esposo se apegar ao inimigo, acolhe-o, pois a felicidade do casamento é um intercâmbio mútuo; por isso, averigua as intenções de teu marido e trata de cumpri-las.

Se seguires meus conselhos, que te dou porque te conheço bem, poderás colher os frutos da virtude e de quebra receberás muito mais.

Oh, Khalil! Receba-a: é "uma parte do meu fígado", a tal ponto que eu não vacilaria em continuar alimentando-a com o próprio sangue e daria minha alma pela sua felicidade, pois é uma virgem bela e pudica, virtuosa, nobre e instruída. E se ela chegar a te ofender, sem razão, sê compreensivo e amoroso e perdoa. E se alguma vez te confiar uma infelicidade, protege-a com serenidade do perverso que a tenha ofendido, pois tu és o único dono de tua casa e serás o refúgio no dia da prova.

Por vós, meus filhos, enuncio meus melhores augúrios: que a prosperidade e as doçuras da vida sempre os acompanhem.

Muito obrigado a todos vocês, que sabiamente fizeram uso da palavra aqui, pois nos fizeram um favor que não tem preço!

Khalil: seus comensais, a honrada família Slim e Yúsuf-El Helú te agradecem.

Carlos Slim foi o quinto de seis irmãos – três mulheres e três homens: Nour, Alma, Linda, Julián, José e Carlos. Depois da mãe, a avó Josefina, uma mulher de Oaxaca que esteve com a família por mais de meio século, desempenhou um papel importante na infância de Carlos.

De todos os irmãos, foi Carlos que herdou do pai a habilidade para os negócios.

Assim Carlos se lembra de dom Julián Slim Haddad, o patriarca da família:

> Meu pai nos proporcionou uma educação baseada em valores bem definidos. Era uma pessoa de caráter carinhoso e de valores muito sólidos, que sempre deu à união familiar um lugar prioritário em sua vida, conseguindo estabelecer uma grata harmonia, princípios de honradez, de sinceridade e uma profunda preocupação pelo México.

Carlos lembra que seu pai não dava muita importância às coisas materiais, e sim àquelas que tinham transcendência. O pai de Carlos foi uma pessoa muito próxima dele, assim como sua mãe, dona Linda, que era uma mulher com muita personalidade e grande senso de organização. Seus pais, lembra o magnata, eram pessoas de critério amplo e com valores humanos elevados.

O pequeno Carlos com frequência acompanhava dom Julián ao trabalho. Falavam de diferentes temas, mas principalmente de negócios, apesar da pouca idade de Carlos. Costumava participar das reuniões que seu pai organizava com um grupo de amigos: "eram pessoas sábias e com elas aprendi muito", lembra Slim. Desses encontros, nasceu sua vocação empresarial: aos dez anos de idade, armou uma lojinha debaixo das escadas de sua casa, onde nos fins de semana vendia doces e refrescos aos tios e aos primos.

Fez seus estudos primários e secundários no Instituto Alonso de la Veracruz, um colégio de monges agostinianos. Desde essa época, Slim compreendeu a importância da poupança, e abriu sua conta bancária com 500 pesos. Mais tarde, investiu em títulos de poupança do Tesouro Nacional, capital com que, anos depois, enquanto cursava seus estudos de bacharel na Escuela Nacional Preparatoria em San Ildefonso, comprou suas primeiras ações do Banco Nacional de México.

Porém nem tudo era perfeito na vida do pequeno Carlos Slim. Seu pai morreu quando ele tinha apenas treze anos, embora tenha deixado a família em uma posição econômica muito boa.

Carlos Slim fala do espírito empreendedor do patriarca da família:

Meu pai tinha enorme dedicação ao trabalho e grande talento empresarial, que logo se fizeram notar. Em 21 de janeiro de 1921, dez anos depois de sua abertura, *La Estrella de Oriente* tinha mais de 190 mil dólares em mercadorias e um capital de 500 mil dólares. Além disso, segundo o 11º Cartório Público, havia adquirido nos últimos três anos as seguintes propriedades: rua José María Izazaga, 30 e 32, em 29 de julho de 1918; rua Corregidora, 7, esquina com a Correo Mayor, em 2 de junho de 1919; rua Correo Mayor, 43, em 12 de dezembro de 1918; rua Correo Mayor, 45, em 11 de outubro de 1919; rua Venustiano Carranza, 118 e 120, em 29 de setembro de 1919; e rua Venustiano Carranza, 124, em 30 de setembro de 1919. As últimas cinco propriedades ocupavam mais de 40% do mesmo quarteirão, em frente ao Palácio Nacional, em uma das áreas comerciais mais ativas do centro da cidade. O valor atual da loja seria superior a 5 milhões de dólares; o das propriedades, da ordem de 100 milhões de dólares.

O magnata prossegue seu relato: as razões do êxito comercial de meu pai foram simples: vocação, talento e trabalho. Seus conselhos em questões profissionais, morais e de responsabilidade social eram muito claros. Cito as próprias palavras dele:

O comércio deve implantar um sistema útil; suas atividades e sua finalidade repousam em um pequeno lucro sobre as vendas. Deve proporcionar ao consumidor artigos finos e baratos, tratar diretamente com ele, oferecer facilidades de pagamento e ajustar seus atos à moralidade mais estrita e à honradez.

O pai de Carlos antecipou-se ao pensamento empresarial de sua época, "pois teve um domínio profundo da atividade comercial. Já nos anos 1920, falava que o comércio eficiente era o que vendia grandes volumes, com margens de lucro reduzidas e facilidades de crédito. Este último fator ainda não foi incorporado pelas grandes lojas de hoje".

Sobre a influência do pai na sua formação como homem de negócios, Carlos Slim conta:

Devo afirmar que desde o começo contei com o apoio familiar, que não se limitava ao material, mas principalmente ao exemplo e à formação. No fim de 1952, quando eu tinha doze anos, com a finalidade de administrar nossas receitas e despesas, meu pai estabeleceu a obrigação de que tivéssemos uma caderneta de poupança, que revisava conosco a cada semana. Seguindo essa regra, cuidei de meus balanços pessoais durante vários anos. Assim, em janeiro de 1955, meu patrimônio era de 5.523,32 pesos e, em agosto de 1957, havia aumentado para 31.969,26 pesos. Continuou crescendo, investido fundamentalmente em ações do Banco Nacional de México e, às vezes, utilizando crédito, de tal maneira que, no começo de 1966, meu capital pessoal era superior a 5 milhões de pesos, sem incluir o patrimônio familiar.

Mais tarde, os investimentos familiares foram divididos em seis partes, assim como as propriedades menos produtivas. De tal modo, diz Slim, que a ele couberam as propriedades nas ruas Corregidora, Alhóndiga e Juan de la Granja, esquina com a Corregidora (que mais tarde lhe foi expropriada). Depois de algum tempo, venderam várias propriedades, como a da rua Rubén Darío (atual Embaixada do Canadá) e três na rua Correo Mayor, por um valor aproximado de 20 milhões de dólares, restando hoje em dia somente quatro propriedades comuns.

Nem tudo na dinastia Slim era dinheiro. Dom Julián tinha algo de boêmio, vivia em um ambiente intelectual, algo que também foi herdado por seu filho magnata.

Aos 39 anos, dom Julián se casou com Linda Helú, filha de um dos mais ilustres intelectuais da comunidade libanesa do México, dom José Helú, que trouxe a nosso país a primeira impressora gráfica em língua árabe, e que foi fundador do jornal *Al-Jawater* (*As Ideias*). José Helú, avô materno dos agora magnatas Carlos Slim Helú e de seu primo Alfredo Harp Helú, reunia-se na década de 1930 com jornalistas, escritores e intelectuais libaneses da Cidade do México, que formaram uma Liga Literária. As reuniões a que Julián Slim às vezes assistia celebravam-se na casa de Antonio Letayf, que havia formado uma vasta biblioteca, à qual recorriam estudiosos e amigos, para consultar livros em vários idiomas sobre qualquer tema.

A Liga Literária era formada por dom José Helú, Antonio Letayf, Nasre Ganem, Leonardo Shafick Kaim, Nacif Fadl, Salim Bacha, Anuar Merhy e William Jammal. As reuniões tinham lugar na casa de Letayf ou de Shafick Kaim, ou em algum café, e outros poetas e escritores eram convidados.

Eram os tempos da boemia na Cidade do México, quando os grupos de intelectuais de todas as correntes literárias e políticas, mexicanos ou imigrantes de vários países, lançaram a moda de frequentar lugares como La Opera, o café Paris, o Regis, o Tupinamba, o Campoamor, onde se encontravam personagens da cultura como José Gaos, León Felipe, Antonio Helú, Mauricio Magdaleno, Jaime Torres Bodet, Salvador Novo, Hugo Thilgman, Tufic Sayeg, Federico Heuer, o poeta Antonio González Mora, os irmãos Gabriel e Armando Villagrán, entre muitos outros. Falavam de qualquer coisa, de boxe e de José Vasconcelos.

Antonio Helú, filho de dom José Helú, tio do magnata Carlos Slim, era um consumado escritor e diretor de cinema. Foi um dos pioneiros da narrativa policial e chegou a destacar-se, tanto que uma de suas obras, *La obligación de asesinar*, figurou no *Queen's Quorum* de Ellery Queen, uma das mais importantes coleções de contos policiais.

Promotor incansável da cultura, Antonio Helú fundou a revista *Policromías*, publicação estudantil na qual apareceram os primeiros versos de Jaime Torres Bodet, Salvador Novo, Xavier Villaurrutia e Carlos Pellicer. Antonio Helú lançava três edições: uma mensal, de literatura; uma semanal, de combate; e uma quinzenal, de caricaturas, onde debutaram Miguel Covarrubias e Hugo Thilgman.

Anos mais tarde, uma das obras de Antonio Helú, *El crímen de Insurgentes*, foi levada ao teatro por um grupo chamado Compañia Misterio, no qual figuravam Andrea Palma, Carlos Villarías, José Luis Jiménez e Juan José Martínez Casado.

Naquele tempo, os libaneses do México tinham presença importante na vida do país. O ambiente cultural, político e intelectual que envolvia a sociedade complementava-se com o mundo do entretenimento. Atores como Joaquín Pardavé e Sara García protagonizavam histórias de famílias libanesas estabelecidas no país. Pardavé era o *harbano** Jalil, e as grandes figuras do espetáculo se apresentavam no Teatro Principal ou no Lírico, onde o senhor da comédia mexicana era Leopoldo "el Cuatezón" Beristáin, ao lado de Lupe Rivas Cacho, "la Pingüica", Roberto "el Panzón" Soto, Celia Montalván, María Conesa e Herminia Quiles.

Em 1940, ano em que nasceu Carlos Slim Helú, o revolucionário russo Leon Trotski foi assassinado na Cidade do México. O país atravessava uma

* Imitação da forma como os libaneses pronunciavam a palavra *hermano*. [irmão]. (N.T.)

incipiente estabilidade política. Dois anos antes, o presidente Lázaro Cárdenas havia decretado a nacionalização do petróleo e o país baseava sua economia nessa indústria. Contudo, suas exportações eram boicotadas pelas companhias de petróleo, que exigiam a restituição de seus lucros. Enquanto isso, o setor rural começava a sair de sua letargia, depois de uma sangrenta revolução que derivou em uma reforma agrária cujo lema era "A terra é de quem a trabalha". Entre 1934 e 1940, Cárdenas criou cerca de 180 mil *ejidos* (terras comunais) que abarcavam mais de 20 milhões de hectares e beneficiavam 750 mil famílias. Sob os auspícios do governo, formou-se a Confederación Nacional Campesina (CNC), com a intenção de dar voz aos camponeses no partido governante (o Partido da Revolução Mexicana), e iniciou-se uma campanha para integrar a população indígena do país.

Mas os grupos católicos e a classe média se desiludiram com o radicalismo do presidente Cárdenas. Dessa inconformidade surgiu o Partido Revolucionário da Unificação Nacional (PRUN) e foi lançado candidato o general Juan Andrew Almazán, personagem de grande influência na revolução que, tendo enriquecido, tornou-se conservador. Este foi despojado de seu presumido triunfo eleitoral por uma fraude, o que provocou uma agitação política que poderia derivar em guerra civil. Finalmente o Exército, fiel ao sistema, apoiou Cárdenas, que em dezembro de 1940 entregou o poder a Manuel Ávila Camacho.

Durante o governo de Ávila Camacho, iniciou-se o êxodo massivo de camponeses para as principais cidades do país, onde havia mais ofertas de emprego, embora outros tenham optado por emigrar para os Estados Unidos, aproveitando a oportunidade de um programa de trabalhadores braçais assinado entre o governo norte-americano e o mexicano.

Quando Carlos Slim completou três anos de idade e a comunidade libanesa consolidava-se em sua nova pátria, o Líbano alcançou sua independência do Império Otomano em 22 de novembro de 1943, no âmbito da modernidade que supostamente percorria o mundo. No fim do mandato do presidente Ávila Camacho, os governos do México e do Líbano estabeleceram relações diplomáticas. Era o ano de 1946.

Desde o nascimento, em janeiro de 1940, até 1953, quando seu pai faleceu, Carlos Slim viveu com os irmãos uma infância dourada.

Slim lembra que o pai lhe deixou numerosas anedotas e boas lembranças, que ele aplica em sua vida diária e que costuma comentar prazerosamente, e em forma de ensinamentos, com seus entes queridos, dedicando-lhes o mesmo amor e exemplo que recebeu.

Conta Slim que desde muito jovem teve de amadurecer, e embora fosse muito amigável desde sua época de estudante, mostrava-se ao mesmo tempo um rapaz de caráter reflexivo. Gostava de sair com os amigos e ir a festas, mas sua vida não girava em torno desse ambiente. Às vezes, preferia ficar em casa nos fins de semana. Era introspectivo, gostava de analisar o que ocorria em seu país e a problemática da sociedade.

Aos dezessete anos, matriculou-se na Universidade Nacional Autônoma do México para estudar engenharia. Antes de terminar o curso, já dava aulas na Unam, na cátedra de álgebra.

Em 1963, aos 23 anos de idade, formou-se com a tese "Aplicaciones de la Programación Lineal en Ingeniería Civil". Em 1962, fez um curso de Desenvolvimento Econômico e Avaliação de Projetos. Posteriormente viajou para o exterior a fim de fazer outros estudos de especialização em programação industrial no Instituto Latinoamericano de Planeación Económica y Social, em Santiago do Chile.

Nos anos 1960, enquanto para a grande maioria dos jovens empresários e intelectuais Paris era uma festa, para Carlos Slim o México representava um país de oportunidades. Eram os tempos do chamado "desenvolvimento estabilizador", época que alguns economistas e políticos qualificaram como o "milagre mexicano". A economia se regia pelo crescimento com estabilidade de preços e o PIB crescia, com taxas anuais de 6%. No fundo, o modelo não era mágico: tratava-se de uma estratégia econômica ajustada ao objetivo principal de manter, sobretudo, a estabilidade cambial, evitando que as pressões de desvalorização se manifestassem abertamente. Assim, frear as pressões inflacionárias e procurar a estabilidade da balança de pagamentos tornou-se política central. Isso levou o governo a sacrificar metas como salários mais altos e maior desenvolvimento social; na verdade, foi uma etapa de "crescimento com pobreza".

Em síntese, a transição de um país agrícola e rural para um país urbano e industrial deu-se em um lapso de quase cinquenta anos, de 1933 a 1982, quando a economia cresceu em média 6,8% ao ano.

Mesmo assim, Slim empreendia voo nos negócios, iniciando-se no ramo imobiliário com uma empresa especializada em compra e venda de propriedades. Já naquela época, causava assombro por sua capacidade administrativa e perspicácia estratégica.

Durante seus primeiros passos como negociante, contraiu matrimônio com Soumaya Domit Gemayel, que seria o amor de sua vida. O sacerdote que oficiou a cerimônia de casamento foi o controverso Marcial Maciel, fundador dos Legionários de Cristo.

Filha de Antonio Domit Dib e de Lili Gemayel, Soumaya – nascida no México em 1948 – desde sua juventude dedicou-se às obras de caridade, apoiando o marido Carlos Slim nos bons e nos maus tempos.

De ascendência libanesa, originário de Bechele, Domit Dib foi condecorado pelo governo do Líbano com a Ordem do Cedro. Promoveu a indústria de calçados no país e, durante anos, ocupou a presidência da Cámara Nacional de la Industria del Calzado. A mãe de Soumaya, Lili Gemayel, pertencia a uma importante família de políticos em seu país. O tio de Soumaya, Amin Gemayel, foi presidente do Líbano.

Quando se casaram, em 1966, Carlos Slim recebeu de presente de sua mãe 1 milhão de pesos, com os quais comprou um terreno em Polanco. O costume da comunidade libanesa era construir a casa da nova família. Mas o novo casal decidiu erguer ali um edifício. Viviam em um andar e alugavam os outros apartamentos. Entre seus inquilinos estava Ignacio Cobo, amigo de toda a vida de Slim.

Nesse edifício da rua Bernard Shaw, o casal Slim-Domit dividiu o trabalho de acordo com os papéis convencionais. Soumaya dedicou-se a criar seus primeiros quatro filhos: Carlos, Marco Antonio, Patricio e Soumaya. Carlos começou a trabalhar no salão de leilões da Bolsa Mexicana de Valores, no velho edifício da rua Uruguay.

Slim convivia todos os dias com um grupo de amigos "casabolseros". Desde muito jovem, ele compartilhou o mesmo espaço dos grandes personagens da Bolsa de Valores, conhecidos como "a geração de 29", como Luis Rosenfeld e Doro Pérez. Depois de um dia agitado, reuniam-se para jogar dominó e as tardes se convertiam em uma espécie de confraria de boêmios. Atento, Slim ouvia os ensinamentos do sofisticado Rosenfeld e do grande conversador Doro Pérez, que atraíam o interesse dos mais jovens, como Jorge León Portilla, irmão do historiador Miguel León Portilla; Xavier de la Barra, Aldo Olivieri, Rafael Morales Blumenkron, Silvino Aranda, Antonio López Velasco, Eduardo Watson e outros ainda mais jovens, como o próprio Carlos Slim e Jorge Caso Bercht, que era muito culto e inteligente.

Passavam todas as manhãs no salão de leilões e, na hora do almoço, jogavam dominó em alguma das cantinas do centro da cidade. À tarde, faziam os controles e o trabalho de escritório necessário às operações financeiras e da Bolsa de Valores. Algumas vezes, à noite, Carlos e Soumaya eram anfitriões de seus amigos, com quem passavam gratas noitadas tocando violão, depois de mandarem os filhos para a cama. Outros que chegaram a jogar dominó com Slim naqueles tempos foram Ernesto Riveroll, Luis Madrigal, Enrique Trigueros, Ignacio Haro e Silviano Valdés.

Foi nessa época que Slim fundou a Inversora Bursátil e, em 1967, trouxe para trabalhar com ele seu primo Alfredo Harp Helú, que era contador da Price Waterhouse. Três anos mais tarde, em 1970, Slim deu emprego a Roberto Olivieri e a Roberto Hernández Ramírez.

Em dezembro de 2005, quando a Inversora Bursátil já fazia parte do Grupo Financeiro Inbursa, em um coquetel realizado para celebrar o quadragésimo aniversário de Inbursa, Slim fez um breve relato sobre o grupo, que começou com o trabalho de duas pessoas, Carlos Slim Helú e Ignacio Cobo, e transformou-se no Grupo Carso, no qual colaboram hoje mais de 200 mil pessoas.

Quando encerra suas atividades, cerca das dez da noite, Carlos Slim vai para casa e convive com sua família. Todos se reúnem na cozinha, conforme vão chegando de suas diferentes atividades. Com seus filhos, preparam o jantar e conversam sobre o que ocorreu durante o dia. Em outras épocas, o casal às vezes saía para jantar ou cumprir algum compromisso. Pelo menos essa era a rotina até que Soumaya Domit faleceu, no dia 7 de março de 1999.

Soumaya padeceu de uma insuficiência renal crônica e Slim leu tudo que encontrou sobre o assunto, a ponto de converter-se no melhor médico dela. Quando os médicos iam examiná-la, ele estava a par de todos os métodos terapêuticos.

Depois da morte de sua esposa, a saúde de Carlos Slim também se debilitou, mas seus filhos e sua dezena de netos continuam unidos a ele.

Em 1992, quando Slim ainda não era conhecido como o rei Midas, mas já se destacava como um dos homens mais ricos e poderosos do México, enfrentou pela primeira vez um grave problema de saúde. Em dezembro daquele ano, Slim teve de submeter-se a uma cirurgia cardiovascular de emergência na Cidade do México, e foi restabelecer-se em Acapulco. Quando deu entrada no hospital, foi registrado com o nome de "Carlos Delgado", para evitar qualquer assédio dos meios de comunicação. Após receber alta, continuou sentindo-se mal. Depois se soube que lhe haviam ministrado uma dose excessiva de anticoagulante, o que não permitia que a ferida cicatrizasse. Após se reunir com a família, no Natal, foi passar o fim do ano em Acapulco, onde se sentiu cada vez pior. Sua filha Johanna agiu com presteza, alugando um avião para que o levassem imediatamente à Cidade do México e, no dia seguinte, a Houston, no Texas, onde o hospitalizaram. Uma equipe de especialistas extraiu o sangue que havia invadido a parte externa de seu coração, e em poucas horas ele melhorou.

Dois médicos eminentes cuidaram da saúde de Carlos Slim: os doutores Víctor Letayf, discípulo do célebre cirurgião Rafael Muñoz Kapellmann, uma das glórias da medicina mexicana, pioneiro do Instituto Nacional de Ciencias Médicas y Nutrición, e Michael Duncan, pesquisador do prestigiado Hospital Harefield de Middlesex, nos Estados Unidos, ao qual o Instituto Nacional del Corazón, Pulmón y Sangre é associado. Os médicos que tratam dele agora são Guillermo Ruiz Palacios, do Instituto Nacional de Nutrición, Guillermo Gutiérrez e Salvador Villazón, em Washington.

Slim recuperou-se logo e pôs seu império outra vez nos trilhos, mas cinco anos mais tarde voltaria pelos próprios pés ao hospital, por causa de um aneurisma de aorta.

Em outubro de 1997, foi feita outra cirurgia para substituir a aorta e ocorreu uma hemorragia. Slim recebeu dezenas de bolsas de sangue e, por três vezes, os médicos pensaram que o haviam perdido, chegando um deles a sair da sala de cirurgia para anunciar que Carlos Slim havia falecido, mas milagrosamente o engenheiro voltou à vida. Ficou em recuperação durante três meses e meio, o que provocou uma série de rumores, nos quais inclusive se especulou sobre a morte do magnata, semanas depois do sucedido.

O assunto provocou inquietação nos círculos financeiros. Antes das oito da manhã do dia 12 de novembro, uma quarta-feira, em todas as Bolsas de Valores, durante as reuniões matutinas, os executivos examinaram a informação dos jornais. O nervosismo começou a se manifestar, com as consultas e as ligações telefônicas. O transtorno tinha uma origem: supostamente Carlos Slim Helú morrera.

Essa foi a notícia do relatório da *Fin Fax*, um serviço exclusivo de síntese de notícias que era fornecido a seus assinantes, via fax, pelo jornal *El Financiero*, desde as seis da manhã.

Os executivos do Grupo Carso e da Teléfonos de México reagiram com atraso, não sabiam qual atitude tomar para deter o rumor e começaram a fazer centenas de ligações para as Bolsas de Valores e para os meios de comunicação, a fim de esclarecer que o magnata encontrava-se bem, recuperando-se de uma cirurgia, e que em breve retornaria às suas atividades.

Ao meio-dia, os diretores do *El Financiero* viram-se obrigados a enviar um "esclarecimento" a seus assinantes admitindo o "erro" de informação. Mas já era tarde; as ações do Grupo Carso haviam caído 6,5% e as da Telmex, 3,35%.

A falsa notícia chegou a Nova York e os executivos do Grupo Carso refrearam as especulações, anunciando que Slim efetivamente fora submetido a uma operação cardiovascular, e que, apesar de haver contraído pneumonia durante sua convalescença, o perigo já havia passado. Logo regressaria às suas atividades, depois de passar uns dias em Acapulco, antes de adaptar-se à altitude da Cidade do México, e de tratar de recuperar sua condição física, já que perdera 23 quilos. Apesar do estado de saúde debilitado, Slim estava a par dos negócios e se comunicava com todos os membros de seu primeiro círculo de colaboradores.

A experiência de estar à beira da morte o fez reconsiderar o próprio estilo personalizado e discreto de fazer negócios. Já restabelecido, Carlos Slim convocou uma reunião com sua equipe e anunciou mudanças na diretoria de suas empresas. Colocou à frente delas seus filhos e genros, e ficou como presidente honorário e vitalício de seu império, embora continuasse a par das decisões estratégicas e se mantivesse como presidente dos conselhos de administração da Telmex, da Carso Global Telecom e do Grupo Financiero Inbursa.

Embora a decisão de efetuar mudanças na direção já estivesse tomada antes de sua operação cirúrgica, elas aconteceram até novembro de 1998. Assim, Carlos Slim Domit passou a ocupar a direção-geral do Grupo Carso e do Grupo Sanborns; Patricio Slim Domit foi designado para a direção-geral da Condumex-Nacobre e de todas as atividades fabris e industriais derivadas dessas companhias; e Marco Antonio Slim Domit ficou à frente do Grupo Financiero Inbursa e filiais. Coube a Jaime Chico Pardo a direção da Telmex e, como assessor da direção-geral da Teléfonos de México, foi designado o genro de Slim, Arturo Elías Ayub, que ocupava a presidência do conselho de administração da Tlmsn. Outro genro de Slim, Daniel Hajj, havia sido nomeado, desde 1995, diretor-geral da Telcel, a poderosa companhia de telefonia celular.

O último genro de Slim, o arquiteto de fama internacional Fernando Romero Havaux – filho de Raúl Romero Zenizo e de María Cristina Havaux – contraiu núpcias no dia 7 de julho de 2000 com a historiadora de arte Soumaya Slim Domit. A experiência profissional de Romero Havaux inclui alguns projetos realizados no escritório de arquitetura Rem Koolhaas, em Roterdã, na Holanda, e ele é o encarregado de projetar o novo Museo Soumaya no norte da Cidade do México, onde ficará, além disso, o imponente centro corporativo do Grupo Carso.

Fã de golfe, o caso de Daniel Hajj é importante porque ele não só foi um dos artífices da América Móvil, mas também seu principal mentor, pois teve o caráter e a habilidade para assumir riscos e apostar no longo prazo. Como se estivesse no *green*, Hajj não se perde na mata cerrada, vai direto aos detalhes do jogo. Teve suficiente agudeza e tino para comprar empresas médias, que logo transformou em verdadeiros conglomerados, como o fez com uma companhia telefônica argentina que tinha apenas 1 milhão de assinantes e, em um triênio, alcançou cerca de 10 milhões de clientes. Graças à sua visão, agora, na maior parte dos países latino-americanos, oito de cada dez novos clientes são da América Móvil.

Por suas realizações, o genro de Carlos Slim foi designado em 2007 como "*El Hombre Expansión*" pela revista homônima, especializada em negócios e investimentos.

Após decidir a herança de seu império, o melhor conselho que Carlos Slim deu a seus filhos foi "não fazer negócios com políticos". Slim confiou isso à jornalista Rossana Fuentes Berain, quando ela o entrevistava justamente no dia em que Raúl Salinas de Gortari era preso como suposto autor intelectual do assassinato de seu cunhado, José Francisco Ruiz Massieu.

Fuentes Berain refere-se assim a esse episódio:

> No dia 25 de fevereiro de 1995, na sala de reuniões do Grupo Carso (nome que resulta da fusão de Carlos e Soumaya), Carlos Slim Helú, o homem mais rico da América Latina, conversava comigo e fumava seu inseparável charuto. Falávamos da desvalorização do peso mexicano, que havia ocorrido algumas semanas antes, quando fomos interrompidos por Arnulfo, um de seus assistentes pessoais, que entregou a Slim um bilhete: Raúl Salinas de Gortari tinha sido preso.

Atônitos, ligamos a televisão. Com o controle remoto, Slim tentou sem êxito acessar o canal do noticiário: aumentou o volume em vez de trocar de canal, desligou a televisão, voltou a ligá-la.

Finalmente Arnulfo pegou o controle, trocou a banda do satélite e encontrou o que procurava, um canal especial, diferente da televisão aberta ou a cabo. A imagem em preto e branco era impressionante: de terno, sem algemas, mas com as mãos ocultas nas costas, Raúl era conduzido para um carro por homens que portavam fuzis.

Esse foi o começo do fim para o irmão incômodo, que sempre causava problemas, "Mister 10 percent", como era conhecido nos círculos empresariais mexicanos e internacionais, pela quantia que cobrava para interceder nos negócios durante o mandato de seu irmão Carlos.

"Por isso, sempre digo a meus filhos para não fazer negócios com políticos", disse Slim por entre os dentes, com o estupor e a surpresa marcados no rosto.

Carlos Slim disse que seus filhos estão "vacinados" contra as tentações do poder político. Nenhum dos três herdeiros de Slim manifestou alguma preferência política, embora tenham opinado desde o princípio sobre a mudança de regime. Carlos Slim Domit, o mais velho dos irmãos, considera que a rendição do PRI (Partido Revolucionário Institucional) do poder pelo PAN (Partido Ação Nacional) demonstrou que não há grandes diferenças nas propostas para a economia. O segundo dos herdeiros, Marco Antonio, acha que a mudança é parte de uma inércia muito forte, que dificilmente tomará outro rumo. Além disso, ele considera que isso é uma tendência global. Patricio, o caçula dos varões, sustenta que a mudança de regime era o mais factível.

Herdeiros do império forjado pelo pai, os irmãos Slim Domit têm vários pontos em comum: são carismáticos, sociáveis e entre eles não há rivalidade. Os três dizem que se complementam e que isso lhes deu bons resultados. Diz Slim:

> Se meus filhos quisessem ser boxeadores ou atletas, teriam de competir entre eles. Mas, na vida real, para conquistar a felicidade não é necessário competir com ninguém.

Carlos, o mais velho dos irmãos, é um filho amoroso e respeitoso, solidário com os amigos. Quando Patricio precisou de um rim, não teve dúvidas em doar um a seu irmão mais novo.

De fato, se alguma coisa pode ser dita sem temor de equivocar-se, é que o engenheiro Slim é um homem de princípios e que a seus herdeiros inculcou honestidade, paciência, disciplina, flexibilidade, valor, confiança e firmeza de caráter.

A herança de Carlos Slim a seus filhos é genética:

> Eu creio que todos nós temos vocações: alguns têm vocação para toureiros, outros para sacerdotes, outros para médicos, outros para jornalistas. Eu desde criança gostava de investimentos.

Depois da transição para a segunda geração no comando de seu conglomerado empresarial, a estrutura de liderança parece intacta. Os filhos são pragmáticos e astutos nos negócios e, embora exerçam agora o controle das empresas, no grupo existem oportunidades para todos. Há executivos que não têm nenhum parentesco com a família e chegaram aos cargos mais altos, e muitos familiares ficaram fora simplesmente porque não serviam. Os irmãos Slim Domit trabalham mais do que ninguém, como ocorre com Daniel Hajj, o genro do engenheiro. É um dos executivos com mais autoridade na direção da América Móvil, um dos que melhor vestem a camisa da empresa e a encharca de suor até o esgotamento. Hajj é dos primeiros a chegar e dos últimos a sair de lá.

Diferentemente de outras famílias de ricos e poderosos, que se viram obrigadas à mudança de gerações e que começaram a contratar executivos profissionais em vez de repartir as companhias entre seus filhos e outros familiares, os Slim – Carlos, Marco e Patricio – ocupam posições-chave na estrutura corporativa. Pouco a pouco, prepararam-se para assumir as rédeas dos negócios.

Quando seus filhos eram adolescentes, Carlos Slim os reunia na biblioteca de casa para dar-lhes lições de economia. Apresentava-lhes uma lista escrita à mão com alguns exemplos de como uma companhia de seguros mexicana vendia a preços mais baixos do que uma similar norte-americana, ou comparava a drástica desvalorização dos fabricantes mexicanos de doces e cigarros em relação aos fabricantes europeus.

No começo dos anos 1980, Carlos Slim costumava levar seu primogênito às sessões da Bolsa de Valores. Carlos Slim Domit lembra-se dos ensinamentos do pai:

> Meu pai sempre nos incluiu em seu projeto de negócios. Falava conosco sobre os problemas das empresas e a respeito das soluções; é um processo que compartilhamos há muitíssimos anos.

A interação era desde então uma coisa habitual. Por exemplo, algumas semanas antes de fechar sua oferta na licitação da Telmex, Slim se reuniu com os seis filhos (Carlos, Marco Antonio, Patricio, Soumaya, Vanessa e Johanna) para selar o compromisso de que, caso ganhasse, a companhia telefônica ficaria nas mãos da família Slim Domit pelo menos por duas gerações.

Quinze anos depois da privatização da Telmex, o primogênito da dinastia Slim, em uma entrevista para a revista *Líderes*, confirmou esse compromisso:

> A Telmex é uma instituição muito valiosa para o país. É uma empresa prioritária para a nação, um apoio estratégico. É importante que continue sendo mexicana. Não são diretrizes, mas convicções, porque o compromisso vem de fora e a convicção, de dentro. Isso é mais uma convicção do que um compromisso.

Carlos – que brilha com luz própria –, o mais velho dos irmãos, que dirige o Grupo Carso, começou a trabalhar para o pai desde muito jovem; como os outros dois herdeiros, estudou administração de empresas na Universidade Anáhuac. Os três estão conscientes de que sobre seus ombros recai uma enorme responsabilidade. Marco Antonio tem uma paixão muito grande pela matemática e é considerado o financista da família: dirige o Grupo Financiero Inbursa, um dos maiores do país pela administração e custódia de ativos superiores a 18 bilhões de dólares. Patricio, o caçula, trabalha com seu cunhado Daniel Hajj na América Móvil, e desde que chegou à presidência dessa empresa, os seus valores triplicaram e ela é considerada uma das principais fontes de riqueza da família.

A decisão do engenheiro Slim de confiar o êxito e suas empresas a seus filhos poderia parecer uma determinação de demasiado peso para um trio de jovens. No começo, escutaram-se algumas críticas, mas o certo é que os herdeiros continuaram fazendo o grupo empresarial crescer. Desde fins dos anos 1990, as empresas vinham se preparando para a mudança e todos sabiam que a responsabilidade recairia sobre os homens da família.

Desde então, os herdeiros não têm estado isentos de críticas.

Creio que, às vezes, quando se tem êxito nos negócios, outros tratam de colocar a opinião pública contra você, porque são seus competidores – diz Carlos Júnior.

Não obstante, uma das visões mais valiosas de Carlos Slim foi compartilhar o planejamento das estratégias de seu império com conselhos de administração, com direções integradas por líderes de diferentes setores e com sua família mais próxima, conseguindo assim versatilidade, delegação, continuidade e expansão. Para explicar o porquê da transição no poder de mando de seu império a seus filhos, o magnata deu a um jornalista a seguinte explicação:

Não são posições que meus filhos ganharam apenas por serem meus filhos. No beisebol, o que você faz se está lançando contra seu filho?... Você lança com força! E se está com o taco contra seu pai ou seu irmão? O que você faz? É uma questão de responsabilidade. Em cada lugar, se você tem a responsabilidade de derrotar o inimigo, você tenta fazer um ponto ou uma carreira, mesmo que seja contra seu pai ou seu irmão. Creio que os problemas ocorrem quando os postos de direção são dados aos filhos apenas por serem filhos, ou quando os postos ruins são dados aos filhos para colocá-los à prova, ou quando se exige que o filho tenha uma responsabilidade que não casa com seu interesse, sua personalidade, seu talento, seu gosto ou seu esforço.

Carlos Slim Domit, que em sua formação percorreu todos os cantos das empresas de seu pai, absorveu e cresceu na área de operações financeiras da Inbursa, entrou com tudo no negócio dos hotéis, das fábricas de papel, da rede Sanborns, das lojas de departamentos e da Telmex. Ele explica assim a transição:

Creio que as pessoas não sentiram muito a mudança. O estilo de liderança do meu pai e o meu são muito semelhantes e minha prioridade foi que o Grupo conservasse seus valores. A transição foi muito normal. Por exemplo, é nossa preocupação que todos se sintam bem naquilo que fazem e que haja comunicação entre as áreas. Isso nos ajuda a avaliar constantemente os processos e conhecer com certeza todas as possibilidades de êxito ou de fracasso de algum investimento.

Os Slim Domit souberam ganhar o respeito dos críticos que não acreditavam em seu mandato. Os três irmãos deram ampla evidência de sua liderança e sabem que carregam nos ombros a responsabilidade pelo começo dessa nova etapa da sua dinastia.

Carlos Slim Domit lembra-se dos ensinamentos do pai:

> Nossa filosofia se fundamenta em alguns princípios básicos: ter uma operação eficiente e produtiva, além de solidez financeira. Cuidamos muito da parte financeira, sobretudo nos melhores momentos, que é quando as empresas se descuidam e fazem investimentos inviáveis ou tomam decisões equivocadas.

No convívio familiar, às vezes chegamos a discutir, de maneira informal, algum acontecimento cotidiano. Todos nós estamos conscientes de que os assuntos se resolvem nas reuniões de trabalho, mas sabemos que, se surgirem conflitos, podemos contar com o apoio de algum membro da família. Está mais do que entendido que, em suas mãos, encontra-se o destino de centenas de milhares de famílias. Daí a enorme responsabilidade dos herdeiros.

Carlos admitiu que seu pai jamais os pressionou para que trabalhassem por causa de uma promessa e que tampouco lhes disse o que deveriam fazer:

> Ao contrário. Sempre tivemos liberdade de estudar o que queríamos, de estudar ou não estudar, de trabalhar ou não trabalhar no grupo, ou para fazer outras coisas. Além disso, a educação recebida de meus pais foi fazer as coisas por gosto e responsabilidade, mais do que por ambição. Meu pai diz que é pior fazer alguma coisa de que você não gosta: prejudica você e acaba prejudicando as empresas. Se você sente que se encontra em um lugar onde não está se desenvolvendo, é melhor dedicar-se a outra coisa.

A educação formal dos filhos terminou com o título de Administração de Empresas em uma universidade mexicana. No entanto, não há intenção de recrutar grupos de administradores capacitados nos Estados Unidos apenas para tranquilizar os analistas de ações.

Patricio, criador de touros de lida, o caçula do clã, lembra, de sua mãe, o bom trato, a cordialidade e a preocupação com as pessoas. De seu pai, o gosto pelo trabalho e a honestidade. “Um amigo perguntou-me, faz tempo, o que era que meu pai exigia mais de mim. Creio que a honestidade.”

As filhas do engenheiro Slim, Soumaya, Vanessa e Johanna seguem os passos da mãe, consolidando suas respectivas famílias e cada vez mais imersas em questões culturais, altruístas e filantrópicas. Duas delas fazem parte do conselho diretivo das fundações. Uma dirige o Museo Soumaya. Outra está à frente de uma fundação chamada Asociación de Superación por México (Asume), para o desenvolvimento pessoal e a melhoria das pessoas. A terceira tem um programa de educação para crianças, de estimulação precoce, em que aprendem a nadar muito pequenas, desde os dois ou três anos, como estímulo para o desenvolvimento em outras atividades físicas.

Até agora, o engenheiro tem quase vinte netos; Slim se reúne com eles e com todos os seus filhos várias vezes ao ano, durante alguns fins de semana.

Quando, em uma de suas habituais conferências, um estudante universitário perguntou ao engenheiro Slim qual seria o legado para seus filhos, o magnata respondeu:

> Muitas vezes perguntaram se vou deixar dinheiro para meus filhos. Creio que quando deixa aos filhos uma empresa, você lhes deixa trabalho, responsabilidade e compromisso, e quando lhes deixa dinheiro, não sei quanto, seja o que for, 100 milhões, 50, 30 ou 20, você os torna ociosos. É diferente quando você tem uma empresa para administrar, mesmo que exista um diretor alheio à família; é um trabalho, é uma responsabilidade, é um esforço e um compromisso com a empresa, consigo mesmo e com o país para gerar riqueza. Não é ter em caixa não sei quanto dinheiro para gastar e viver sem fazer nada o ano inteiro, a vida inteira.

Slim ensinou aos seus filhos que "é preciso fazer as coisas durante nossa vida e devemos ser eficientes, cuidadosos e responsáveis no manejo da riqueza".

> Muitas pessoas querem deixar um país melhor para seus filhos. Eu tento deixar filhos melhores para o meu país.

Quando lhe perguntam como gostaria de ser lembrado, Slim diz que trata de não pensar nisso:

> O que me preocupa é o futuro da minha família, meus filhos, meus netos. Que estejam unidos, que se amem, que sejam positivos para eles mesmos e

para a sociedade. Essa é minha preocupação principal. Não me preocupo se vão se lembrar de mim, ou se vão se lembrar de uma ou outra maneira. Meus filhos e meus amigos vão se lembrar muito bem de mim.

Carlos, Marco Antonio e Patricio são os herdeiros do moderno rei Midas, Carlos Slim, um homem que, apostando no futuro, colocou seus filhos em contato com o futurólogo Alvin Toffler e com o professor de tecnologia de mídia Nicholas Negroponte, que fundou em 1985 o Media Lab do Massachusetts Institute of Technology, um centro de pesquisa único no mundo. Negroponte coordena o laboratório e administra os milhões de dólares que algumas empresas investem, a cada ano, para criar a comunicação do futuro. Slim convidou as duas personalidades especialmente à sua casa para falar dos negócios do futuro, preparando assim os herdeiros para os projetos de longo prazo, como os que já começaram a desenvolver na América Latina.

A filosofia Slim

Dinheiro atrai dinheiro

Quando Carlos Slim obteve seu título universitário como engenheiro civil, já era milionário. Quinze anos antes, tinha começado seus investimentos e, com essa solvência, pôde tomar um ano sabático. Foi quando decidiu de verdade enfocar com profundidade e visionariamente seu desejo de fazer negócios. Esse ano foi usado para estar livre, pensar, viajar e ler. Foi para Nova York e observou durante meses como funcionava a economia mundial. Seguindo o conselho do provérbio árabe que dita: "Os melhores companheiros nas horas livres são os livros", Slim ficou sozinho na cidade dos arranha-céus, encerrando-se durante longas horas na biblioteca da Bolsa de Valores de Nova York para consultar livros e arquivos. Depois viajou para a Europa, percorrendo-a de um extremo ao outro, e lá também visitou uma infinidade de bibliotecas, leu muito e regressou ao México para plantar a semente de seus conhecimentos e habilidades.

Slim era um jovem de 25 anos de idade que começava a criar o próprio mito, na mesma idade em que outros personagens passaram a ser história. Slim é parte da geração de jovens que viveram grandes transformações sociais e culturais. Quando despontava nos negócios, tinha lugar a intervenção norte-americana no Vietnã, Fidel Castro se consolidava em Cuba, Che Guevara convertia-se em um personagem iconográfico, enquanto os grupos de rock como os Beatles, que revolucionaram a música, estavam em plena efervescência. Enquanto isso, no México, chegava ao fim o idílico milagre mexicano, que os economistas definiam como o modelo de "desenvolvimento estabilizador". Aquele foi um período de progresso desequilibrado, no qual um segmento minoritário da população – altamente protegido pelas políticas governamentais – enriqueceu, enquanto o crescimento econômico do país permitia a ampliação da classe média, mas não conseguia redimir nem atender as carências dos excluídos. Na desigualdade da renda e na excessiva proteção de alguns agentes econômicos baseou-se a debilidade de um sistema que entraria em crise vários anos depois.

O magnata, que chegou a converter-se, em menos de três décadas, em um dos indivíduos mais poderosos do mundo, é um homem corpulento, bonachão, que projeta a imagem de pessoa discreta e tímida. Evita a vida pública e o escândalo. Mas isso é parte da lenda. Para alguns, Slim é completamente o contrário: frio, calculista, com mentalidade de jogador de xadrez, e encontra-se sempre onde deve se encontrar. Nos negócios, está sempre três passos adiante. É uma máquina de fazer dinheiro. E como não fazer fortuna?, perguntava Michel Tournier, que dizia que a resposta era simples: "Basta só pensar em dinheiro desde a infância".

A construção de seu império excede todos os limites. Para seus admiradores, ele é um autêntico gênio, que transforma em ouro tudo o que toca. O segredo desse moderno rei Midas para se fazer multimilionário baseou-se na sua admiração pela filosofia de alguns grandes financistas, como Jean Paul Getty, Benjamin Graham e Warren Buffett, considerados por muitos os mestres dos investimentos e da especulação.

Em sua juventude, a leitura da revista *Playboy* o nutriu das ideias de Getty, que dizia haver uma fórmula segura para alcançar o êxito financeiro: "Levantar cedo, trabalhar duro e extrair petróleo". Inspirado nos princípios de seus ideólogos do dinheiro, Slim seguiu ao pé da letra seus postulados, como o de Warren Buffett: "Não vale a pena fazer bem aquilo que, para começar, não vale a pena fazer".

Benjamin Graham, outro de seus mestres, dizia que "um empresário procura assessoria profissional em várias facetas de seu negócio, mas jamais espera que lhe digam como obter lucros".

Assim, rodeado de um pequeno grupo de gurus, Slim construiu seu império e, no afã de estender seus domínios, associou-se a Bill Gates, que durante anos se manteve no ranking da *Forbes* como o homem mais rico do mundo. A riqueza de Gates, Warren Buffett e Slim (os três homens mais ricos do planeta) poderia exceder o PIB da quarta parte dos países menos desenvolvidos do mundo, isto é, um conjunto de cerca de setenta nações.

No México, somente uma posição depois da Pemex*, a paraestatal mais importante do país, as empresas de Slim contribuem com mais de 5 bilhões de dólares de impostos.

* Empresa de petróleo do México (N.T.)

O império de Slim se estende por todos os confins. Ele tem investimentos por todas as partes e é conhecido por comprar barato. Converteu-se em celebridade quando a revista *Forbes* o incluiu pela primeira vez, em 1992, na lista dos homens mais ricos do planeta, quando contava com um capital de 2,1 bilhões de dólares. Já nos anos 1980, o grupo empresarial de Carlos Slim compunha-se de empresas com atividade em diversos e importantes setores industriais, comerciais e financeiros. Esse era o seu mundo, do qual começou a forjar sua fortuna como profissional das finanças e da indústria.

Na crise de 1982, em que se generalizou o desânimo, o medo de fazer investimentos no México, tanto de nativos como de estrangeiros, Slim investiu e adquiriu numerosas empresas, que depois operaram com êxito durante muitos anos, tornando o Grupo Carso cada vez mais importante.

De Jean Paul Getty – magnata do petróleo que não conhecia a cifra total de sua fortuna e vivia como um rei em um luxuoso castelo de Londres – aprendeu que "o verdadeiro homem de negócios jamais está satisfeito com suas realizações".

Getty costumava dizer que "quando não se tem dinheiro, sempre se pensa nele e quando se tem dinheiro, só se pensa nele". Como seu mestre, que morreu pensando no futuro como representação estética, Slim herdou de sua esposa Soumaya a paixão pela arte. Um dos legados de Getty é seu museu em Los Angeles, na Califórnia, em cujo conjunto se mesclam os elementos mais diversos, desde as colunas dóricas, comedidas e simétricas, até a expansão vertical infinita de arranha-céus, os jogos de água e luz, a escultura e os recursos da cultura visual e eletrônica.

Porém mais que tudo, Slim assimilou os ensinamentos de Benjamin Graham, que sustentava os seguintes princípios:

- O investidor deve impor algum tipo de limite ao preço que paga.
- Muito mais importante do que saber quando comprar ou quando vender, é saber quando não comprar.
- Ninguém pergunta a um especialista como conduzir seus negócios e sua vida... a não ser a bolsa.
- Há três âmbitos nos quais uma pessoa educada deve conduzir-se como um tolo ou uma criança: 1) a religião; 2) a bolsa; 3) as matemáticas. Nos três casos, não só "pega bem" considerar-se um perfeito ignorante, como também é de má educação discutir.

Graham defendia um princípio de similitude entre o investimento e a especulação. Para ele, era impossível distinguir entre uma coisa e outra, porque na hora de definir com precisão caímos em paradoxos. Se a discussão gira em torno desses termos, então no fim o cínico tem razão: "Um investimento é uma especulação que deu certo; uma especulação é um investimento que deu errado".

Para esclarecer o problema, Graham estuda e rejeita cinco afirmações:

1. Investir é comprar títulos; especular é comprar ações. *Falso.*
2. Investir é comprar à vista; especular é comprar a crédito. *Falso.*
3. Investir é comprar com intenção de manter a longo prazo. Especular é comprar para obter um lucro rápido. *Falso.*
4. Investir é esperar o dividendo. Especular é esperar a revalorização do capital. *Falso.*
5. Investir é comprar valores seguros. Especular é comprar valores de risco. *Falso.*

De acordo com a filosofia empresarial de Graham, pode ser considerado um investimento "comprar ações a crédito com a intenção de obter um lucro rápido". Algo que, de imediato, parece uma boa definição de especulação. Embora, na verdade, o ponto de partida nessa enredada questão deva ser situado no contexto de uma evidência: "As pessoas dedicam mais tempo a comprar uma geladeira do que a comprar uma ação na bolsa". Graham chamava esse processo de "análise". Peter Lynch o chamava "fazer a tarefa".

Com essa filosofia, aos cinquenta anos de idade, Slim começou a se transformar no investidor número 1 da América Latina, criando o próprio mito. Acumulou sua fortuna na década de 1980, e houve sinais de ter sido favorecido pelo poder. "Slim simplesmente esteve no lugar certo na hora certa", asseverou o banqueiro Manuel Espinosa Iglesias, que pôs um ponto-final à discussão sobre a origem da fortuna daquele que se converteu no homem mais rico da América Latina: "Oportunidades como aquelas não se repetem".

O segredo de Slim é muito simples: tem aversão à publicidade e leva uma vida frugal, mais perto da modéstia do que da sobriedade. Sua existência gira em torno dos negócios – aparece nos conselhos de administração das empresas mais importantes do país – e tem um modo comedido de conceber-se como o grande guru: "Não posso estar em todas as partes. Meu trabalho consiste em pensar", afirma, quando lhe perguntam qual o segredo para o sucesso nos negócios. No entanto, adota um estilo próprio de trabalho: pelas manhãs, afastado das ligações telefônicas, das reuniões e das distrações de rotina, dedica-se a analisar documentos, para aprofundar os assuntos e não se perder em detalhes.

Na percepção de Slim, há três tipos de personalidade nas empresas: primeiro, o empresário; segundo, o executivo; e terceiro, o investidor. Os três costumam se complementar, diz ele, e às vezes até mesmo fundir-se em um só. O primeiro é o que concebe e realiza; o segundo é o que opera as empresas; e o terceiro é o que providencia os meios. Slim se define como empresário, mas agrega: "Poderíamos dizer que existe um quarto tipo, que é o político empresarial" (que está presente nas câmaras empresariais). Em relação ao assédio da abertura econômica, o magnata traçou a linha ao declarar-se um empresário nacionalista:

> Sou diferente daqueles que pensam que os empresários mexicanos não podem dirigir os próprios negócios, e discordo das autoridades que acham que é melhor favorecer o investimento estrangeiro à custa do investimento nacional.

Desde a abertura do país aos capitais externos, Slim assumiu um discurso nacionalista. Talvez não seja por acaso que em seu escritório principal encontremos, emoldurada em uma parede, a célebre carta de Benito Juárez a Matías Romero, datada de 26 de janeiro de 1865, em Chihuahua, na qual se lê:

> Sr. dom Matías Romero
> Washington
> Meu querido amigo: por tua carta de 14 de novembro passado e pelas comunicações oficiais que enviam ao ministério, tomo conhecimento de que as coisas mudaram de modo favorável à nossa causa, coisa que celebro, pois estava muito inquieto com as notícias que chegavam de que esse governo se encontrava disposto a reconhecer o império de Maximiliano. Assim, obteremos pelo menos uma recusa dessa república, pois quanto a uma cooperação que pudesse nos dar, julgo isso muito remoto e sumamente difícil, porque não é provável que o Sul ceda sequer um ápice às suas pretensões e, em tal caso, esse governo terá de concluir a questão por meio das armas, e isso demanda muito tempo e muitos sacrifícios.

Segundo o que você me diz, a ideia de alguns de que ofereçamos parte do território nacional para obter o auxílio mencionado é não só antinacional, como prejudicial à nossa causa. A nação, por meio do órgão legítimo de seus representantes, manifestou de modo expresso e terminante que não é sua vontade que se hipoteque ou se aliene seu território, como você pode ver no decreto em que me concederam poderes extraordinárias para defender a independência. Se contrariássemos essa disposição, sublevaríamos o país contra nós e daríamos ao inimigo uma arma poderosa para consumar a conquista. Que o inimigo nos vença e nos roube, se esse é nosso destino; mas não devemos legalizar esse atentado, entregando-lhe voluntariamente o que nos exige pela força. Se a França, os Estados Unidos ou qualquer outra nação se apoderasse de alguma parte do nosso território, e por nossa debilidade não conseguíssemos tomá-los dela, deixaríamos pelo menos vivo o nosso direito, para que as gerações que nos sucedam o recobrem. Seria ruim deixar-nos desarmar por uma força superior, mas seria péssimo desarmar nossos filhos, privando-os de um bom direito, pois sendo mais valentes, mais patriotas e mais sofridos do que nós, o fariam valer e saberiam reivindicá-lo algum dia.

É mais prejudicial ainda a ideia de alienar o território nessas circunstâncias, pois os estados de Sonora e Sinaloa, os mais cobiçados, são os que fazem hoje esforços heroicos pela defesa nacional, os que mais se preocupam com a integridade de seu território e prestam ao governo um apoio decidido e firme. Seja por essa consideração, seja pela proibição que a lei impõe ao governo de hipotecar ou alienar o território nacional, seja, enfim, porque essa proibição está inteiramente conforme com a opinião que sempre tive e sustentei sobre essa questão, repito a você o que lhe disse em minhas cartas de 22 de dezembro último e posteriores, a saber: que não só você deve continuar com a conduta patriótica que adotou, de não apoiar semelhante ideia, mas também deve contrariá-la, trabalhando para dissuadir seus autores, fazendo-lhes ver as funestas consequências que nos traria sua realização.

Folgo em saber que você ficou satisfeito com a opinião que observou no exército do general Grant, a respeito de nossa causa. Essa posição e a que manifestou Mr. Seward são uma garantia que podemos ter de que o império de Maximiliano não seria reconhecido por esse governo. É o único ponto positivo que podemos esperar, por agora, dessa república.

Não me estendo mais porque, sob a impressão do profundíssimo pesar que destroça meu coração pela morte do filho a quem mais amava, apenas pude traçar as linhas antecedentes. Digo pela morte do filho que mais amava porque, pelos termos de sua carta, que recebi ontem à noite, compreendi que, somente pelo caráter funesto da notícia, você não me contou de uma só vez. Mas na realidade meu amado filho já não existia, já não existe mais. Não é verdade? Com toda a minha alma, desejo equivocar-me e seria muito feliz se pelo próximo correio, que espero com verdadeira ansiedade, dissessem que meu filho estava melhor.

Remota esperança que um funesto pressentimento desvanece, dizendo-me que não há remédio!

Adeus, meu amigo. Você sabe o apreço que lhe tem seu inconsolável e afetuoso,

Benito Juárez

Desde muito jovem, Carlos Slim se mostrou um empresário ambicioso, mas sua filosofia foi muito simples. Diz ele que suas empresas trabalham com princípios básicos e estruturas simples. Assim explica a filosofia de seu grupo empresarial:

Tentamos fazer, permanentemente, que nossa equipe humana tenha vocação, preparo e um trabalho estimulante que conduza à autoestima, que faça da responsabilidade uma satisfação, mais do que uma obrigação, e que contribua para seu desenvolvimento humano. O grupo trabalha sem equipe corporativa, e o de cada empresa fica sempre na fábrica, na operação e venda, com gastos mínimos de operação, procurando contar com funcionários ótimos, os mais bem preparados e bem remunerados.

Os investimentos realizam-se na fábrica e nas equipes de distribuição e administração, e não em imóveis ou outros bens corporativos.

Procuramos reduzir ao mínimo os níveis hierárquicos, aproximando o máximo possível os diretores da operação e fazendo que trabalhem para ela e não para estruturas corporativas. Tratamos de combinar a atividade executiva com o interesse dos acionistas por meio de um delegado presidente do conselho, que, trabalhando com os dirigentes, tenta de forma constante otimizar investimentos, estratégias e gastos. Trabalhamos sistematicamente para melhorar os processos produtivos, melhorando a qualidade, reduzindo as perdas e aumentando a produtividade, tratando de produzir maciçamente a melhor qualidade pelo menor custo; sua redução implica sustentar ou melhorar margens, ampliar nossos mercados, reduzir preços e competir no mercado internacional.

Orientamos nosso crescimento e nossos investimentos na direção dos setores mais dinâmicos a médio e longo prazo, tratamos de manter flexibilidade e rapidez nas decisões e também as vantagens da empresa pequena, que são as que fazem grandes as grandes empresas.

O ambiente propício em uma sociedade se deve à estabilidade política e econômica; às finanças públicas sãs, com orçamentos equilibrados, aplicados a programas econômicos e sociais prioritários; ao investimento em infraestrutura e gasto social com efeitos de redistribuição que favoreçam de maneira paulatina e contínua o bem-estar. O ambiente propício se cria também com a confiança da sociedade em seu país, em seu governo e em si mesma. Ademais, o governo precisa participar, organizando a sociedade e dirigindo o esforço comum. Essas são, sem dúvida, as condições necessárias para o desenvolvimento nacional.

Portanto, é necessário um investimento privado nacional e estrangeiro. Necessita-se também de um mercado que produza riqueza, de um governo que oriente e fomente o crescimento e que gaste e invista, com fins de redistribuição, em educação, saúde e habitação, uma boa porcentagem do Produto Interno Bruto.

É um novo mundo de abertura econômica e de globalização, processos iniciados pelas empresas transnacionais e pela tecnologia, que às vezes parece retroceder ao tempo dos blocos econômicos e do protecionismo, por força dos históricos subsídios em cuja aplicação insistem até mesmo os países mais desenvolvidos, como os Estados Unidos, a União Europeia e o Japão.

Especialmente no setor agropecuário, a insegurança individual e social conduz ao protecionismo e ao isolamento, enquanto a luta pelos mercados e a concorrência exacerbada são um substituto moderno dos instintos bélicos.

Os sinais principais desses tempos são a concorrência, a eficiência, a produtividade, a qualidade, o design, a tecnologia, os altos valores agregados, as grandes empresas industriais e comerciais, a especialização e as vantagens competitivas, os grandes investimentos em pesquisa e desenvolvimento, a educação superior maciça em ciências e tecnologia.

Nas épocas de forte crescimento e bons resultados, no tempo das vacas gordas, com frequência relaxa-se a administração e as organizações se excedem, em vez de aproveitar para se capitalizar e fortalecer as empresas, que se deterioram e envelhecem. Em vez disso, conservar os gastos fixos e a austeridade no crescimento constitui o desenvolvimento acelerado da empresa.

É preciso estar permanentemente atento, na empresa, à sua modernização e ao crescimento da capacitação, da qualidade e da simplificação, incrementando a produtividade e reduzindo os custos e os gastos.

Deve-se distinguir três vocações na empresa: o empresário, o executivo e o investidor. Na empresa familiar de primeira geração, a mesma pessoa comumente desempenha as três funções. Nas grandes empresas públicas, há importantes investidores individuais e institucionais, e nos países desenvolvidos com frequência a função empresarial se dilui, substituída pela fortaleza de executivos não sócios que prestam contas trimestrais aos investidores institucionais.

Na concorrência, as empresas deixam de ser e de operar simplesmente em conformidade com seu proprietário, a quem satisfazem social e emocionalmente. Com isso, aparentemente completavam sua responsabilidade. Mas quando se veem obrigadas a otimizar recursos da sociedade, evitando seu desperdício, a primeira coisa a fazer é obter referências. Como no esporte, é preciso saber qual é o recorde mundial, quem são os melhores atletas e quais são os seus tempos. Devemos ter referências dos melhores do ramo em que atuamos, no cenário internacional.

Qual é a melhor equipe, quanto pode produzir em uma hora, qual é o seu desperdício, de quantos operários precisa etc. Conhecer nossos mercados e os mercados internacionais é importante, mas também é importante conhecer as próprias forças e debilidades.

Na empresa, o lucro está na compra, no comércio e nos custos. Para a indústria, imersa agora em ambiente tão competitivo, baixar os custos é como, para o atleta, reduzir os tempos. Nos dois casos, é preciso perseverança, treinamento, organização e sobretudo vocação e desejo de ganhar, de constantemente superar marcas, melhorando de forma incansável o processo produtivo. Melhorar permanentemente demanda o trabalho em equipe de operadores, diretores e empresários para otimizar o investimento, a produção, a qualidade e os custos. Como nas equipes esportivas, são necessários não só diretores, mas também gerentes médios bem capacitados, com liderança e sentido de organização.

A formação de uma nova empresa ou de uma nova fábrica deve considerar a localização, o tamanho, a engenharia do projeto, o mercado e a estrutura corporativa.

Por outro lado, à maior eficiência do mercado deve corresponder uma política econômica de arrecadação fiscal que tenha, fundamentalmente, fins de redistribuição, que estabeleça níveis mínimos crescentes de bem-estar social em prol dos menos favorecidos, que irão, pouco a pouco, se integrar à sociedade moderna, ao terem melhor alimentação, saúde, educação e mais oportunidades.

Um país precisa ser competitivo no comércio internacional para ter e reter mais empregos bem remunerados, criar riquezas com as regras do mercado e redistribuí-las, pela via fiscal, entre os mais desfavorecidos, com um claro sentido de justiça e de desenvolvimento econômico e humano.

Seria imperdoável não melhorar nossa qualidade e produtividade, não otimizar nossos investimentos e recursos escassos, não nos capitalizar, aproveitando a abertura ao México dos mercados internacionais de capitais, não obter a produção máxima de nossa maquinaria e de nossos equipamentos, não ter níveis competitivos de qualidade e preço dos bens não comercializáveis, pois isso implica importar mais, exportar menos e reduzir os mecanismos de produção. Em suma, seria um erro grave com custos muito altos não consolidar o processo eficaz que começamos e não aproveitar os importantes fluxos de capital, que só continuarão a chegar se tivermos êxito.

Só a qualidade, a produtividade, a eficiência e a otimização de nossos recursos podem permitir uma competição bem-sucedida na abertura.

Com êxito, o mercado ordenado gera mais emprego bem remunerado, produtos melhores e mais baratos e maior riqueza da sociedade. Só a ação governamental, pela via fiscal, pode beneficiar todos os membros da sociedade por meio do investimento público com fins de redistribuição de renda, pois a economia de mercado, por si só, não é suficiente para acabar com os velhos atrasos.

O empresário tem a responsabilidade social de otimizar os recursos da empresa, tornando-a cada vez mais eficiente, mais competitiva, fazendo que reinvista seus lucros e capacite seu pessoal que, bem remunerado, motivado e satisfeito com sua responsabilidade, dê o seu esforço máximo.

Em poucas palavras, afinal de contas, o empresário é apenas um administrador temporário da riqueza social.

A filosofia de Slim faz lembrar alguns fundamentos de trechos bíblicos do Gênesis, que narram o sonho de um faraó, que interpretado, anunciava um futuro de sete anos de abundância, seguidos por sete anos de miséria. O economista inglês John Maynard Keynes citava esse sonho em suas teorias como os ciclos das sete vacas magras e das sete vacas gordas.

Para Slim, o autor do livro *Teoria geral da ocupação, do juro e do dinheiro*, no qual expõe a teoria do capitalismo regulado, não teve um pensamento original, pois baseou-se na *Bíblia*, quando José interpreta os sonhos do faraó e lhe diz: "Terás sete anos de vacas gordas e sete anos de vacas famintas. Assim, nos anos de vacas gordas deverás poupar os grãos para os anos de vacas famintas". Isso significa – diz Slim – que na nova economia, durante o período de vacas gordas, é preciso produzir superávit (excedentes), e as vacas magras são o déficit. Essa era a ideia de Keynes. No meu conceito, nos anos de vacas gordas os negócios devem se capitalizar e acelerar seu desenvolvimento, de tal forma que nos anos de vacas magras não tenhas de despedir gente.

Em outras palavras, Slim age segundo o provérbio chinês: "Quem não poupa em épocas de abundância... lamentar-se-á em épocas de necessidade".

Ao contrário de outros negócios, no de Carlos Slim não há lugar para os headhunters. Todos os seus funcionários crescem dentro de suas empresas. Conta com o próprio centro de capacitação, o Instituto Tecnológico (Inttelmex). Muitos de seus executivos tiveram aulas nesse lugar, e o nível de escolaridade passou de seis para quinze anos. Teléfonos de México, Telmex Internacional e América Móvil, que é a joia da coroa, são as empresas que têm o nível mais alto de escolaridade de toda a América Latina; a grande maioria dos filhos de todos os trabalhadores da área telefônica é composta de universitários.

Muitas das ideias contidas nos dez princípios básicos que guiam a ação de Carlos Slim foram tomadas de seu pai, Julián Slim Haddad, que levava o filho, desde muito pequeno, para suas empresas e notava nele um interesse peculiar pelo comércio. Tais princípios foram transmitidos a seus familiares, colaboradores, funcionários e equipe de trabalho.

1. Estruturas simples, organizações com níveis hierárquicos mínimos, desenvolvimento humano e formação interna das funções executivas. Flexibilidade e rapidez nas decisões. Operar com as vantagens da pequena empresa, que são as que tornam grandes as grandes empresas.

2. Manter a austeridade em tempos de vacas gordas fortalece, capitaliza e acelera o desenvolvimento da empresa e também evita os amargos ajustes drásticos nas épocas de crise.
3. Manter-se sempre ativos na modernização, no crescimento, na capacitação, na qualidade, na simplificação e na melhoria incansável dos processos produtivos. Incrementar a produtividade, a competitividade, reduzir os gastos e os custos, sempre guiados pelas mais altas referências mundiais.
4. A empresa nunca deve limitar-se à medida do proprietário ou do administrador. Não nos sentirmos grandes em nossos pequenos currais. Mínimo investimento em ativos não produtivos.
5. Não há desafio que não possamos alcançar trabalhando juntos, com clareza de objetivos, conhecendo os instrumentos.
6. O dinheiro que sai da empresa evapora. Por isso, reinvestimos os lucros.
7. A criatividade empresarial não só é aplicável aos negócios, mas também à solução de muitos dos problemas de nossos países. Fazemos isso por meio das Fundações do Grupo.
8. O otimismo firme e paciente sempre rende frutos.
9. Todos os tempos são bons para quem sabe trabalhar e tem com que fazê-lo.
10. Nossa premissa é, e sempre tem sido, que nós iremos sem nada; que só podemos fazer as coisas em vida; e que o empresário é um criador de riqueza que apenas a administra temporariamente.

Na prática do dia a dia, o estilo e a filosofia de trabalho nas empresas do império de Carlos Slim são totalmente opostos à suntuosidade das corporações novas em folha de Santa Fé ou ao encanto dos luxuosos escritórios de Monterrey ou Guadalajara, que parecem museus, com seus acabamentos de mármore e cercados de arte. Em todos os escritórios impera a austeridade, os executivos altos e médios compartilham a mesma secretária, os assessores não existem. Capacidade e talento são o que conta. Todos conseguem suas promoções por mérito próprio: não há recomendados nem privilégios para familiares. Para conseguir algum cargo, é preciso demonstrar com fatos que se é muito eficiente. As promoções não se conseguem por adulação, encanto, carisma ou habilidade nas relações públicas. Contam apenas o talento, a disciplina e a produtividade.

Arturo Elías Ayub, genro de Carlos Slim, trabalha em um escritório mais do que sóbrio, modesto, no qual parte do mobiliário parece estar ali desde antes da privatização dos serviços telefônicos. Está acostumado a que seu chefe o obrigue a cuidar de seus gastos durante a jornada de trabalho na Teléfonos de México. O cuidado dos recursos se estende à própria lista das fundações. A da Telmex gasta 20 mil dólares por mês com seus dez funcionários, aproveitando, por exemplo, que a contabilidade da fundação é feita pelo contador da Telmex, que não cobra honorários por isso.

O importante são os valores por trás da eficiência operativa, é obter sempre o máximo proveito pelo menor custo. Com base nos princípios do grupo empresarial, deve-se valorizar cada peso; a organização se caracteriza pela austeridade. Não há ajudas de custo diárias para restaurantes caros nem para viagens em primeira classe. Não há carros de luxo nem carteiras de sócio em academias ou clubes de diversão. A filosofia de trabalho consiste em não dilapidar nem desperdiçar em gastos suntuosos e inúteis. Tudo está concentrado em maximizar os recursos. Os salários, em todos os níveis, são competitivos no mercado. Não há salários altíssimos, mas em troca há estímulo e recompensas. A capacitação é outro ponto positivo para os funcionários e para as empresas. Em média, dedicam-se 60 horas por ano ao treinamento de um único funcionário. Pode-se começar como um analista modesto, mas as longas jornadas de trabalho podem levar um trabalhador talentoso a ocupar um cargo de direção em algumas das empresas, no México ou no exterior.

De alguma maneira, os bolsistas da Fundação Telmex são um viveiro para as empresas. As bolsas são equivalentes ao salário mínimo para os melhores estudantes de famílias pobres, os quais também obtêm computadores e acesso grátis à internet por meio da Telmex e da Prodigy. Esses programas terminam por beneficiar a empresa, como muitos creem que ocorre com os programas de Responsabilidade Social Corporativa. Pode acontecer que muitos desses estudantes sejam depois empregados da Telmex, da Condumex ou da Sanborns, por exemplo. Dessa forma, Slim poderá experimentar em primeira mão o melhor talento, que seguramente manterá a lealdade a essas empresas que o ajudaram no passado.

Embora Slim seja um dos cem homens mais influentes do mundo, ele se definiu como uma pessoa sóbria.

"Diria que sou sóbrio, e meus filhos também. Por gosto, por convicção, não por disciplina", afirmou ao ser entrevistado pela jornalista chilena

Margarita Serrano em uma visita que fez a Santiago do Chile para dar uma conferência com seu amigo, o ex-presidente espanhol Felipe González, no Club de Emprendedores.

Diante dos jovens, Slim também falou de sua filosofia de vida e de negócios, como o fez no dia 25 de julho de 1994 para um grupo de universitários da Cidade do México, aos quais dirigiu as seguintes palavras:

> Queridos jovens estudantes:
>
> Escrevo-lhes esta mensagem com a finalidade de transmitir-lhes um pouco da minha experiência de vida, esperando que contribua para a sua formação, para a sua maneira de pensar e de viver, para seu equilíbrio emocional, para seu sentido de responsabilidade com vocês mesmos e com os demais, para sua maturidade e, sobretudo, para sua felicidade, produto de um ser e de um que fazer cotidiano.
>
> Vocês são privilegiados na sociedade pela razão mais importante: seu próprio valor.
>
> O êxito não é fazer bem ou muito bem as coisas e ter o reconhecimento dos demais. Não é uma opinião exterior, é um estado interior. É a harmonia da alma e de suas emoções, que necessita de amor, família, amizade, autenticidade e integridade.
>
> Ser tão destacados como vocês é um privilégio, mas implica também muitos riscos que podem afetar valores bem superiores ao "sucesso" profissional, econômico, social ou político. A fortaleza e o equilíbrio emocional estão na vida interior e em evitar aqueles sentimentos que corroem a alma: inveja, ciúme, soberba, luxúria, egoísmo, vingança, avareza e preguiça, venenos que são ingeridos pouco a pouco.
>
> Quando derem algo, não esperem receber, "fica o aroma na mão de quem dá rosas". Não permitam que opiniões e sentimentos negativos dominem seu ânimo. O dano emocional não vem de terceiros, ele se embrenha e se desenvolve dentro de nós.
>
> Não confundam os valores, nem menosprezem seus princípios. O caminho da vida é muito longo, mas é percorrido com rapidez. Vivam o presente de forma intensa e plena, que o passado não seja um lastro e que o futuro seja um estímulo. Cada qual forja seu destino e pode influir sobre sua realidade, mas não a ignorem.

O que mais vale na vida não custa e custa muito: o amor, a amizade, a natureza e o que o homem consegue nela em formas, cores, sons e cheiros que percebemos com nossos sentidos, mas somente se os mantivermos despertos.

Vivam sem medo e sem culpas; o medo é o pior sentimento do homem, o debilita, inibe sua ação e o deprime, e as culpas são um lastro enorme em nosso pensar, ao atuar e na vida. Tornam difícil o presente e obstruem o futuro.

Para combatê-los, sejamos sensatos, aceitemo-nos como somos, nossas realidades, nossos prazeres e nossas penas.

A ocupação remove a preocupação e os problemas desaparecem ao serem enfrentados. Assim, os problemas devem fazer que fiquemos mais fortes. Aprender com os fracassos e fazer dos êxitos estímulos calados. Atuem sempre como sua consciência lhes ditar, pois a esta nunca se engana. Assim, os medos e as culpas serão mínimos.

Não se fechem, nem arruínem sua vida. Vivam com a inteligência, a alma e os sentidos despertos e alertas; devemos conhecer suas manifestações e educar-nos para apreciá-las e desfrutá-las.

O trabalho benfeito não é apenas uma responsabilidade com a sociedade, é também uma necessidade emocional.

No fim, iremos sem nada, só deixamos nossas obras, nossa família, nossos amigos, e talvez a influência, pelas ideias que neles tenhamos incutido.

Com meus melhores desejos,

Carlos Slim Helú

Em 1991, quando seu nome apareceu pela primeira vez na lista dos homens mais ricos do mundo, Slim não tinha nada a ver com os homens da *Forbes*. Durante vários anos, quando incursionava com suas primeiras empresas, guiava um velho Mustang vermelho. Ainda em 1993, quando já figurava na lista dos empresários com mais de 1 bilhão de dólares, guiava um Mustang preto modelo 1989 e, até os últimos anos, já amplamente reconhecido como o homem mais rico da América Latina, continuava mantendo a sobriedade. Talvez por acaso tenha cedido a alguns caprichos. Sempre gostou de carros, embora regularmente chegue a seus compromissos em um Mercedes ou em uma van Suburban.

Raras vezes usa um terno Brioni. É informal, trabalha com as mangas arregaçadas, regularmente não usa abotoaduras, não ostenta joias caras e veste roupas das próprias empresas, como a Saks. É a antítese dos magnatas que posam para as revistas do jet set, a alta sociedade internacional. Usa um avião e um helicóptero da Telmex e mantém pessoalmente sua agenda, porque afirma que é dono do seu tempo. Seu calendário, diz ele, "sempre está em branco".

Para ele, um dos maiores prazeres da vida é a conversa com pessoas inteligentes. E, ao contrário de outros milionários excêntricos que gostam de golfe ou de tênis, de mergulhos no Caribe, passeios de iate, viagens exóticas por lugares do Oriente, mulheres, safáris na África, alpinismo, diversão em Las Vegas, cruzeiros luxuosos, carros último modelo, Slim prefere visitar os parques nacionais e passear pelo mar de Cortés. Inclina-se mais pela natureza, por cidades com construções de valor histórico e pelas ruínas pré-hispânicas, embora também seja um apaixonado por novas tecnologias, cultura, arte e esportes. Até três anos atrás, fumava charutos Cohiba, mas não é extravagante na escolha de comidas. Sua cozinha favorita é a mexicana. Gosta dos *tacos de cochinita*, dos feijões muito fritos, dos *tacos de canasta*, das *tortillas* feitas à mão, dos *pambazos*, dos *tamales*, do *mole*, das *enchiladas*, dos molhos e de alguns pratos libaneses, como o trigo com grão-de-bico. Inclusive nos últimos anos, quando viaja de carro para Acapulco, faz uma parada na estrada, na barraca de Cuernavaca, para consumir as tortas gigantes que ali se vendem.

Um de seus passatempos é o cinema. Seus filmes preferidos e que mais lhe causaram impacto foram *El Cid* e *Tempos modernos*. Seus atores preferidos são María Félix, Sophia Loren, Charles Chaplin, Joaquín Pardavé, Pedro Infante e Marcelo Mastroianni. Na música, seus favoritos são Elvis Presley e Little Richard. Com La Doña (María Félix), teve uma relação muito afetuosa, cálida. María Félix tinha um apreço muito especial pelo filho mais velho do magnata, Carlos Slim Domit.

Certa vez, Slim disse à La Doña que teria ficado encantado em ser jornalista para poder entrevistá-la e perguntar-lhe sobre a vida, o amor, a amizade. Recorda que a diva tinha um conceito muito bonito da felicidade.

Apaixonado por música erudita, também gosta de bolero, mambo e do *danzón*, embora se reconheça como pertencente à geração do rock and roll.

Um dos pequenos luxos de Slim é sua segurança pessoal, que foi reforçada depois que seus dados apareceram na Nicarágua em uma longa lista com nomes e endereços de proeminentes empresários "sequestráveis". Papéis atribuídos ao ETA (movimento Pátria Basca e Liberdade) mostravam que este tinha na mira

150 homens de negócios latino-americanos, dos quais 77 eram mexicanos, alguns dos quais foram sequestrados (Fernando Senderos, Juan Bosco Gutiérrez Cortina, Juan Robinson Bours, Alfredo Harp Helú e Ángel Losada Moreno).

Como Bill Gates, que se tornou milionário com Paul Allen, com quem começou a empresa Microsoft, que iria revolucionar a indústria da computação, Slim também começou a escalar os degraus mais altos da riqueza na década de 1980, com sua habilidade para os negócios.

Desde então, com sua ampla experiência nos negócios, Slim passou a ser considerado uma autoridade no mundo do dinheiro.

Na sua posição de guru, escreveu dois artigos no jornal *Novedades*, nos dias 3 e 4 de outubro de 1988, justamente um ano depois do craque das Bolsas de Valores de 5 de outubro de 1987, quando o Índice de Preços e Cotizações da Bolsa Mexicana de Valores subiu mais de 26 mil pontos e não passou disso, porque nem os operadores dos computadores, nem o pessoal que anota manualmente nos quadros os movimentos das ações puderam fazer frente a um ritmo incessante de transações, obrigando a Comisión Nacional Bancaria y de Valores a intervir, sob o argumento de que a lei faculta a interrupção do leilão quando se apresentam flutuações demasiado abruptas de alta ou baixa.

Os analistas da Bolsa de Valores argumentaram que o mercado havia respondido dessa maneira pela confiança que despertou, entre os investidores, a postulação de Carlos Salinas de Gortari à presidência da República, sinal de que estava garantida a continuidade da política econômica.

Nesse contexto, Slim escreveu, em duas partes, sua visão pessoal do que intitulou "Quatro épocas da economia mexicana", com os subtítulos "O arranque de 1952 culmina hoje; endividamento e déficit exagerado; do auge ao pesadelo: o petróleo".

No primeiro artigo publicado por *Novedades*, Slim escreveu:

> Na evolução econômica do México, a partir do pós-guerra e seus efeitos imediatos, distinguem-se três épocas com características econômicas semelhantes ao longo de seis governos diferentes.
>
> A primeira época dura vinte anos, iniciando-se em 1952 e terminando em 1972. A segunda, que não chega a dez anos, termina em 1981, ao se esgotarem as fontes que lhe deram vida: o crédito externo, o alto preço do petróleo e o gasto público deficitário. A terceira época, a crise, dura sete

anos, de 1982 até hoje. Agora, vislumbra-se uma nova época que começará nos primeiros meses de 1989.

Primeira época (1952-1972): Durante esses anos, consegue-se um desenvolvimento substancial, que mantém um orçamento equilibrado, estabilidade de preços e um moderado endividamento externo. A dívida interna é reduzida, da mesma forma que o déficit, apesar do importante crescimento da população e do grande esforço para proporcionar serviços públicos. O produto interno quase se quadruplica; a renda *per capita* duplica. A renda se distribui por meio de um emprego cada vez mais bem remunerado, embora ainda fique longe dos níveis desejados, e por intermédio do gasto público que favorece os mais necessitados e alcança cada vez mais mexicanos.

A rápida substituição das importações e as receitas por serviços, principalmente por turismo, atenuam as necessidades de poupança externa, apesar da crescente importação de bens de capital e de insumos cada vez mais elaborados. O Estado participa de forma crescente da atividade econômica.

Segunda época (1973-1981): dura nove anos; pretende-se manchar o processo de desenvolvimento recorrendo a estratégias pouco sãs, como o excessivo endividamento externo e interno, o déficit exagerado do setor público com o conseguinte desequilíbrio das finanças públicas e o crescimento burocrático desmedido. As possibilidades de substituir as importações se reduzem, afetando o modelo de desenvolvimento anterior, há uma transformação fundamental no sistema financeiro e monetário internacional e ocorrem mudanças tecnológicas e padrões de consumo que afetam as matérias-primas tradicionais e seus termos de intercâmbio.

Nos primeiros anos dessa etapa, reduz-se a participação do setor privado na atividade econômica produtiva, acelera-se a deterioração da situação econômica do país, quando se manejam políticas financeiras e econômicas incompatíveis (inflação, paridade, taxas de juros) que provocam não só a transferência da poupança interna para o exterior, mas também o uso da maior parte do crédito externo para pagar juros e consumo, e há um desperdício em investimentos improdutivos.

Assim são desperdiçadas as rendas extraordinárias derivadas do petróleo e de 76 bilhões de dólares de crédito externo líquido. Casualmente, essa etapa inicia-se com o descobrimento dos ricos depósitos de petróleo de Chiapas e Tabasco, que entram em produção anos depois, originando o "auge petroleiro" e termina ao cair o preço do petróleo com o crédito externo.

Nos últimos cinco anos, também há um desenfreado investimento privado, financiado substancialmente com poupança externa, que põe em risco a fábrica produtiva e o emprego. Transtornam-se as finanças públicas, as contas com o exterior; o endividamento externo público e privado é excessivo. A inflação fica fora de controle e as reservas do país se esgotam.

Contudo, no fim dessa época, o país conta com grandes e modernas instalações em todos os campos da atividade econômica, a maior parte delas operadas por mexicanos, em todos os níveis.

Terceira época (1982-1988): o desafio da crise. Tendo perdido a oportunidade histórica que nos deu a "riqueza petroleira" ao tratar de impedir o crescimento, o governo atual enfrenta desde seu começo os mais graves problemas econômicos possíveis. Creio que não faltou nenhum: inflação de três dígitos, déficit fiscal de 17,6%, dívida externa de 88 bilhões de dólares, déficit em conta corrente, o aparelho produtivo endividado e sem liquidez, temendo falências maciças, sem reservas internacionais e com uma excessiva dependência da renda do petróleo.

Não sabíamos ainda que, ademais, viria o terremoto de 1985, a queda dos preços do petróleo em 1986 e o furacão Gilbert depois.

Para enfrentar tantos problemas, foi necessário atuar em várias direções ao mesmo tempo, algumas delas de consequências não desejadas e impopulares. Assim, para sanear as contas públicas foi preciso incrementar as receitas, elevando preços e tarifas de serviços públicos, impostos e reduzindo ou eliminando subsídios; também se reduziram o investimento público e as despesas correntes.

Em 1987, obtém-se um superávit primário próximo de 4,5%, nível que podemos considerar mais do que saudável. Foi necessário continuar esse esforço até se conseguir, em 1988, um superávit primário de aproximadamente 8% do PIB, apesar da perda de fortes receitas pela baixa do preço do petróleo. Esse superávit é um objetivo útil para frear a inflação, com outras medidas adotadas periodicamente dentro do Pacto de Solidariedade Econômica.

O êxito do Pacto foi mais rápido do que o esperado e já é reconhecido pelos pessimistas. A inflação do segundo semestre de 1988, convertida anualmente, deverá ser menor do que 15% ao ano e é possível que, em 1989, chegue a cifras de um dígito anual, especialmente agora que aprendemos com tudo isso: para deter a inflação, é preciso não apenas desacelerar, mas também frear (aceleração negativa). Os economistas deveriam estudar física.

Para anular a inflação rapidamente, não só é necessário manter certas variáveis sem mudanças; é preciso fazer que algumas sejam negativas ou decrescentes: assim, podemos deter de um golpe a inflação.

A redução da inflação acontece quando se tem um déficit fiscal zero, mas é anulada ao baixar certas variáveis. Não era possível reduzir a inflação gradualmente de três dígitos a um, nem se podia atacar com tudo sem ter saneado as contas públicas e sem as reservas suficientes para fazer-lhe frente.

Os problemas das contas com o exterior e suas soluções foram: a forte dependência que tínhamos das receitas do petróleo, que passaram a ser substituídas por diversos produtos manufaturados, tornando possível absorver o serviço da dívida para manter um ligeiro superávit em conta corrente, e o enorme endividamento externo dos setores privado e público. As dívidas do setor privado foram praticamente resolvidas por meio do Ficorca, da reestruturação financeira com capitalizações de passivos de várias grandes empresas e pela negociação de sua dívida externa que muitas empresas fizeram, adquirindo-as pelo seu valor de mercado, cerca de 50% de seu valor nominal, por meio de *swaps* com a dívida externa mexicana.

Na crise, a empresa privada consegue tornar-se eficiente rapidamente e incrementar produtividade e qualidade, sendo capaz de competir em outros mercados e reduzir seus preços internos, fazendo frente à abertura econômica.

No caso da dívida pública externa, também houve importantes avanços, pois, sendo a maior parte dela de curto prazo, foi reestruturada para vinte anos e reduziu-se a taxa de juros.

Esse novo prazo, a taxa mais baixa e o reconhecimento implícito dos credores de que o crescimento seria prioritário ao pagamento fizeram que a dívida se cotizasse a 50% de seu valor nominal, o que abre as mais diversas alternativas para negociar, reduzir sua dívida principal e seus juros, como os bônus de cupom zero, os *swaps*, a compra de dívida no mercado, a troca de dívida por investimento (capital de risco) e o reconhecimento do credor do valor que seu papel realmente tem no mercado, tudo isso em benefício do endividado em uma nova reestruturação.

Por outro lado, como informou o presidente, de dezembro de 1982 até hoje, o uso efetivo de recursos creditícios do exterior foi negativo em 7 bilhões e 113 milhões de dólares. A isso deverá ser acrescentado que os dólares hoje valem menos do que em 1982, o que reduzirá a dívida em mais de 20 bilhões de dólares, apesar de se ter perdido mais de 30 bilhões de dólares de receita nos últimos três anos pela queda do preço do petróleo (quantia que, aos preços de mercado atuais, praticamente poderia comprar a dívida).

Os Estados Unidos se converteram no maior devedor do mundo. Sua dívida é superior a 500 bilhões de dólares e aumenta mais de 150 bilhões por ano. Em pouco tempo, terão problemas semelhantes aos que tivemos, se não corrigirem seu déficit fiscal e em conta corrente.

Em nosso país, todo esse esforço só foi conseguido com grandes custos: piora do salário real, subemprego, crescimento da economia informal, investimento público demorado. Contudo, evitamos cair em um subdesenvolvimento crônico e, com o câmbio estrutural, temos as bases de um novo projeto nacional, de um país maior e mais justo.

A riqueza petroleira foi uma oportunidade acidental que terminou em pesadelo, uma riqueza efêmera que nos deixou mais atrás de onde estávamos antes. As bases atuais e as perspectivas imediatas representam uma nova oportunidade histórica, o único caminho firme para o desenvolvimento: o trabalho árduo, eficiente e constante, a passos firmes. Não desperdicemos também essa segunda oportunidade em menos de dez anos. Nossos filhos e nossos netos não nos perdoarão.

Na segunda parte de sua análise, publicada em *Novedades* sob o título "Começa um caminho para o futuro", Slim escreveu:

Quarta época (1989-?): uma nova oportunidade histórica; o quadro econômico é totalmente oposto ao de 1982. A inflação anual é de um dígito, as finanças públicas estão saneadas, temos 8% de superávit primário, unidades de produção sãs e muito eficientes, exportando de forma notável, com grande liquidez. A melhor alternativa é a produção. O setor privado conta com a capacidade de investimento e está pronto para assumir sua responsabilidade.

Temos um superávit de conta corrente e altas reservas internacionais.

O problema da dívida externa não está resolvido, mas, como disse antes, os avanços são substanciais: a solução requer um longo prazo, seu valor de mercado é a metade, os banqueiros estão dispostos a muitas coisas que não estavam há seis anos, inclusive a trocar, de maneira importante, sua dívida por capital de risco. No pior dos casos, poder-se-ia "aficorcar" a dívida, isto é, pagar somente o juro real e capitalizar o componente inflacionário, mantendo-a no mesmo nível de dólares constantes e, no melhor dos casos, que os bancos reconheçam como dívida aquilo que o mercado reconhece: 50%. E que parte dela se troque por investimentos a longo prazo, restando uma dívida externa inferior a dois anos de exportação, ou três vezes as reservas, ou 20% do PIB, reduzindo-se esta a um terço e reabrindo-se novamente os mercados financeiros.

Alguns pedem que não paguemos a dívida, aduzindo que já pagamos mais em juros. Pergunto se aceitariam esse argumento se fossem poupadores e os bancos lhes dessem essa razão para não lhes devolver o principal.

Muitos se queixam e querem a redução do juro nominal; no México, estamos pagando a taxa real de juros mais alta que jamais vi (mais de 3% ao mês para setembro). Por outro lado, há uma rápida mudança nas finanças mundiais, quando está acontecendo a maior transferência de riqueza da história para os países do Sudeste Asiático, principalmente o Japão. A riqueza, a poupança, a força financeira e o comércio estão se concentrando no Japão e nos NICs (*Newly Industrialized Countries* – novos países industrializados), países que, apesar de não contarem com recursos naturais, saíram muito fortalecidos depois do choque do petróleo: tudo à base de trabalho, imaginação e eficiência.

O México poderá contar com poupança externa para seu desenvolvimento, mas deve ampliar e intensificar suas operações econômicas com mais países e novas modalidades.

Convém fazer um plano supermacro, com um amplo horizonte de espaço e tempo, nos quais se determinem os grandes projetos nacionais, econômicos e sociais. Obter uma perspectiva de longo prazo e definir as prioridades e a origem dos recursos para realizá-los, complementando os do setor público com os do poupador nacional e, quando assim convenha aos interesses nacionais, com investimentos estrangeiros ou a conversão da dívida externa em investimento produtivo.

A recuperação econômica demandará mais trabalho e eficiência, sobretudo no nível diretivo, e melhores receitas na reativação econômica. O setor público aumentará sua arrecadação com a retomada do crescimento econômico. Poderá investir mais ao reduzir o superávit primário a níveis de 3% do PIB, e a taxa de juros nominal será radicalmente inferior à de 1988, diminuindo substancialmente o déficit fiscal.

A exportação não necessitará de aumentos espetaculares, como nos últimos anos. Bastará que se consolide e continue crescendo, e com o turismo e outros serviços, mantenha nossa capacidade de importar os bens de capital e os insumos requeridos pelo crescimento. A próxima e contínua recuperação do salário real e do emprego, o processo de investimento, a produtividade, a distribuição de renda, a recuperação econômica e a arrecadação fiscal serão simultâneos e se retroalimentarão.

A defesa da recuperação do salário real não se deve apenas à justiça social ou a razões políticas, é uma necessidade econômica: o vigor da nossa recuperação e do nosso desenvolvimento, a razão do nosso crescimento e seu fim último são o bem-estar emocional e material da população. O trabalho não é só responsabilidade social, mas também uma necessidade emocional.

No fim de 2005, em uma conferência para estudantes da Universidade Anáhuac, Carlos Slim expôs sua nova percepção sobre os desafios do México em seu contexto global:

Tenho muito prazer em estar com vocês, é uma honra. Se quiserem, faço um pouco de história sobre a evolução da economia mexicana, para chegar à época atual com mais perspectiva.

Evolução da economia mexicana

Em 1931, o México fez um pacto sem precedentes, que se chamou Campaña Nacionalista. Era integrada por deputados do congresso do México, pela Câmara de Comércio e pela Câmara da Indústria. A situação era muito grave, por causa da recessão. Fizeram essa campanha, cujo lema era "consuma o que o país produz". Aí se iniciaram cinquenta anos de crescimento do México a 6,2%, cinquenta anos contínuos de crescimento. Claro que isso também se deve ao fato de que estávamos muito atrasados e se colocava em questão passar de um México agrícola e rural a um México urbano e industrial.

A época de ouro dessa etapa, desses cinquenta anos, foi de 1958 a 1970, quando dom Antonio Ortiz Mena estava no ministério da Fazenda e no Banco do México. O país cresceu de maneira muito rápida, a inflação foi muito baixa, havia taxas de juros e financiamento a longo prazo etc.

Esse crescimento continuado faz que o México se desenvolva muito, se industrialize e deixe de ser um país fundamentalmente rural e agrícola, preso ao autoconsumo (ou seja, as pessoas viviam quase praticamente do que produziam, não participavam da compra de muitos outros bens, exceto as ferramentas de que necessitavam para trabalhar). Embora tenhamos crescido a uma taxa de 6,2%, houve também um enorme crescimento da população, acima de 3%.

Passamos de um país agrícola e rural a um país industrial e urbano.

Nessa época dos anos 1930, a população deve ter sido de 17 milhões de mexicanos. Nos anos 1940, falávamos de 20 milhões; na época, havia um anúncio que dizia: "20 milhões não podem estar errados", creio que era da cerveja Corona.

Daquela campanha nacionalista participaram a Câmara de Comércio, dom Cayetano Blanco Vigil, pai de Nieves Noriega, o meu pai também, pelas câmaras comerciais das quais participavam. Isso foi em 1931.

O movimento que ocorreu naquela ocasião, de passar de um país agrícola e rural a um país industrial e urbano, deu muito vigor ao México, porque o crescimento se retroalimentava conforme se ia fazendo a construção de estradas, moradias, fábricas, o trabalho nas fábricas etc.

Creio que esse processo é o que está acontecendo na China hoje. Faz vinte anos que a China cresce à taxa de 9,5% e também é um país rural, muito atrasado, agrícola e com grande autoconsumo. Mas está saindo rapidamente dessa etapa de agricultura muito primitiva de autoconsumo e transformando-se em um país já não industrial, e sim desse novo tipo de civilização que estamos vivendo.

É um país onde se educa muito a população. Estão absorvendo muito a tecnologia própria dessa nova civilização e avançando com grande rapidez, mas com uma visão de muito longo prazo, ou seja, eles não estão pensando nos vinte anos passados, ou nos próximos vinte anos, mas em muitos anos mais, porque, sendo 1 bilhão e 300 milhões de chineses, ainda se diz que 70% deles sofrem de privações (900 milhões), mas há 400 milhões de chineses que já estão em um mundo urbano, mais educados, mais preparados, participando de uma sociedade mais moderna, e isso é o que lhes dá esse grande vigor. É de esperar que seu processo ainda demore muitos anos.

No México, esse processo foi interrompido pelos excessos dos governos dos anos 1970 e 1980, que tiveram déficits muito altos, apesar de que se cresceu bem. Houve déficits fiscais, gastaram dinheiro emprestado dos famosos petrodólares, não sei se vocês ouviram falar disso. Houve um auge do petróleo, os países exportadores de petróleo não sabiam o que fazer com o dinheiro e o colocaram nos bancos. Os bancos o reciclavam, emprestavam aos países e estes gastavam de maneira tão irresponsável como os banqueiros que lhes outorgavam os empréstimos.

Mas então, de 1981 a 1982, não só os países estavam endividados, como os juros subiram a 21%. Imaginem pagar 21% ou 22% de juros? Os países entraram em uma grande crise. Essa grande crise de 1982 foi terrível, uma crise da dívida externa que não só afetou o México como muitos outros países e toda a América Latina.

Depois da crise vieram programas de ajuste. Um deles se chamou Consenso de Washington, onde surge o famoso modelo que foi seguido de alguma forma, mas que é um programa de ajuste. Passamos por 23 anos de um crescimento *per capita* praticamente nulo, ou seja, crescemos, a população está crescendo, vamos dizer, a uma taxa de 1,8%, de 1,7% – eu digo que cresce aritmeticamente, quer dizer, uma quantidade de mexicanos por ano, por volta de 1 milhão e 700 mil, talvez 1 milhão e 800 mil – e a economia crescia quase a 2%, ou seja, era muito pouca a diferença entre o crescimento econômico e o crescimento da população. Além disso, não só crescia pouco, mas de forma irregular. De repente, crescia bem, logo vinha uma crise como a de 1995, de 1994 etc.

Crescimento da economia a 2% ao ano em 27 anos

Levamos vinte e tantos anos sem crescimento *per capita*, ou seja, a economia cresceu a 2% anuais em 27 anos. Esse crescimento é insuficiente para um país como o México.

Felizmente, houve uma válvula de escape muito importante: a cada ano, entre 400 mil e 500 mil pessoas vão para os Estados Unidos procurar emprego.

Há muitas zonas rurais no país cujos habitantes procuravam trabalho nas cidades. Agora precisam ir trabalhar nos Estados Unidos e mandam muito dinheiro para o México. Estamos falando de 10 milhões de pessoas que se foram nesses anos e que estão enviando de 18 a 20 bilhões de dólares ao México. São valores muito altos e é realmente um duplo efeito positivo que esse meio milhão de pessoas encontre trabalho em outro lugar e que possa enviar remessas de dinheiro.

Porém, ao mesmo tempo, é triste que não tenhamos sido capazes de gerar empregos aqui para retê-los, nem sequer que possam regressar para encontrar trabalho aqui. Já temos um grave problema de 27 anos de crescimento escasso, desde a crise de 1982, em que há anos bons, anos ruins, mas que, somados uns aos outros, dão um crescimento um pouco maior do que o crescimento da população, apesar de muitos mexicanos terem emigrado. Se esse meio milhão anual de mexicanos tivesse ficado no México, o crescimento por habitante teria sido praticamente negativo, eles não fariam remessas e não teriam oportunidades de emprego.

Esse é o esquema desses 27 anos. Significou problemas graves, já que não há oportunidades de emprego, não há crescimento, as pessoas têm de procurar trabalho em outros países e criou-se uma marginalização ou atraso que continuou se acentuando.

Sendo assim, propomos que o que temos de fazer é passar dos planos de ajuste aos planos de desenvolvimento, e que os mexicanos se entendam uns com os outros, porque a história nos ensinou que sempre que estivemos desunidos tivemos muitos problemas. Por exemplo, depois da Independência, durante 55 ou 56 anos, tivemos guerras fratricidas, depois veio a revolução, também fratricida, na qual destruímos nossa economia, fomos invadidos por outros países e perdemos a metade do nosso território. Sempre que estivemos desunidos foi fatal.

Por exemplo, ter uma inflação baixa é muito importante, ter um déficit fiscal zero ou equilibrado é muito importante, mas são apenas instrumentos, não podemos vê-los como objetivos nacionais.

Sabemos que os problemas não se atacam nem se resolvem com acordos ou com leis; são necessárias ações para resolvê-los, e aqui delinearemos algumas. É preciso fazer reuniões, seminários, procurar especialistas. Nesse ponto, a universidade pode nos ajudar muito.

Sabemos que a Pemex é muito importante, é a empresa mais importante do México, e talvez da América Latina, mas se governa dentro do orçamento público. Aqui dizemos: legislar para que as empresas do Estado tenham uma gestão autônoma. Isso quer dizer: que se administrem de maneira autônoma, como grandes empresas que são, sem interferências políticas, desvinculadas dos orçamentos públicos, isto é, que não façam parte do orçamento equilibrado em que ingresso mais egresso é igual a zero. O que acontece é que a Pemex não pode fazer investimentos, nem pode ser operada com transparência por órgãos profissionais do governo, com um Conselho de Administração cuja missão seja maximizar a riqueza nacional, reinvestir lucros e fomentar a manutenção e o desenvolvimento da empresa. Precisa de conselheiros independentes, que possam nomear e destituir o diretor-geral, que decidam sobre os investimentos e as compensações, que cada vez que precisem fazer um investimento não tenham de pedir licença ao orçamento e ao fisco e, se passar do orçamento, já não possam fazer o investimento. E são investimentos importantes, seria uma loucura não fazê-los. A Pemex deve operar com um comitê de vigilância e auditoria, com a obrigação de pagar impostos como qualquer outra empresa produtiva.

A nova civilização

O que ocorre nessa nova civilização? Na civilização agrícola, a doutrina cristã foi muito generosa, muito antecipada, muito adiantada, porque aconteceu há 2 mil anos, quando a sociedade daquela época precisava de escravos, requeria a exploração do homem. O único interesse era explorar o homem e a terra. Essa sociedade agrícola necessitava de gente que trabalhasse arduamente, que consumisse pouco, para que sobrasse o mais possível: por isso, havia escravos. A escravidão é própria de uma sociedade agrícola. Antecipar, naquela época, o amar uns aos outros, a contemplação, a caridade foi muito importante.

Contudo, hoje é muito diferente. Tudo mudou, e falo de hoje desde muitos anos atrás, mas não temos consciência disso, eu diria que talvez desde a Segunda Guerra Mundial há uma mudança importante. Agora já não interessa à economia ou à sociedade explorar a mão de obra, explorar o homem; hoje o que convém é que o próximo, os outros, a sociedade, todos estejam bem e consumam melhor. Ou seja, já não interessa as pessoas pouco preparadas e fortes, para explorar seu trabalho físico doze a quinze horas por dia. Agora o que convém é que as pessoas trabalhem com mais conhecimento, estejam mais preparadas, trabalhem menos tempo e tenham capacidade de obter as satisfações que a civilização oferece. Que essa gente tenha tempo para se cuidar, ler, entreter-se, praticar esportes, viajar, consumir etc.

O que chama a atenção e é interessante nessa nova civilização é que aquilo que antes era um problema ético ou de justiça social agora é uma necessidade econômica. Por isso, o avanço chinês, porque incorpora cada vez mais sua população à economia. E por isso também o nosso caso, em que estamos paralisados, pois mantemos um atraso e uma falta de crescimento, porque não atendemos à incorporação de boa parte da população marginalizada à sociedade moderna, à economia moderna.

Assim, o combate à pobreza é o melhor investimento, do ponto de vista econômico, pois significa incorporar essa população marginalizada à sociedade, à economia, e fazer que ela seja parte da economia moderna, seja gente preparada, seja gente que participe do aparato produtivo social e possa produzir mais para a sociedade em seu conjunto.

À sociedade convém que essas pessoas tenham capacidade e tempo para comprar casas, para pagar serviços; não estou falando apenas de bens. E quais são esses serviços? Que se eduquem, tenham estudos superiores, desfrutem o entretenimento, saiam de férias, tenham casa, comprem bens, porque isso retroalimenta o crescimento.

O crescimento se retroalimenta e se sustenta do bem-estar dos demais; isso é muito importante. Nessa nova civilização tecnológica (chama-se tecnológica, mas é uma sociedade de serviços. Antes, vocês lembram, havia a sociedade industrial, a maior parte da população se dedicava à indústria. E anteriormente, havia o setor primário, composto de agricultores etc. Atualmente é uma sociedade de serviços, na qual a maioria das pessoas se dedica a estes porque as máquinas podem produzir bens com facilidade, já não necessitam de muita gente que trabalhe nisso), o desenvolvimento é um processo acelerado, que se dá em poucos anos.

Já não é necessário dizer "temos de sacrificar esta geração pelas próximas, ou é preciso sacrificar duas gerações". Hoje em dia, é um processo acelerado, que pode dar-se em poucos anos e que se retroalimenta ao ser compartilhado. Isso é muito importante.

O México pode e deve entrar nesse processo eficaz, como já fizeram outros países, e aqui sublinhamos: outros países de culturas diversas e continentes distintos. Não significa que os chineses ou os coreanos estejam todos trabalhando. Também temos o caso da Europa. O progresso da Espanha, da Irlanda etc. A Europa central, que estava atrasada, vocês lembram, não? Desde 1989, quando caiu o Muro de Berlim, em apenas quinze anos estão se incorporando rapidamente a essa nova civilização.

O importante é que podemos inserir-nos nessa nova civilização, e não requeremos muitas gerações ou muitos anos para consegui-lo, porque esse processo se inicia, se retroalimenta e se sustenta. Não se trata de criar riqueza e depois esbanjá-la. Trata-se de criar essa riqueza, e o que se reparte não é a própria riqueza, senão seu fruto, que é a renda.

Se amanhã se repartisse riqueza a toda a população, por exemplo, se a Pemex repartisse suas ações, as pessoas não vão querer ter mil ações da Pemex, ou 10 mil, o que vão querer é a renda. O que a população precisa é de uma renda para viver melhor, necessita de um trabalho bem remunerado.

Combate à pobreza

Há outra coisa que vocês sabem: o trabalho bem remunerado articula a família e a sociedade, e se estas estão articuladas, a governabilidade é mais fácil. Mas o contrário desarticula a família, a sociedade e complica a governabilidade.

Então, o combate à pobreza é social, política e economicamente fundamental. Como se consegue esse combate? Creio que com assistência social e caridade só se mitiga temporariamente a pobreza. O que é preciso fazer é assegurar saúde, nutrição, educação e emprego, ou seja, a melhor forma de combater a pobreza é criar melhores fontes de emprego e, para isso, é importante a educação ou a formação do capital humano.

Conforme o homem se civiliza, avança tecnologicamente

A civilização vem avançando há muitos anos, mas falando dos últimos 8 a 10 mil anos, quando éramos caçadores, coletores e nômades e encontramos vales ricos em fauna e flora, depois da glaciação. Então a civilização começa a crescer: ela foi se acelerando.

O homem, à medida que vai se civilizando, avança tecnologicamente para tornar sua vida mais produtiva, mais efetiva, e mais fácil sua existência na terra, porém igualmente vai tornando possível que mais pessoas possam viver em sociedade. Há 10 mil anos, provavelmente havia uma população total de 8 milhões, ou talvez 10, mas digamos que eram 6, para fazer a conta fácil. Agora somos 6 mil e 500 milhões de pessoas, ou seja, a população aumentou mil vezes nesses anos. Creio que há 2 mil anos éramos 100 milhões, então crescemos 60 vezes. Acho que chegamos a mil milhões no fim do século XVIII.

Agora somos 6.500 milhões, e esse avanço permitiu que a terra pudesse sustentar a vida desses 6.500 milhões, e se vê que isso ainda vai aumentar muito. Por quê? Primeiro se descobre o fogo, em seguida se inventam a roda, a irrigação, os moinhos de vento, depois a indústria aumenta muito a capacidade de produzir coisas. O fenômeno da mudança da sociedade agrícola para a industrial, da rural para a urbana, é causado pelo desenvolvimento industrial. É na civilização industrial que se começa a inventar máquinas de alta produtividade, que permitem que o que antes era feito por cem pessoas, agora seja feito por dez. As outras noventa se dedicam a fazer outra coisa.

Isso também é um fato, hoje. Agora há robôs, equipamentos, máquinas rápidas etc., que fazem que se produzam bens com facilidade e riqueza. O que é preciso fazer é conduzir a sociedade para que esses trabalhadores que foram deslocados se ocupem em atividades diferentes. Normalmente, o que está acontecendo no mundo é que as pessoas que se dedicavam a produzir bens, ou seja, que trabalhavam nas indústrias, agora se dedicam aos serviços.

Se observarmos filmes de cinquenta anos atrás, quase todos eram operários, trabalhadores, todos ligados à indústria. Agora, as pessoas que se dedicam ao campo nos Estados Unidos são 2% da população ativa. Dos 100% da população, a população ativa está próxima dos 40%. Nos Estados Unidos, somente 2% da população se dedica ao setor agropecuário. Creio que 10% se dedica à indústria; talvez a indústria da construção ocupe mais, porém os 80% restantes se dedicam ao comércio, à educação, à saúde, à burocracia, ao setor financeiro, ao setor bancário, ao entretenimento. Por quê? Porque com muito pouco se produz muito.

É preciso gerar atividade econômica

O que precisamos fazer no México é absorver esses 25% da população que vive em áreas rurais, ainda no autoconsumo e marginalizada, que está tendo de ir para os Estados Unidos, e tornar o campo mais produtivo, conseguir-lhe postos de trabalho não na indústria, mas fundamentalmente nos serviços, por exemplo, nos serviços turísticos, na construção de infraestrutura, e é necessário propiciar-lhe saúde e educação. Então teremos muitos campos nos quais poderemos gerar essa atividade econômica.

Orientar a economia para o exterior é bom para gerar divisas, mas não é bom se descuidarmos do setor interno da economia, ou seja, a economia doméstica.

É necessário levar em conta a economia doméstica com desenvolvimento do capital humano e físico. Como isso atenderá da maneira substancial nossas necessidades? É preciso construir 850 mil casas por ano, construir muitas estradas, muitos portos, fornecer água potável, tratamento de esgotos, saneamento da água, aeroportos, escolas, hospitais e, é claro, investir muito na formação do capital humano, educar em ciência, em tecnologia e em desenvolvimento.

Finalmente, aqui está o orçamento. Comparo o de dezembro de 2000 com o de dezembro de 2005. Falava-se que era necessária uma reforma fiscal para ter recursos para investir. No entanto, a renda do petróleo nesses anos, e o aumento do preço da energia elétrica, foram de 4,8% do PIB, o que é muitíssimo dinheiro. Esses 4,8% são 50 bilhões de dólares. Mas o gasto financeiro também diminuiu muito, porque baixaram as taxas de juro e o PIB cresceu. Por isso, eu dizia que havia uma situação favorável de baixa nas taxas e juros, outros 0,8% do PIB. Houve uma renda de 4,8% e uma poupança de 0,8% dos gastos financeiros, isso dá 5,6% de aumento do Produto Interno Bruto, em porcentagem do PIB, nesses anos, e, por outro lado, a inflação subiu apenas 0,7%. O que podem ver é que são muitas as pressões sociais, as pressões políticas, a ideia de um governo paternalista etc. Porém, creio que é preciso fazê-lo, em parte, em boa parte. Creio que a assistência social é muito importante, mas devemos orientá-la para o emprego e para o investimento.

Apesar desse incremento, o investimento subiu apenas 0,7%; isso é insuficiente. Mais do que qualquer reforma, o que se necessita é de combinar recursos públicos, investimento público com investimento privado. Com isso, sentimos que se elimina um teto e um freio à possibilidade de investimento e ao crescimento nacional.

Muito obrigado.

Filantropo e mecenas

Poderoso cavalheiro

Possuidor de uma imagem multifacetada e de um poderoso magnetismo que atrai da mesma forma seus admiradores e detratores, Carlos Slim não se perturba quando chovem críticas e elogios sobre ele. O que faz é aproveitar sua celebridade para apoiar causas, como o cuidado com o meio ambiente em razão do aquecimento global, por convite expresso do secretário-geral da Organização das Nações Unidas, Ban Ki Moon, para formar um grupo de assessores que se propõem a estudar as mudanças climáticas.

Incomoda-se com as listas das revistas frívolas que fazem contas alegres com as fortunas dos empresários. "Quando alguém mede o êxito segundo o dinheiro que tem, é chato e tedioso."

Sua fortuna equivale a 6% do Produto Interno Bruto do México, sendo, pois, um dos homens mais ricos do planeta, e embora tenha decidido doar cerca da quarta parte dessa fortuna, fica incomodado que o vejam como Papai Noel, como ocorre com outros personagens. "Os problemas não se resolvem fazendo mais doações", "não se trata de dar, mas de fazer e resolver", "não se elimina a pobreza com donativos, mas com educação e emprego". "É preciso fazer as coisas em vida e mostrar-nos eficientes, cuidadosos e responsáveis no manejo da riqueza." "Não me interessa que me construam um monumento ou me deem um prêmio pelo que faço."

"Minha preocupação não é estar acima ou abaixo na lista da *Forbes*. Minha preocupação e minha ocupação estão no fato de que as empresas sejam eficientes, se desenvolvam, tenham estratégias adequadas e possam competir com quem for necessário."

Ao longo de sua vida, Carlos Slim se cercou de amigos; todos querem ser amigos de um homem tão poderoso. As pessoas que o cercam tornam pública sua amizade com "o engenheiro", como todos o chamam. Escritores, poetas, pintores, cantores, empresários e políticos. Todos cabem em sua carteira. Presidentes de todas as latitudes o procuram. Estadistas da América e da Europa solicitam sua presença. Os empresários mais importantes do mundo se reúnem com ele. Os reitores de universidades públicas e privadas o convidam a fazer seminários "para iluminá-los" e a fóruns onde expõe sua visão do México e suas realidades. Vários ganhadores do Prêmio Nobel o visitam em sua casa. É cercado de personagens de todo o planeta.

A fortuna é muito amável com Slim, em todos os sentidos. E, apesar disso ou contra tudo isso, o engenheiro continua cumprimentando seus trabalhadores e colaboradores com o mesmo gosto e apreço. Interessa-se pela vida deles e os escuta quando o tempo lhe concede um espaço. Tem amigos muito próximos de seu coração em todos os estratos sociais.

A respeito da amizade: nas primeiras eras do homem civilizado, só eram chamadas de "amigos" as pessoas de tratamento honorífico dado aos principais oficiais na corte dos imperadores, reis ou faraós do Egito, da Pérsia ou da Macedônia. Inclusive se castigava com a morte qualquer um que se interpusesse em uma amizade. O tema inspirou homens que escreveram livros a esse respeito. Talvez a história de amizade mais simbólica seja a do patriarca do judaísmo, Abraão, com Deus. Outra história mais terrena é a do conquistador Alexandre Magno que, aos 25 anos, conquistara toda a Europa, a Ásia e metade da África ainda desconhecida e inexplorada. Alexandre forjou seu império ao lado de sete grandes e inseparáveis amigos que chamou de seus "generais". Ou a amizade daqueles dois grandes pensadores do século XIX, Karl Marx e Friedrich Engels que, apesar de não simpatizarem um com o outro na primeira vez que se viram, tornaram-se grandes amigos por meio da filosofia, da história, da mesma forma de ver a realidade e de uma taverna alemã, e juntos elevaram a História ao nível de ciência.

Assim, na vida de todo homem bem-sucedido ou não, os amigos são uma peça fundamental. Para Carlos Slim, os amigos são essenciais.

Não só pelo seu caráter, sua visão e habilidade para os negócios, Slim causou impacto em muitas pessoas, mas também por sua vocação altruísta. Sua personalidade poliédrica deslumbrou os homens do poder. Foi elogiado por vários presidentes do país mais poderoso do mundo (Clinton, Bush, Obama) e por líderes políticos, como Felipe González, Mikhail Gorbachev e o mítico comandante Fidel Castro. O mesmo ocorreu com intelectuais e escritores renomados, como Gabriel García Márquez, Carlos Fuentes e, em seu momento, Octavio Paz. Aqui também se incluem os jornalistas (que se gabam de falar somente com presidentes), como Julio Scherer García, do qual se tornou sócio em Proceso.com, filial da revista *Proceso*. Sedutor inato, desde muito jovem

Slim travou amizade com velhas lendas e símbolos do dinheiro, como Carlos Trouyet e Manuel Espinosa Iglesias. É íntimo dos Rockefeller e de Bill Gates, é amigo de uma infinidade de personalidades políticas e da nobreza, como o príncipe Charles da Inglaterra e, como se isso não bastasse, a cada ano aparece na lista dos cem homens mais influentes do mundo.

Seu poder de convocatória é surpreendente. Personalidades de esquerda e de direita o procuram, e ele os atrai como se tivesse um ímã.

Não é infalível, é perseguido pela insídia; alguns detratores pretenderam associá-lo ao polêmico ex-presidente Carlos Salinas de Gortari, que vaga como um fantasma desde que abandonou o poder. Slim diz que não, que Salinas não é seu sócio.

Os jornalistas mais mordazes já o chamaram de tudo: "laranja" de Salinas – alguns colunistas os chamaram de Carlos e Charlie –, sobrevivente da crise dos anos 1980, atravessador, rei Midas, mecenas de intelectuais, comprador de pechinchas, especulador de arte, melhor representante do capitalismo, monopolista, homem de palha, beneficiário do salinismo, especulador ambicioso, El Conquistador... esses e outros qualificativos. Mas também foi o trunfo do governo quando este teve de explicar a crise nos principais centros financeiros ou o é quando se necessita negociar algum crédito para o país.

Em contrapartida aos negócios e ao dinheiro, o outro eu de Carlos Slim está imerso na cultura, nos esportes e na filantropia. Colecionador, filantropo e mecenas, políticos de todas as tendências o elogiam, é amigo de padres e ateus, promotor de cineastas e amante do chamado rei dos esportes, o beisebol, do qual é um erudito e sobre o qual publicou artigos tão importantes como os de economia. Fã de esportes, um deles o boxe, foi eleito por muitos campeões mundiais de boxe, em 2008, "o homem do ano". Muitos atletas olímpicos recebem bolsas de suas fundações para estimulá-los. O mesmo acontece com acadêmicos e intelectuais de vários países, que vão ao Centro de Estudios Carso para fazer estudos e pesquisas especializadas, pois ali se conta com um acervo inestimável de mais de 80 mil documentos e livros do século XIX sobre a história do nosso país.

O conselho consultivo de seu centro de estudos é integrado, entre outros, por Enrique Florescano, Teodoro González de León, Patricia Galeana, Miguel León Portilla, Carlos Martínez Assad, Enrique Krauze, Carlos Monsiváis, Fernando Solana Morales, Enrique González Pedrero, Ricardo García Sainz e Manuel Ramos Medina.

Durante décadas, Slim teve contato com boa parte dos mais importantes intelectuais para impulsionar o estudo da história do México. O engenheiro Slim nutre um carinho especial pelo historiador José Ezequiel Iturriaga Sauco, a quem chama simplesmente de "dom Pepe". Outro personagem pelo qual Slim tem grande afeto é o humanista Ernesto de la Peña, "uma pessoa afável e terrena, com a alma à intempérie".

Nos anos 1980, quando começou a projetar-se como guru dos negócios, Slim atraiu a seu círculo os mais variados intelectuais: iniciou uma amizade que se tornou visceal com o já falecido jornalista e escritor Fernando Benítez, a quem conheceu em sua corretora da Bolsa de Valores (Inversora Bursátil). O magnata recebeu um códice de presente de um amigo e estava intrigado com seu conteúdo. Benítez disse que podia ajudá-lo a decifrar o texto, e aí começou a relação.

Foi Benítez que o apresentou a Carlos Fuentes, Héctor Aguilar Camín, Carlos Monsiváis e Carlos Payán, e todos eles foram seduzidos por Slim, assim como o Prêmio Nobel de Literatura Octavio Paz, o historiador Enrique Krauze e o cronista Guillermo Tovar y de Teresa.

Carlos Slim foi um dos poucos amigos de Octavio Paz. "São muito amigos, gostam muito um do outro", disse uma vez o pintor Juan Soriano, talvez o melhor amigo do poeta. Em dezembro de 1997, aos 83 anos de idade, o poeta – de cadeira de rodas, por causa da sua doença – encabeçou uma austera cerimônia com o presidente Ernesto Zedillo para anunciar a criação da Fundação Cultural Octavio Paz. Um dos primeiros a apoiar economicamente essa instituição foi Carlos Slim, que se encontrou com outro grupo de grandes empresários, como Emilio Azcárraga Jean, Alfonso Romo, Manuel Arango, Antonio Ariza, Bernardo Quintana, Fernando Senderos e Carlos González Zalabagui, entre outros, na Casa de Alvarado, na rua Francisco Sosa de Coyoacán.

Ali o poeta agradeceu o apoio dos filantropos ao falar da fundação que leva seu nome:

> Quero que essa fundação permaneça, não porque seja meu legado, tenho pouco que legar, e sim porque vocês colaboraram na criação dessa ideia generosa. É tempo agora de dirigir-se aos jovens, àqueles em cujas mãos está a verdade do México. Essa verdade, alternadamente cruel e luminosa, essa verdade que pode levar-nos à obscuridade ou à luz.

O fim da mensagem do mestre foi comovedor:

> Não sei quanto tempo livre tenho, mas sei que por aí há nuvens e que nessas nuvens há muitas coisas, há sol também. As nuvens estão perto do sol. Nuvens e sol são palavras irmãs. Sejamos dignos das nuvens do vale do México, sejamos dignos do sol do vale do México. Vale do México, essa palavra me iluminou a infância, essa palavra ilumina minha maturidade e minha velhice.

Quando alguém perguntou ao escritor Carlos Fuentes por que Slim procura a companhia dos intelectuais, o autor de *La región más transparente* respondeu que não, que Slim "não nos procura, nós nos enriquecemos com seu frescor e sua espontaneidade".

De sua relação com o ex-presidente da Espanha, Felipe González, o engenheiro Slim disse que nunca trata de negócios, "não é coisa dele", sua amizade é mais intelectual e espiritual. Slim o reconhece como um estadista. "Felipe é um tipo universal." Sempre que se reúnem falam da nova sociedade, dos paradigmas da nova civilização. "Uma das coisas que nos interessam são os desafios de como solucionar os problemas dos países", diz ele. "Desses assuntos falamos Felipe e eu."

Fernando Benítez conta uma anedota sobre a simplicidade de seu amigo, com quem certa vez percorreu a rota maia, no sudeste do México. Em Yaxchilán, os dois tiveram de improvisar umas barracas de acampamento para dormir no chão.

Benítez escreveu em 1996 um artigo no jornal *La Jornada* com o título "Carlos Slim", no qual exalta as bondades do arquimilionário, dizendo:

> Faz mais de doze anos que conheci Slim e desde então tenho sido seu amigo. Em poucos meses, Carlos, com o maior tato, deu uma soma importante de dinheiro a mim, a Guillermo Tovar y de Teresa e a José Iturriaga. Carlos sabia que éramos mestres investigadores de nossa história, tarefa sempre muito mal recompensada, e nos ajudou em nosso trabalho.
>
> Naquela época, Carlos era um notável empresário e um aficionado pela arte. Fizemos uma viagem inesquecível às ruínas de Palenque, em Yucatán, a Yaxchilán e ao palácio pintado pelos lacandones. Passamos momentos lindos.

Carlos comprou com outros sócios o velho clube de golfe de Cuernavaca, que estava a ponto de ser loteado e é o único espaço verde daquela cidade. Fiquei admirado pelo tratamento dado às árvores, sobretudo a um ahuehuete prestes a desaparecer, mas ele cavou uma pequena laguna para salvá-lo. Carlos me dizia: "Se em Chapultepec fizessem a mesma coisa, os maravilhosos ahuehuetes não morreriam".

Ao meio-dia, comíamos nas mesas adornadas com primor por sua esposa Sumy. De noite, conversávamos no salão do clube, onde o general Calles jogava pôquer e, certa vez, líamos a revista *Forbes* e descobrimos que Carlos nela figurava com 2 ou 3 bilhões de dólares. Eu gritei: "Nunca pensei ser amigo de um homem tão rico!".

Domingo passado, vi com surpresa que Carlos havia concedido uma entrevista à revista *Proceso*. O repórter Carlos Acosta Córdova é muito sagaz e implacável. Na capa, aparecem Carlos e uma cabeça que diz:

– Salinas é seu sócio?

– Não tenho sócios políticos... não me fazem falta (responde Slim). A cidade está cheia de rumores e não de certezas. Comenta-se que Carlos Slim fez sua fortuna nos tempos de Salinas; comenta-se sobre Colosio, Ruiz Massieu, Muñoz Rocha; sobre o procurador Lozano Gracia e o momento trágico que vivemos. O boato é muito antigo e às vezes perigoso. Nos cafés, fala-se sempre do *tapado*, de quem seria o próximo presidente, ou o *destapado*.

Quase ninguém sabe que Carlos Slim nasceu rico. Seu pai tinha uma loja próspera perto do Palácio Nacional e costumava comprar velhos casarões coloniais que valiam mais por seu terreno do que por sua arquitetura. Carlos estudou engenharia e, com sua herança, construiu um edifício de vários andares onde viveu com a esposa e os filhos. Financista extraordinário, começou a comprar várias fábricas e lojas, que fez prosperar.

Alguns mexicanos criticam o sistema de Teléfonos de México sem conhecê-lo. A modernização da empresa exigia a demissão de muitos funcionários e Carlos não despediu ninguém. Em vez disso, capacitou-os nos novos sistemas que deviam ser implantados. Ele não teme a concorrência. Já estão aqui as duas empresas de longe mais importantes do mundo: ATET e MCI. Operarão nas grandes cidades, mas não se ocuparão das aldeias e dos povoados do México. Em vez disso, a Telmex levou a telefonia a 22 mil povoados mexicanos.

Carlos criticou a revista *Proceso* por tê-lo atacado. O repórter disse que havia colhido opiniões de diversas fontes, inclusive Cuauhtémoc Cárdenas. Carlos retrucou que o injuriavam por ignorância ou por má-fé.

Eu, que não sei muito de economia, reproduzo alguns dos conceitos de Carlos em sua entrevista na *Proceso*.

"[...] é curioso que seis anos depois da privatização da Telmex, quando está começando a concorrência, recrudesçam as críticas contra mim e principalmente contra a Teléfonos de México."

Ao negar que tenha sido um empresário de improviso, assinalou: "O Grupo Carso iniciou-se em 1965; em 1976, já tínhamos Galas, que nos vinte anos anteriores foi uma empresa de propaganda muito importante no país. Desde 1981, temos Cigarrera La Tabacalera Mexicana (Cigatam), que, sem dúvida, é muito importante: produz os cigarros Marlboro, Delicados, Faros, Benson, Baronet, Commander. Um negócio francamente grande.

"Depois, em 1984, compramos de dom Manuel Espinoza Iglesias um de seus pacotes de ativos bancários, que incluía 100% da Seguros de México, no valor de 55 milhões de dólares. Dólares de 1984. Então, é estranho que um desconhecido possa fazer uma compra de 55 milhões de dólares, não é?

"[...] nós não temos sócios políticos. No Grupo Carso, não os tivemos, não temos e não teremos sócios políticos. Isso está claro e sempre foi assim [...]

"Minha relação com ele [Carlos Salinas de Gortari] foi cordial (eu o vi quatro vezes), afetuosa e respeitosa, como secretário e como presidente, mas favores [...] não houve nenhum. Comento um caso: no fim dos anos 1960, princípio dos anos 1970, comprei uns terrenos na encosta do Xitle. No governo de Salinas, foram expropriados e até hoje não terminaram de me pagar. Não acho que isso seja um grande favor. Não há nada disso, nunca recebi favores, e nos negócios que faço não se necessita de favores.

"[...] Creio que o empresário deve trabalhar em suas empresas e ser alheio a projetos e planos ou a inquietudes políticas. Não pertenço a nenhum partido nem penso pertencer.

"[...] Quanto à minha imagem pessoal e a do Grupo Carso, não posso ficar me preocupando ou me ocupando delas cada vez que sou criticado. O caso da Telmex é importante pelo momento que se vive; devo competir com as grandes transnacionais. Com falsidades, busca-se o desprestígio da Telmex, para facilitar a entrada das transnacionais.

"[...] Quanto à riqueza em si, o importante não é quanto se tem, o que se tem, mas sim o que se faz com ela."

Carlos não se importa com a riqueza, e sim como ela deve ser empregada. Não gosta de falar do que faz pelos doentes pobres com um grupo de médicos, nem das 12 mil bolsas que oferece a estudantes universitários, sendo que 5 mil delas consistem em um salário mínimo mensal e um computador com acesso à internet. Entre muitas outras obras beneficentes, Slim oferece fundos e ajuda para quem está preso – por ser pobre, não por ser delinquente – e não pode pagar sua saída da prisão. Também ajuda instituições de saúde, tanto para pesquisa como para cuidados perinatais; fomenta programas de alimentação para mães com poucos recursos; apoia a capacitação de médicos, os museus e a produção de livros. Pensa continuar financiando tudo isso com 120 milhões de pesos anuais.

Termino com a última pergunta do repórter e a resposta de Carlos:

"O que está por trás de tudo isso que parece generoso? Alguma coisa pendente em sua consciência? Porque tranquilamente poderia não fazer todo esse trabalho social".

"Não há nada disso. Há uma convicção total, absoluta, sem nenhuma dúvida. Estou convencido de que é preciso fazê-lo, que gosto de fazê-lo e que quero fazê-lo. Além disso, creio que não levamos nada desta terra. Nada de nada. Então, de alguma forma, você é o administrador temporário, porque não vai levar nada. Você pode ter caprichos, cometer erros, bobagens, mas afinal de contas, o quê? Então creio que devemos fazer as coisas enquanto estamos vivos."

O conceito da filantropia não é novo. Os primeiros registros apontam para o imperador romano Flávio Cláudio Juliano, que, para suprir o conceito de caridade, cunhou o termo "filantropia" com um uso religioso, ao imitar a igreja cristã no afã de fortalecer o paganismo como religião dos romanos. Agora alguns críticos se referem a esse fenômeno como "filantro-capitalismo", por serem os homens mais ricos e suas empresas as que fazem gestões de "rentabilidade" com seus aportes milionários.

Algumas celebridades da realeza, do cinema, dos espetáculos, dos esportes e a *socialité* internacional também participam da filantropia, ainda que de maneira frívola: promovem concertos, leilões de arte, jantares de gala onde predominam os excessos, música com os cantores da moda e exibição de joias pelos salões, jardins e terraços onde passeiam os "benfeitores", tudo em nome da "caridade".

Entretanto, em países como os Estados Unidos e a Espanha, a filantropia tem longa tradição. Na Boston College, contam com um Centro de Estudos sobre a Riqueza e a Filantropia, e em Madri estabeleceu-se a Asociación Española para el Desarrollo del Mecenazgo Empresarial.

No México, alguns milionários também combatem a pobreza. Diante da crescente polarização social, as pessoas extremamente ricas concentraram algumas de suas atividades naqueles que menos têm. Criaram, inclusive, o Centro Mexicano para la Filantropía. A Universidade Iberoamericana, que também recebe fundos dos magnatas, instituiu a cátedra de filantropia, voltada para os pesquisadores e promotores que queiram se dedicar a esse assunto. Outras instituições, como o Fondo para la Asistencia, Promoción y Desarrollo I.A.P. (Faprode), criaram o projeto MIRA, com o objetivo de articular uma cultura filantrópica entre amplos setores da sociedade mexicana.

Naturalmente houve quem, usando o poder, procurou beneficiar-se da filantropia, como ocorreu com Vamos México, iniciativa criada pela esposa do ex-presidente Vicente Fox. De fato, Marta Sahagún inclusive convidou Carlos Slim para associar-se, como sócio honorário, a outros empresários, entre eles, Roberto González Barrera, Fernando Senderos, Roberto Hernández, Alfredo Harp Helú, Ricardo Salinas Pliego, Emilio Ascárraga Jean, Lorenzo Zambrano, Manuel Arango Arias e María Asunción Aramburuzabala.

Slim é um dos que investem anualmente mais milhões de pesos em atividades filantrópicas. Diz que não atua por vaidade nem pretende que seu nome permaneça em uma placa geração após geração, mas que sempre procura soluções concretas para a educação, a saúde e o combate à pobreza.

Seu nome se destaca entre os principais filantropos do mundo, ao lado de Warren Buffett, Bill Gates, George Soros e os descendentes de Sam Walton.

É benfeitor da Universidade Nacional Autônoma do México, pertencendo ao Consejo de la Fundación Unam desde sua criação, assim como um grupo importante de personalidades, entre as quais se destacam o próprio reitor José Narro Robles, Rafael Moreno Valle Suárez, Alfredo Harp Helú, Bernardo Quintana, María Teresa Gómez Mont, Luz Lajous Vargas, Carlos Abedrop Dávila, César Buenrostro Hernández, Julia Carabias Lillo, José Carral Escalante, Alfonso de Angoitia Noriega, Juan Francisco Ealy Ortiz, Juan Diego Gutiérrez Cortina, Jaime Lomelín Guillén, Guillermo Ortiz Martínez, Fernando Ortiz Monasterio de Garay, José Octavio Reyes Lagunes, Francisco Rojas, Olga Sánchez Cordero, Salvador Sánchez de la Peña, Federico Tejado Bárcena, Jacobo

Zabludovsky, José María Zubiría Maqueo, Alfredo Adam Adam, Raúl Robles Segura, Francisco Suárez Dávila e Araceli Rodríguez de Fernández.

Quando Francisco Barnés de Castro era reitor da principal casa de estudos, fez um reconhecimento público a Slim, a quem foi entregue uma medalha pelo apoio à Fundação Unam, à qual havia concedido bolsas no valor de 40 milhões de pesos. "Oxalá houvesse mais Carlos Slim para fazer donativos generosos, a fim de apoiar economicamente os estudantes", explicou o funcionário.

Slim doou às universidades que integram a Corporación Universitaria para el Desarrollo de Internet, A.C. (Cudi), por meio da Teléfonos de México e de outras empresas de telecomunicações e tecnologia, como Nortel Networks, Marconi Communications e Cabletron Systems, várias redes de alta velocidade no valor de dezenas de milhões de dólares, para impulsionar a educação superior no país.

Slim também doou computadores ao remodelado Museo Tecnológico de la Comisión Federal de Electricidad, em benefício dos estudantes das escolas públicas que ali comparecem diariamente para aproveitar a sala de internet.

Com o apoio de suas empresas, o magnata do Grupo Carso entrega milhares de bolsas a estudantes. Por meio da Fundación Telmex, dá, a cada ano, milhares de computadores; a um número importante de bolsistas concede um salário mínimo durante um ano, um computador e acesso grátis à internet. Além disso, para capacitar os empregados da Telmex, criou o Instituto Tecnológico de Teléfonos de México (Inttelmex).

Desde que Slim adquiriu a Teléfonos de México, sua esposa Soumaya Domit, com o sindicato da empresa, criou a Fundación Telmex, cujas atividades sociais, entre outras, dá apoio às pessoas atingidas por desastres naturais, assistência a estudantes de escassos recursos de todo o país, apoio médico a comunidades indígenas da Sierra Tarahumara e assistência a doentes com enfermidades renais. Com o apoio de um conjunto de médicos notáveis, Slim criou no México um banco de órgãos. Seu filho, Marco Antonio Slim Domit, preside o Patronato del Consejo Nacional de Trasplantes (Conatra); este conta com um site na internet e uma linha telefônica gratuita, denominada Trasplantel, que permite o acesso de todo público que precise de informações sobre transplantes. O Patronato, no início, era integrado pelos jovens empresários Olegario Vázquez Aldir, Alejando Soberón Kuri, Miguel Alemán Magnani, Emilio Azcárraga Jean e Lili Domit.

Desde que sua esposa Soumaya empreendeu a tarefa de assistência social, em um balanço da Fundação Telmex na década 1996-2006, enfatizaram-se, entre outras, as seguintes tarefas: 3.615 transplantes de órgãos, 204.173 cirurgias em outros hospitais, 154.759 bolsas para estudantes. Doou 87.443 bicicletas a estudantes de escassos recursos, moradores de zonas rurais, mais de 200 mil óculos a pessoas com problemas visuais e cerca de 28 mil toneladas de alimentos como apoio humanitário a zonas de desastres naturais. De 2007 a 2009, a Fundação realizou 2.391 novos transplantes de órgãos, principalmente de rins, córnea, fígado, coração, pele e pulmão.

A partir de 2007, o apoio da Fundação Carlos Slim e da Fundação Telmex cresceu exponencialmente, a ponto de destinar cerca de 10 bilhões de dólares para fins altruístas em matéria de saúde, educação, esporte, cultura, meio ambiente, financiamento social, justiça, apoio a instituições sociais e ONGs, restauração do Centro Histórico da Cidade do México e fundos para eventuais desastres naturais.

O filho do engenheiro, Carlos Slim Domit, é membro do patronato do Instituto Nacional de Ciencias Médicas y Nutrición Salvador Zubirán, do qual sua mãe, Soumaya, também fez parte.

Em sua coleta nacional, a Cruz Vermelha Mexicana foi uma das beneficiadas pela Fundação Telmex, que lhe outorgou o apoio de uma campanha de publicidade nos meios de informação e a entrega de 500 mil dólares, assim como de ambulâncias para as zonas mais pobres e desprotegidas.

Também desempenha um papel fundamental na filantropia a Fundação Carso, A.C., criada por Slim em junho de 1986, sob a denominação de Asociación Inbursa, A.C., cujos objetivos são:

- Atividades principais: iniciar, promover, fomentar, patrocinar, subvencionar, fundar e sustentar bibliotecas, hemerotecas, museus e exposições; organizar conferências e congressos; apoiar hospitais e orfanatos, assim como ajudar pessoas necessitadas. Está autorizada a dar e a receber donativos, que desde 1989 são dedutíveis de impostos para quem os outorga. Com a finalidade de incrementar sua capacidade de apoio, a associação investe em títulos mexicanos o excedente de seus recursos financeiros.
- De maneira irrevogável, os rendimentos de doações, assim como o produto gerado por seus investimentos, devem e têm sido destinados a fins sociais, culturais e de beneficência.

Entre suas melhores realizações, destaca-se a criação, em 1994, do Museo Soumaya. Desde sua fundação, numerosos projetos culturais e sociais se beneficiaram do apoio financeiro de Carso, A.C.; entre eles, cabe mencionar a Cruz Vermelha Mexicana; a Asociación Mexicana de Ayuda a Niños con Cáncer I.A.P.; a Asociación Amigos de la Catedral Metropolitana de México, A.C.; a Academia de Música del Palacio de Minería; a Fundación Mexicana para la Salud; o Centro Mexicano de Escritores, A.C.; a Fundación Unam, S.C.; e o Hospital Infantil de México Federico Gómez.

Em 1988, um ano antes de morrer, a senhora Soumaya recebeu o Prêmio de Filantropia por seu trabalho social com grupos marginalizados.

Por meio do Programa de Justicia da Fundación Telmex, intercedeu-se pela libertação de indígenas mantidos em cárcere injustamente, como ocorreu com sessenta zapatistas presos em Chiapas, acusados de vários delitos, embora anualmente se dê apoio a cerca de 10 mil pessoas que incorrem em delitos menores ou que são vítimas de abuso de poder.

Esse programa é conduzido pela Fundación Telmex em colaboração com a Fundación Mexicana de Reintegración Social e o respaldo de Fianzas Guardiana Inbursa. O seu propósito fundamental é apoiar pessoas de poucos recursos que, acusadas de haver cometido um ato ilícito, encontram-se privadas de liberdade nos vários centros penitenciários do país, e que, mesmo tendo direito à liberdade, seja mediante o pagamento da fiança, seja garantindo a reparação do dano, não podem fazer jus a ela por não contar com os recursos necessários.

Nesse programa, a Fundação Telmex trabalha em colaboração com a Oficina para el Desarrollo de los Pueblos Indígenas de la Presidencia de la República.

Slim também participa do Fondo Chiapas, com outros grupos empresariais do país, a fim de impulsionar a reativação econômica e contribuir para a reconciliação nesse estado, pois, de acordo com a percepção do magnata, "não há melhor investimento do que combater a pobreza".

Em seu ponto de vista muito pessoal, Slim enfoca assim o problema da marginalização:

> Não resta dúvida de que, além de uma conotação moral ou ética de tratar de eliminar a pobreza, também há um sentido econômico fundamental que todos devemos levar em conta. Não há melhor luta do que aquela que

é realizada contra a pobreza; é o melhor investimento que uma sociedade pode fazer (inclusive sociedades vizinhas), porque eliminar a pobreza é fortalecer mercados, desenvolver a demanda interna, melhorar o nível de vida. É o que eu assinalava sobre a Europa, onde os países mais atrasados têm o apoio dos mais adiantados para ir incorporando-os. No momento em que, no México, pudermos resolver mais ou menos rapidamente esse problema, nosso crescimento se retroalimentará. E temos de começar pela nutrição da mãe na gravidez, pelo atendimento das crianças ao nascer, pela alimentação da criança nos primeiros anos (quando o cérebro cresce quatro vezes), pela saúde infantil e pela educação. São os elementos fundamentais. Quando se fala dessa nova civilização, na qual é muito mais fácil criar riquezas, é paradoxal que exista mais pobreza. Não resta dúvida de que uma das necessidades de qualquer país é incorporar sua população à economia, à modernidade. A pobreza é um lastro social, político e econômico. Quando falo de atender à economia interna, também me refiro a isso.

Slim reconhece que os fundos que se administram não são suficientes para erradicar a pobreza. Por isso, fez alianças com empresas e grupos de outros países para apoiar com microcréditos as pessoas de recursos escassos. Por exemplo, a Fundação Carlos Slim e o Grameen Trust (organização não governamental sem fins lucrativos), afiliada internacional do Grameen Bank, assinaram um acordo que outorga linhas de crédito aos habitantes das áreas mais pobres do México, que estão excluídas do sistema bancário internacional, e o auxílio oferecido a eles tem taxas de juros muito abaixo das de qualquer banco.

Esse projeto teve início no fim de 2008, com um capital de 45 milhões de dólares, impulsionado por Slim e pelo professor Muhammad Yunus que, com o Grameen Bank, receberam o Prêmio Nobel da Paz em 2006 por seu trabalho contra a pobreza ao redor do mundo.

Slim fez o mesmo apoiando a Fundação Clinton. De fato, Carlos Slim e o empresário da indústria mineira de Vancouver, Frank Giustra, concordaram em fazer, cada um, uma contribuição de 100 milhões de dólares para a Fundação Clinton, destinados a um programa chamado Iniciativa Clinton para um Crescimento Sustentável. Por meio de sua fundação, o ex-presidente dos Estados Unidos tem várias campanhas em andamento, inclusive uma de combate à aids e outra contra a obesidade infantil. Em grande parte, o aporte de Slim a esse projeto estará destinado à América Latina.

Suas ações de filantropia ultrapassam qualquer fronteira. Assim, Slim injetou mais de 2.500 milhões de dólares nas atividades da Impulsora del Desarrollo y el Empleo en América Latina (Ideal) que, por intermédio de suas fundações, procura atender as famílias mais pobres da região, com ênfase especial nos problemas de desnutrição, mortalidade materna e infantil, pesquisa em saúde e meio ambiente.

Os reconhecimentos não se fizeram esperar. Por exemplo, a primeira-dama panamenha, Vivian Fernández, em gratidão pelo apoio filantrópico de Slim a seu país e à América Latina, em um ato liderado pelo presidente Felipe Calderón, descreveu Carlos Slim como "um ser humano acima dos êxitos materiais".

Na filantropia, doar milhões de dólares não é tudo. Por isso, quando um grupo de pessoas de uma ONG aproximou-se dos Slims para pedir-lhes cooperação, pintando eles mesmos um veículo feito em escala que seria leiloado em favor de jovens incapacitados, o filho do magnata, Carlos Slim Domit, não duvidou por um segundo e pôs mãos à obra para contribuir com esse pequeno, mas significativo aporte.

Mas nem tudo são elogios; as críticas não se fizeram esperar, com base nas indicações de que Slim exerce um monopólio. Por exemplo, uma voz discordante é a de Denise Dresser, colaboradora da revista *Proceso*, que, em um texto intitulado "Las dos caras de Carlos Slim", escreveu que, embora a filantropia deva ser aplaudida, é preciso balancear os motivos que inspiram esse magnata a procurar "aparecer como um homem virtuoso a um custo relativamente baixo, prevenir as reformas reguladoras que se começam a exigir, comprar uma apólice de seguro contra a redistribuição da riqueza que acumulou, afastar as críticas em torno do enriquecimento excessivo baseado na resistência contra a concorrência, limpar sua reputação por meio de um legado que ninguém poderia questionar. Tudo aquilo – que em seu momento levou Bill Gates a doar 31 bilhões de dólares de sua fortuna pessoal e criar a Fundação Bill e Melinda Gates. Tudo aquilo que levou Warren Buffett a doar 27 bilhões de dólares para apoiá-la".

Dresser diz que a flantropia de Slim é condicionada.

> [...] Uma filantropia *for profit* que corre em sentido contrário àquele que procura – supostamente – promover: a doação altruísta e a contribuição desinteressada.

Localizada na rua Capuchinas, no centro da cidade, *La Estrella de Oriente* foi o primeiro capítulo da história de sucesso da família Slim.

Em primeiro plano, Julían Slim Haddad - pai de Carlos Slim - e alguns empregados da empresa *La Estrella de Oriente*.

Dom Julían posa para foto nas instalações de La Estrella de Oriente acompanhado por seus funcionários.

Julían Slim Haddad.

O casal Linda Helu e Julían Slim Haddad, pais de Carlos Slim.

O pequeno Carlos Slim
aos 6 anos.

O jovem estudante
universitário.

Registro do momento das assinaturas, durante a cerimônia de casamento com Soumaya Domit.

Desde muito jovem, o empresário é fascinado por touradas.
Nesta foto, ele tenta a sorte no desafio conhecido como "tancredo".

Outra imagem de Carlos Slim e sua paixão por touradas.

Os filhos e herdeiros do império do magnata Carlos Slim:
Carlos, Marco Antonio e Patricio Slim Domit.

Na embaixada de Cuba com Fidel Castro, lendário líder da Revolução Cubana.

Carlos Slim com Mikhail Gorbachev, o último dirigente da extinta União das Repúblicas Socialistas Soviéticas.

Slim ao lado de Carlos Payan Velver, fundador do jornal *La Jornada,*
e o ex-presidente da Espanha, Felipe Gonzalez.

Durante reunião com o ex-presidente Luiz Inácio "Lula" da Silva.

Carlos Slim durante a assinatura de acordos com o ex-chefe de governo Andrés Manuel Lopez Obrador e o ex-presidente Vicente Fox.

Ao lado de Colin Powel, secretário de Estado norte-americano durante a administração de George W. Bush.

Príncipe Charles, da Inglaterra, e Carlos Slim durante um evento no Palácio de Minería.

Carlos Slim com o presidente dos Estados Unidos, Barack Obama
e o historiador mexicano Enrique Krauze.

Cumprimentando o Papa João Paulo II, no Vaticano.

Carlos Slim com o ex-presidente norte-americano Bill Clinton.

O empresário com o amigo Gabriel Garcia Marquez, Prêmio Nobre de Literatura.

Carlos Slim faz negócios com os xeiques do Oriente Médio.

Carlos Slim com os cantores Shakira, Alejandro Sanz, Tania Libertad e Ricardo Montaner no lançamento da Fundação Alas, na cidade de Panamá.

Carlos Slim com jovens da Fundação Telmex.

Carlos Slim em um momento de descanso ao lado de uma grande árvore.

O empresário alimenta um cervo em uma de suas fazendas.

Carlos Slim e sua paixão pelas corridas de automóveis.

Carlos Slim com o jogador de baseball Alex Rodriguez, do NewYork Yankees.

Ao desenvolver-se em razão do desempenho de uma de suas empresas, a filantropia seria exatamente o oposto do que fez Bill Gates. Porque Gates doou ações da Microsoft para a fundação que criou e cedeu o controle sobre elas. Não vinculou a Fundação Gates ao desempenho de sua companhia ou à obtenção de contratos do governo. Doou dinheiro e deu brilho à sua reputação – o que não tem nada de mau –, mas jamais o condicionou a seu progresso empresarial. Jamais vinculou sua filantropia ao imperativo de fazer mais dinheiro. E jamais armou uma estrutura filantrópica na qual sua generosidade dependesse da vontade do governo de deixá-lo investir em outros âmbitos da atividade econômica. Slim pretende dar mais se lhe permitem ganhar mais.

É diferente a percepção do ex-presidente dos Estados Unidos, Bill Clinton, que assim opina sobre o espírito filantrópico do fundador da Carso:

> Carlos Slim é um dos filantropos mais importantes do mundo, de cuja atividade altruísta a maioria das pessoas nunca ouviu falar. Tem ações em mais de duzentas empresas que empregam mais de 200 mil pessoas na América Latina e além dela. Usou seus recursos para ajudar o desenvolvimento de comunidades nos países onde opera seus negócios. Em seu México natal, ele apoiou pessoalmente 165 mil jovens para que frequentem a universidade, financiou numerosas operações, fornece o equipamento de escolas rurais e pagou fianças para libertar da prisão mais de 50 mil pessoas que não tinham meios para isso. Recentemente, criou o Instituto Carso para la Salud, projetado para dar um novo enfoque ao cuidado da saúde no México. Tem prontos investimentos de 4 bilhões de dólares para promover a educação e a saúde, e desafios maiores. Ultimamente, anunciou um investimento adicional de 6 bilhões de dólares em vários programas, inclusive sua Fundação da Telmex.

Juan Antonio Pérez Simón, colaborador e um dos amigos mais próximos de Carlos Slim, exalta as qualidades do filantropo e mecenas:

> Sempre é importante saber onde estão os limites de ajuda, porque se pode ter uma fundação e dizer sim a tudo. Creio que nisso Carlos fez muito bem, pois há muitas fundações que fazem atos de caridade, há uma fila interminável de solicitantes e, no fim, não solucionou nada. Carlos o fez

de uma forma muito organizada, como sempre faz suas coisas. Porque sua preocupação mais importante sempre foi a problemática social.

Tem sido um homem de trabalho constante e é genial, mas sua constância é a fórmula de seu êxito. Outra de suas virtudes é a honestidade, algo que não é fácil de encontrar. É um homem honesto, dedicado a uma mística empresarial na qual investe todo seu tempo.

Para ele, honestidade é congruência, é além do que se pode ver, é transparência.

Além disso, é um grande estudioso, procura, aprende e extrai todos os conhecimentos de onde quer que seja. Carlos não emite um juízo de valor sem se aprofundar até a raiz do tema. Se precisar ter uma entrevista com cinquenta pessoas ou ler 200 mil livros, isso nunca foi um impedimento para ele.

Quando Carlos Salinas de Gortari assumiu a presidência da República em meio a impugnações que o retratavam como "impostor", seu convidado especial, o comandante Fidel Castro, ficou deslumbrado por Slim.

Salinas foi o segundo presidente mais jovem na história do México, ficando atrás somente do general Lázaro Cárdenas, que chegou ao cargo aos 39 anos de idade. Salinas foi denunciado por uma suposta fraude eleitoral de proporções descomunais que o levou ao poder.

Fidel Castro, que se havia reunido com políticos, intelectuais e acadêmicos, aproveitou sua estada na Cidade do México para ter uma reunião com os barões do dinheiro. O mítico comandante estava interessado nesse personagem de quem todos falavam maravilhas. O encontro se deu em Lomas de Chapultepec, em um jantar que se prolongou até a madrugada. O anfitrião, Enrique Madero Bracho, presidente do Consejo Empresarial Mexicano para Asuntos Internacionales convidou um seleto grupo de homens de negócios. Ali estava Carlos Slim Helú, que atraiu a atenção do líder da Revolução Cubana. Entre os brindes, Madero Bracho não se conteve e com emoção cumulou de elogios seu convidado especial. Disse:

– Comandante, se você estivesse no México, seria um grande empresário. Você tem talento para isso.

– Bem, filho, sou empresário, mas do Estado – replicou Fidel. Slim, que já era uma celebridade total, abordou o tema da dívida externa e chamou a atenção do comandante.

Castro, sem pestanejar, ouviu Slim, que o seduziu com sua conversa. O magnata abordou a necessidade que o México tinha naquele momento de conservar seu crédito no exterior e de apoiar a modernização do país. Fidel interrompeu seu interlocutor de maneira contundente: "Não paguem a dívida, é impagável e incobrável". O argumento do cubano era de que o país havia coberto em demasia os juros, que, a seu ver, constituíam um tributo ao império ianque, e que não havia nenhuma justificativa para continuar pagando o capital.

Um dos comentários de Slim era que o México, para resolver em boa parte sua dívida, havia arriscado uma nova estratégia: trocar a dívida externa por ações de empresas mexicanas. Com esse sistema, comprava-se a dívida de forma barata, pois no mercado internacional estava pela metade do seu valor nominal. Deu como exemplos os casos de alguns países centro-americanos, que tinham pagado suas dívidas com o México por meio dos *swaps*.

Essa modalidade pareceu razoável a Fidel, que secundou Slim ao concordar que vários governos já estavam seguindo essa estratégia.

De modo parecido, Slim seduziu representantes da esquerda *light*, como o próprio Peje, Andrés Manuel López Obrador, Pablo Gómez, Rolando Cordera Campos, Cuauhtémoc Cárdenas e Porfirio Muñoz Ledo.

Outros conspícuos intelectuais também sucumbiram à sedução do magnata. Muitos deles se misturaram com as elites do poder e do dinheiro nas festas dos Slim, como ocorreu nas bodas de sua filha, Soumaya Slim Domit, que foram presenciadas tanto pelo ex-presidente espanhol Felipe González como pelo general Enrique Cervantes Aguirre, Miguel de la Madrid e sua esposa Paloma Cordero, Liébano Sáenz, Epigmenio Ibarra e sua esposa Verónica Velasco, David Ibarra Muñoz, Héctor Aguilar Camín e sua esposa Ángeles Mastretta, Carlos Monsiváis, Iván Restrepo, Carlos Payán Velver, Rolando Cordera, Emilio Azcárraga Jean, Jesús Silva Herzog, Santiago Creel, Rafael Tovar y de Teresa, Ricardo Rocha, Germán Dehesa, Gerardo Estrada, Luis Yáñez e Adriana Salinas, Antonio del Valle Ruiz, Lorenzo Zambrano, Juan Antonio Pérez Simón, Fernando Lerdo de Tejada e sua esposa Marinela Servijte, Tania Libertad, Fernando Solana, Porfirio Muñoz Ledo, Juan Soriano, Manuel Felguérez, María Félix e Cecilia Occelli.

Quando Carlos Slim adquiriu a Teléfonos de México, o engenheiro Cuauhtémoc Cárdenas Solórzano impugnou a operação, e com ele Porfirio Muñoz Ledo. O PRD apresentou inclusive uma demanda à Procuraduria General da República por esse motivo. Cárdenas tinha dito que jamais em sua vida havia tratado com Slim e que, portanto, não se podia falar de rancores pessoais. Mas as diferenças com o magnata foram se diluindo. Inclusive Andrés Manuel López Obrador convidou Slim e Emilio Azcárraga Jean para participar dos projetos econômicos da capital do país.

Os planos do governo do Distrito Federal consistiam na criação de parques industriais, na restauração do corredor Reforma-Alameda-Centro Histórico e do corredor Catedral-Basílica, na ampliação da rede de transportes e no fomento a mercados ambientais emergentes, mediante um investimento multimilionário.

O arquiteto italiano Francesco Bandarín, responsável técnico da Campanha Internacional para a Conservação de Viena, assegura que o Centro Histórico, catalogado como Patrimônio Cultural da Humanidade pela Unesco em 1987, sofre uma severa degradação, que requer "uma política global de conservação".

A recuperação do Centro Histórico foi uma iniciativa de Carlos Slim e de dom Pepe Iturriaga. Andrés Manuel López Obrador estava interessado no Paseo de la Reforma e convidou Slim para investir, mas o empresário insistiu que, para ele, a prioridade deveria ser o Centro Histórico, sempre e quando o presidente Vicente Fox apoiasse o projeto. Com López Obrador ou sem ele, Slim estava decidido a recuperar o Centro Histórico – como finalmente ocorreu – e para isso foi designado coordenador do Comitê Executivo, do qual participariam o cardeal Norberto Rivera, o jornalista Jacobo Zabludovsky e o historiador Guillermo Tovar y de Teresa, com quem Slim, desde muito antes, tinha falado da imperiosa necessidade de concluir esse projeto. López Obrador acabou reconhecendo que a presença de Slim no comitê era importante porque, dessa maneira, estaria garantida a participação de outros empresários do setor hoteleiro e de investidores que quisessem empregar seus recursos em estacionamentos e projetos de habitação. No futuro imediato, serão os desenvolvimentistas imobiliários que deverão ter presença mais ativa na revitalização do Centro Histórico, pois só assim as pessoas voltarão a povoar a área que, durante anos, sofreu um processo de despovoação. Para López Obrador, não havia ninguém com mais influência do que o magnata da Telmex para promover a regeneração dessa área.

Na edição de 4 de abril de 2002, o *Diario Oficial* publicou a outorga de incentivos fiscais e de facilidades administrativas para aqueles que estivessem dispostos a investir na recuperação do Centro Histórico na área "B", como havia anunciado o presidente Fox durante uma turnê de trabalho pelo Distrito Federal, onde acompanhou o chefe de governo da cidade, Andrés Manuel López Obrador.

A resolução para a área "A" havia se realizado em outubro de 2001. Quanto à área "B", esta tem seus limites nas ruas de La Merced, Abraham González, Reforma, Zaragoza, Ferrocarril de Cintura, Herreros, Ánfora, Labradores e Doctor Liceaga, para citar algumas.

De acordo com dados fornecidos pelo fideicomisso para a recuperação do Centro Histórico, a zona "A" considera as avenidas Lázaro Cárdenas, Izazaga, Juárez, Hidalgo, assim como as ruas Perú, Chile e Paraguay, entre outras.

O grande desafio do fideicomisso seria construir – no máximo antes de 31 de dezembro de 2002 – o primeiro núcleo urbano, composto por 31 quarteirões que compreenderiam do Eje Central à rua 5 de Febrero, e de Donceles a Venustiano Carranza, mediante um investimento de 500 milhões de pesos, discriminados da seguinte maneira: 100 milhões em segurança pública, 25 milhões em reacomodação de vendedores ambulantes e 375 milhões em obras públicas.

O propósito desse projeto seria reordenar as atividades econômicas e sociais do Centro Histórico, que conta com 668 quarteirões, bem como a restauração e reconstrução de imóveis, de acordo com a importância histórica, arquitetônica, monumental e urbanística da área. O decreto emitido pelo Executivo Federal estabelece os seguintes estímulos para propriedades que se encontrem dentro das áreas "A" e "B" do próprio Centro:

- Os investimentos em bens imóveis poderão ser deduzidos de forma imediata e até por 100% do seu valor.
- Os investimentos em reformas e adaptações de imóveis que impliquem adições ou melhorias ao ativo fixo gozarão do mesmo benefício, quando aumentarem a produtividade, a vida útil ou permitirem ao imóvel um uso diferente ao que originalmente lhe vinha sendo dado.
- Outorgam-se facilidades administrativas na alienação de bens imóveis quando sejam alienados para sua reabilitação ou restauração, em consistência com o fato de que o vendedor poderá considerar custo comprovado atualizado de aquisição pelo menos 40% do montante da alienação.
- Outorga-se um incentivo fiscal no imposto ao ativo aos contribuintes obrigados ao seu pagamento, a respeito dos imóveis de sua propriedade que estejam sendo reformados ou em processo de restauração.

Desde o começo, Slim imaginou que o projeto de recuperação do Centro Histórico iria estimular uma nova vida familiar, econômica e social nessa área, na qual se encontram sessenta museus e se realizam mais de 3 mil reuniões culturais por ano. Houve a preocupação de que os palácios, os edifícios, as áreas comerciais e as casas tivessem vida, que fossem utilizados para o trabalho, a diversão, o desfrute da riqueza histórica, para caminhar com segurança e dormir com tranquilidade.

Em grande parte, retiraram-se os vendedores ambulantes e se implementou uma nova estratégia de segurança. Instalaram-se mais de 150 câmeras de alta definição, que começaram a dar resultado. Graças à tecnologia, as pesquisas feitas mês a mês revelam que há mais segurança.

Mais de quinhentas famílias se mudaram para os velhos casarões que foram restaurados. São os novos inquilinos do Centro Histórico. Restaurantes tradicionais que já haviam fechado, como o Prendes, reabriram suas portas, e outros são promovidos, como El Taquito, o Mesón del Cid, o Andaluz e o Churros del Moro. Alguns executivos que têm seus escritórios centrais em Santa Fé passaram a instalar parte de seus negócios na Torre Latinoamericana. Em Juárez, em frente ao Palácio de Belas Artes, o que antes era a sede da Financiera Aceptaciones (agora Banca Serfin) transformou-se em uma loja Sears, a maior do Distrito Federal, acompanhada por restaurantes e outros negócios que procuram captar 1,5 milhão de visitantes que dia a dia cruzam o Eje Central e a rua Madero. O Banamex-Citigroup também reabriu no remodelado Palacio de Iturbide.

Carlos Slim adquiriu o antigo edifício da Bolsa Mexicana de Valores da rua Uruguay 68, onde trabalhou como corretor da Bolsa de Valores e onde certa vez não o deixaram entrar por estar sem gravata. Ali estabeleceu um centro de espetáculos.

Um dos primeiros antecedentes para a recuperação do Centro Histórico foi a iniciativa do historiador José Iturriaga que, preocupado com a deterioração da área, propôs ao então presidente Adolfo López Mateos um programa de trabalho para restaurar edifícios, patrimônio da herança hispânica, e para combater os vendedores ambulantes. Iturriaga propunha melhorar o Zócalo, as ruas Moneda, Santísima, Guatemala, Rodríguez Puebla, San Ildefonso e Belisario Domínguez, com as praças Loreto, Santo Domingo e La Concepción. O projeto incluía circuitos fechados sem trânsito de veículos e viadutos, além da criação de uma sociedade com capital de 1.500 milhões. Embora tenha conseguido atrair o interesse de vários banqueiros no plano, este não prosperou por causa das pressões políticas exercidas pelo então chefe do Departamento del Distrito Federal, Ernesto P. Uruchurtu, e sua ameaça de renúncia para desestabilizar a presidência de López Mateos. Para acalmar os ânimos políticos, em 1964 decidiu-se nomear dom José Iturriaga embaixador na União Soviética. Do sistema socialista, ele guardará impressões negativas em razão dos atrasos de uma prática política que qualificou de hierarquizada, autoritária, imperialista e opressora das minorias que integravam a união de repúblicas.

Quando de seu regresso, Agustín Legorreta lhe propôs a criação de uma empresa, a México Antiguo S.A., para que tal instituição comprasse os imóveis que seu projeto havia incluído para a restauração e recuperação do Centro Histórico. Respondeu que não podia aceitar o oferecimento porque tal responsabilidade o impediria de ter autoridade moral sólida para declarar suas impressões sobre a União Soviética à esquerda mexicana, que o acusaria de ter sido comprado pelos banqueiros identificados com a direita.

Assim como Slim contribuiu de maneira decidida para a recuperação do Centro Histórico, também o fez com o que fora o lixão do Bordo de Xochiaca, no município de Nezahualcóyotl, Estado do México, sobre uma superfície de 600.000 m^2, onde foi construído o Centro Deportivo Telmex Bicentenario, um dos projetos mais importantes de recuperação ecológica e de combate à exclusão e à pobreza.

Em sua fundação, Nezahualcóyotl contava com menos de meio milhão de habitantes, a grande maioria procedente dos estados mais pobres do país (Michoacán, Guanajuato, Oaxaca, Puebla, Hidalgo, Jalisco, Veracruz, Tlaxcala, Guerrero, Aguascalientes, Morelos, Querétaro, Chiapas e Zacatecas, incluídos os habitantes do Estado de México). Os fundadores de Nezahualcóyotl provinham das zonas rurais de seus respectivos lugares de origem e neles as autoridades estatais sempre viram uma mina de ouro.

Os antropólogos e sociólogos se referiam então a Nezahualcóyotl como a Calcutá e a Índia do México, em contraste com a opulência de zonas como Polanco, San Ángel e Las Lomas, vistas quase como o paraíso, quando o país vivia o idílico milagre mexicano e os membros da *high society* mexicana costumavam viajar para comprar produtos de contrabando em Brownsville, McAllen, Houston, Los Angeles, Tucson, El Paso e Isla del Padre, esvaziando as lojas dos centros comerciais e shoppings. Um deles era o Sur-americano, onde se ofereciam aos mexicanos ricos pacotes especiais, cartões e linhas especiais de crédito, vendedores bilíngues, tudo para um setor sedento de prazer e de lugares onde gastar seu dinheiro. Eram os tempos do chamado "desenvolvimento estabilizador", um período de progresso desequilibrado, em que um segmento minoritário da população – altamente protegido pelas políticas governamentais – enriqueceu, tanto que o crescimento econômico do país permitia a ampliação da classe média, mas não conseguia pôr fim nem atender as carências dos excluídos desse mundo no qual se desenvolvia a Maestra*, como peixe n'água, dando seus primeiros passos no sindicalismo mexicano. Em síntese, era o modelo de desenvolvimento para poucos mexicanos, do qual os habitantes de Nezahualcóyotl estavam excluídos. Desde então, Nezahualcóyotl estava destinado a ser um *collage* da pobreza, um gueto em um espaço de 62,4 km^2, cujas fronteiras não são outros municípios, e sim outros estratos sociais ou o abismo. Os outros limites eram os da evasão de uma realidade marcada pela miséria: alcoolismo, drogas, morte por desnutrição, desemprego, violência...

Até duas décadas atrás, nas escolas de Nezahualcóyotl, 75% das crianças do ensino primário abandonavam a escola antes de completar os seis anos de instrução obrigatória. Os índices de analfabetismo total passavam de 20% e o analfabetismo funcional chegava a 30%.

Os sociólogos resumiram então o decálogo dos derrotados, de acordo com as pesquisas publicadas pela revista *Unidad y Línea* dos Serviços Educativos Populares (Sepac), que criaram o Manual do Colono, sobre a ideologia que sustentava o homem de Nezahualcóyotl:

- o fatalismo: "sempre haverá pobres; são pobres porque são preguiçosos e bêbados".
- a impotência: "sou incapaz de fazer alguma coisa".
- o masoquismo: "devo sofrer nesta terra para ganhar o paraíso".
- o individualismo: "tenho de superar-me para melhorar; com trabalho e perseverança posso ficar rico".
- o ceticismo: "de todos os modos, nada pode mudar; sempre ganha o PRI".

* Elba Esther Gordillo, presidente do Sindicato dos Trabalhadores Nacionais no Sistema Educacional, o sindicato dos professores do México. (N.T.)

- o instinto de propriedade: "se a sociedade mudar, posso perder o pouco que tenho".
- o reformismo: "é preciso mudar as coisas paulatinamente, sem violência nem pressa".
- o consumismo: "o importante é obter coisas".
- o tecnocratismo: "é necessário ter título de propriedade para ter alguma coisa".
- o machismo: "sou eu que mando na minha casa".

O município de Nezahualcóyotl – considerado um dos mais pobres do país – foi fundado com esse nome em homenagem ao rei de Texcoco, embora o poeta e imperador dos astecas tenha se distinguido pela majestade de seus gostos: por exemplo, quando do primeiro centenário da fundação de México-Tenochtitlán, mandou construir uma mansão ao pé do morro de Chapultepec. Texcoco, a cuja jurisdição pertenciam as terras onde agora está Neza, teve vários momentos de esplendor, inclusive no século XIX, depois da fundação do Estado de México. Texcoco foi designada residência dos Supremos Poderes del Estado, em 4 de janeiro de 1827. No entanto, com o passar do tempo, entrou em processo de decadência. Em 1963, quando foi formalmente decretado município com direito a governo próprio, seu crescimento estava marcado pela anarquia.

A primeira geração de necenses surgiu sob o estigma de haver nascido para perder. Os operários partiam de suas casinhas de papelão e madeira, algumas construídas pela metade, em meio a intermináveis fileiras de tanques de água na bruma da poeira que se misturava com a fumaça do lixo queimado. Uma cidade incipiente, com suas ruas compridas, enfadonhas, monótonas, sem adornos nem áreas verdes, onde as pouquíssimas árvores definhavam debaixo do calor, com esses rodamoinhos que não só levantavam a sujeira e a areia, mas também a angústia, a amargura e o ódio, e os lançavam contra a Cidade do México. Na falta de centros educativos, acrescentava-se a cobrança de "cooperaciones" (as direções das escolas primárias oficiais cobravam 20 pesos em média pela inscrição de cada criança, apesar de essa prática violar o direito à educação consagrado na Constituição). A cobrança de cotas acontecia durante todo o ano, pelos mais diversos conceitos: vidros, cadeiras, tinta, porteiros, entrega de boletins e certificados, provas mensais e semestrais e até pelo ensino da valsa de fim de curso para os alunos do sexto ano. Em nenhum desses casos, os professores entregavam recibos oficiais pelas "cotas".

Tão deprimente era o panorama dessa área que, em seus tempos incipientes, a Televisa planejou instalar um sistema de TV a cabo gratuito para as zonas urbanas menos favorecidas economicamente. Para Nezahualcóyotl, haviam pensado em trinta canais simultâneos de transmissão, que proporcionariam "informação e orientação para o manejo mais adequado da realidade imediata, para o desenvolvimento individual, familiar e comunitário e para propiciar a criação de raízes e de amor pela área que habitam".

Mas a Televisa abandonou o projeto.

Apesar de tudo, Nezahualcóyotl cresceu a passos agigantados. A urbanização continua avançando, assim como o desenvolvimento de obras de infraestrutura.

Slim assumiu o compromisso da recuperação ecológica de uma parte importante dessa zona, que abarca uma superfície na qual havia milhares de toneladas de lixo e que provocava uma grave contaminação. Os desperdícios foram compactados e cobertos com várias camadas de terra, eliminando a fauna nociva, diminuindo as partículas e bactérias suspensas no ar, além de diminuir a contaminação do manto freático pela putrefação dos resíduos orgânicos.

Onde era o lixão do Bordo de Xochiaca encontra-se agora um centro comercial, duas universidades, um centro de estudos tecnológicos e uma área de hospitais, que se conhece como Ciudad Jardín Bicentenario. Ali também foi construído o Centro Deportivo Telmex Bicentenario, que será autossustentável porque conta com quatro lagunas que permitirão a recuperação de até 5 milhões de litros de água anualmente e oferecerão em seu conjunto 5 mil vagas de trabalho permanente.

As instalações esportivas são bastante amplas e representam uma opção gratuita para a prática do esporte. Dispõem de 25 campos de futebol, quatro de tênis, quatro de basquete, quatro de vôlei, dois de futebol americano e dois de beisebol. Contam com um estádio com capacidade para 3.650 pessoas, local para jogos infantis, pista aeróbica, ciclovia, frontão, ginásio, áreas verdes, estacionamento e heliponto.

Para inaugurar as instalações esportivas, Slim convidou o jogador Alex Rodríguez, estrela dos Yankees de Nova York, eleito o melhor jogador de beisebol das Grandes Ligas na temporada 2007-2008.

Uma das facetas pouco conhecidas de Slim é seu amor pelos esportes. É amigo de Edson Arantes do Nascimento, o Pelé, e de muitas celebridades do beisebol, seu esporte preferido. Isso não impede o apoio à publicidade de suas empresas nos times profissionais de futebol da primeira divisão. Também é benfeitor do time Cóndores de futebol americano (esporte que praticou), ao qual fez doações em espécie e econômicas, mediante o Patronato Cóndores Unam A.C.

No entanto, o beisebol é a maior paixão de Slim. Quando o rebatedor McGwire estabeleceu um recorde de rebatidas quadrangulares, o magnata escreveu um artigo na revista *Letras Libres*, dirigida por seu amigo, o historiador Enrique Krauze, no qual demonstrou seus conhecimentos ao colocar especial ênfase nas estatísticas do diamante.

Slim escreveu:

> O beisebol, cujos adeptos parecem despertar no México depois de longas temporadas de tribunas semivazias, é um esporte espetacular, que depende muito das habilidades físicas e da destreza técnica de seus praticantes, mas também – e não em último lugar – de sua inteligência. Daí que os melhores jogos sejam aqueles conhecidos como "duelos de lançamento", jogos fechados, de poucos pontos anotados, que costumam ser decididos por um bom movimento dos jardineiros ou por uma bola isolada para fora do campo.
>
> No beisebol – como em nenhum outro esporte coletivo –, os números falam, a memória se ativa, as lendas se forjam. Lamentavelmente, é impossível reconstruir, nesse sentido, as estatísticas das Ligas Negras norte-americanas existentes, enquanto nas Ligas Maiores se manteve de forma absurda a "barreira da cor" (transposta em 1947 por Jackie Robinson, segunda base dos Dodgers do Brooklyn).
>
> Aquelas ligas – das quais a liga mexicana pôde tirar proveito, importando figuras excepcionais, nos tempos do empresário Jorge Pasquel –, com a liga cubana, contaram em seus times com jogadores legendários. A memória traz, desordenadamente, o nome de Josh Gibson, Martín Dihigo, Roberto Ortiz, Ray Mamerto Dandridge, James Cool Papa Bell, Leon Day, Theolic Smith, Burnis Wright, Cristóbal Torriente, Silvio García, Ramón Bragaña, Luis Olmo. Que fã conhecedor deles poderia evitar a sedução da sua lenda?
>
> O ditador Trujillo levou grandes jogadores das Ligas Negras para a República Dominicana, no começo da Grande Depressão norte-americana,

provocando nelas o caos e suscitando, em seu país, um interesse maior e o enriquecimento de uma tradição cujos frutos são aproveitados hoje nas Ligas Maiores.

Os números falam: dão conta das amplas façanhas de lançadores como Nolan Ryan, que atuou durante 27 temporadas, ou como o *pitcher* negro Satchel Page, que chegou às grandes ligas com 42 anos de idade, ganhou seis jogos e perdeu apenas um em sua primeira temporada, e deixaria os diamantes quase sexagenário. Entre os *pitchers*, há um grupo que pode ser considerado o dos cinco grandes, integrado pelo próprio Page, Christy Mathewson, Walter Johnson, Grover Alexander e Cy Young.

Depois deles chegaram ao cume personagens de ontem e de hoje, que a memória felizmente nos devolve.

Cito sem ordem cronológica: Whitey Ford, Lefty Grove, Vic Raschi, Sandy Koufax, Sal Maglie, Warren Spahn, Nolan Ryan, Ed Walsh, Three Fingers Brown, Adie Joss, Steve Carlton, Gaylord Perry, Tom Seaver, Allie Reynolds, Bob Lemon, Bob Gibson, Bob Feller, Don Drysdale, Early Wynn, Sam McDowell, e os salvadores, alguns ainda ativos: John Franco, Dennis Eckersley, Randy Myers, Jeff Reardon, Rollie Fingers, Jeff Montgomery, Doug Jones, Rick Aguilera, homens que chegam em socorro quando a bola está quente, que participam de mais de mil jogos, em média lançam menos de duas entradas por aparição e são ganhadores ou perdedores de um jogo menos de 25% das ocasiões. Os arremessadores são *pitchers* com bom controle, nervos de aço, bons eliminadores. Entre os rebatedores em atividade, não se poderia esquecer de Roger Clemens (que ganhou cinco vezes o premio Cy Young de melhor lançador), Greg Maddux, o dominicano Pedro Martínez (a nova grande figura), Tom Glavine, Dave Cone e, já de saída, Orel Hershiser e Dwight Gooden. No lançamento, há marcas que parecem insuperáveis: as 7.355 entradas feitas por Cy Young, as 511 vitórias alcançadas por esse herói dos times de Cleveland e Boston, as carreiras limpas admitidas por Ed Walsh (1.81), a porcentagem de pontos ganhos e perdidos de Ford (.690), o número de eliminados por Ryan (5,714), o ritmo de eliminados por Randy Johnson (onze em nove entradas), o número de vitórias de Jack Chesbro (41, obtidas em 1904), os eliminados por Sandy Koufax (por jogo) durante sua carreira tão curta quanto brilhante com os Dodgers (uma média de 9.28, só inferior aos 9.55 de Ryan e, desde já, aos 10.60 que mantém o canhoto Randy Johnson, agora com os Diamantes do Arizona). Os números falam e os mitos florescem também entre os batedores. Para mim, os cinco melhores do século foram: Babe Ruth (de quem dizem que construiu o Yankee Stadium, enquanto consolidava a magia desse esporte), Ty Cobb, Roger Hornsby, Ted Williams e Lou Gehrig, sem esquecer Honus Wagner, Eddie Collins, Joe Jackson, Ed Delahantay, Tris Speaker, Billy Hamilton, Willie Keeler, Nap Lajoie, Al Simmons, Stan Musial, Joe Dimaggio, Mickey Mantle, Jimmie Foxx, Mel Ott, Hank Greenberg, Ralph Kiner, Jackie Robinson, Willie Mays, Frank Robinson, Harmon Killebrew, George Sisler, Harry Heilman, Roberto Clemente, Pele Rose e, entre os ativos, Tony Gwyn, Wade Boggs, Cal Ripken Jr., Rickey Henderson, Ken Griffey Jr., Marck McGwire, Sammy Sosa, Barry Bonds, Larry Walker, Frank Thomas, Albert Belle, Juan González, José Canseco...

Os números falam: os 714 *homeruns* de Babe Ruth foram feitos muito menos vezes com o *bat* do que os 755 de Hank Aaron, e a frequência de suas grandes rebatidas não foi alcançada.

McGwire, por sua parte, tem cinco temporadas com cinquenta ou mais *homeruns*. Só dez batedores aposentados superaram essa marca: Ruth (60, em 1927), Roger Maris (61, em 1961), Foxx (58, em 1932), Greenberg (58, em 1938), Mantle (54, em 1961), Wilson (56, em 1930), Kiner (54, em 1949), Mays (52, em 1965), George Foster (52, em 1977), Mize (51, em 1947); entre os ativos, fizeram-na McGwire (que chegou a 70 na temporada passada), Sosa (66, em 1998). Griffey Jr, (56, em 1997 e 1998), Cecil Fielder (51, em 1990), Greg Vaughn (50, em 1998) e Albert Belle (50, em 1995).

Jogando com os números, chegamos a resultados assombrosos: se McGwire jogasse 22 temporadas, superaria oitocentos quadrangulares. Griffey, com menos turnos, poderá superar, com o ritmo que leva, Aaron. Em 2001, McGwire será o quarto melhor rebatedor de *homeruns* da história, só atrás de Aaron, Ruth e Mays. Bonds, Canseco y Griffey Jr. muito provavelmente não demorem a ultrapassar os quinhentos *homeruns*. Em 1927, Ruth disparou um quadrangular, em média, a cada nove vezes com o *bat*; em 1998, McGwire o fez em 7,27 ocasiões.

Os números falam de um diamante infinito: o da memória, da imaginação, da criação de lendas. O interesse pelo beisebol se renova: outra vez joga a inteligência.

É tanto o interesse de Slim pelo beisebol que o consórcio Ogden, do México –, com 66% de capital estadunidense e os 34% restantes de capitais mexicanos –, um dos principais operadores na administração de estádios e arenas dos Estados Unidos, e que administra as instalações esportivas onde jogam Sacramento Kings e Chicago Bulls, da NBA de basquetebol, e outros estádios de Chicago, Baltimore e Filadélfia, apresentou-lhe um projeto para construir um estádio profissional de beisebol nos terrenos que ocupou, durante muitos anos, a Refinería de Azcapotzalco. Em uma época, chegou-se a especular que o magnata, com seu primo Alfredo Harp Helú, da Banamex, dono do time Diablos Rojos, poderiam comprar uma franquia das grandes ligas para jogar no México, mas o engenheiro Slim negou os rumores ao afirmar que não quer fazer de seu hobby um negócio e que gosta de desfrutar o beisebol, não de ganhar dinheiro com ele.

O colecionador

Arte, símbolo de riqueza

No mundo do dinheiro são comuns as extravagâncias. Há quem colecione o mais insuspeitado, e também quem desperdice fortunas e se dê grandes luxos. Por exemplo, os milionários estadunidenses Dennis Tito e Gregory Olsen, e o sul-africano Mark Shuttleworth, gastaram cada um 20 milhões de dólares para viajar ao espaço como "turistas". Warren Buffett, assíduo na lista dos mais ricos da *Forbes*, vende seu tempo. Para compartilhar um jantar com um estranho, cobra um pouco mais de 2 milhões de dólares. Zhao Danyang, um empresário de origem chinesa, pagou essa quantia para jantar com Buffett em um luxuoso restaurante de Nova York. O dinheiro que Warren arrecada com esses encontros é destinado a uma fundação que ajuda pessoas pobres e sem teto.

Um homem extremamente rico de origem russa adquiriu por 900 milhões de dólares uma mansão construída sobre uma superfície de 11 mil m^2 na Costa Azul, perto de Montecarlo. A "Villa Leopolda", como é conhecida a casa mais cara do mundo, pertenceu ao rei Leopoldo II. Os donos anteriores foram a família Agnelli, proprietária das marcas de automóveis Fiat e Ferrari, depois Bill Gates e Edmon Safra, o milionário empresário de origem libanesa que criou um império no Brasil, até que sua viúva, Lily Safra, a herdou e depois colocou-a à venda. Rodeada de vinhedos, olivais e ciprestes, sua manutenção requer a mão de obra de meia centena de jardineiros em jornada completa para conservar as zonas verdes. A residência tem um salão de recepções de 400 m^2, doze piscinas com esculturas no interior e arcos desenhados no pórtico da casa pelo pioneiro modernista Victor Horta. Se isso não fosse suficiente, a mansão tem uma praia particular e um cais próprio.

Menos sofisticado e um homem sem extravagâncias, Slim vive alheio aos contos de fada. Didive o tempo entre seus negócios, suas fundações, seus bolsistas e sua família. Quando um jornalista lhe perguntou por que não vivia em uma casa maior, Slim respondeu-lhe que vive em sua casa de Lomas de Chapultepec desde que tinha 32 anos, e ali nasceram alguns de seus filhos.

"Não me mudei e vou continuar aqui até entregar a alma ao Criador". É mais calorosa para encontrar-se com os filhos e os amigos. "A casa de meus pais é muito melhor do que a minha, maior e mais espaçosa, mais valiosa. Mas quando procuramos as coisas materiais, tomamos o caminho errado."

Mais do que seu dinheiro e seu império, Slim diz que, quando morrer, seu maior legado será sua família. Mesmo assim, o magnata também pertence à casta dos colecionadores que a cada ano realizam transações por dezenas de milhões de dólares no seleto mercado internacional da arte. Seu principal hobby consiste em adquirir pinturas e esculturas de qualidade superior. Embora tenham sido os ricos e poderosos que lançaram a moda da arte como forma de investimento, o objetivo de Slim é contar com um patrimônio artístico do mesmo nível dos melhores museus europeus. Ele está, é claro, entre os dez maiores colecionadores de arte do planeta. Tem uma autêntica "coleção de coleções", com um acervo de mais de 70 mil peças de obras de arte.

Com esse propósito, em 1994 abriu suas portas o Museu Soumaya, a instituição que foi concebida pela falecida esposa do magnata e que se encontra na Plaza Loreto, ao sul da Cidade do México, onde foi mostrada ao público parte de sua crescente coleção pessoal, assim como outras obras que viajaram para exposições em museus dos Estados Unidos, da Europa e da Ásia.

Slim continua, assim, os passos do excêntrico milionário Jean Paul Getty, que em 1953 fundou um pequeno museu em sua casa de Malibu para mostrar sua coleção de arte ao público, a mesma que depois de quase cinco décadas expandiu-se até chegar a ser uma das instituições de arte mais importantes do mundo.

As coleções de arte de Carlos Slim são de um valor inestimável, entre elas a segunda coleção privada mais importante do mundo do escultor Auguste Rodin. Conta com uma das vinte versões de O Pensador. Seu primogênito, Carlos Slim Domit, o qualifica assim, "O Pensador", porque lhe dedica uma hora diária de reflexão. Algumas peças de Slim são superiores às do próprio Palácio de Belas Artes, tanto que até Jacques Vilain, diretor do Museu Rodin de Paris, quando veio ao México, surpreendeu-se com a riqueza do patrimônio do Museu Soumaya. No entanto, a austeridade do escritório de Slim é contrastante pela sua sobriedade. No corredor da entrada de seu escritório, pode-se admirar uma réplica de La Pietà, de Michelangelo, certificada pela Casa Buonarroti e que, além disso, conta com a bênção papal. Na sala do conselho do Grupo Carso, só dois marcos têm um lugar fixo: seu título profissional, de 1964, assinado pelo reitor da Unam, Ignácio Chávez, e uma pequena aquarela de seu pai, Julián Slim, nome que leva uma das salas de seu museu, dirigido por sua filha Soumaya Slim Domit. Algumas obras exibidas nas paredes de seu escritório são do paisagista estadunidense Conrad Wise Chapman. Slim aproveitou o espaço do andar onde trabalha a fim de instalar um museu-galeria para a apreciação de seus convidados.

No México, estão pelo menos vinte dos duzentos colecionadores mais importantes do mundo. A maioria é representada por empresários e alguns políticos. Entre os mexicanos que têm obras de arte dignas dos melhores museus da Europa e dos Estados Unidos encontra-se Carlos Slim, embora não costume aparecer no *ArtReview*, a fascinante publicação do marchand estadunidense Larry Gagosian, dos curadores Nicholas Serota e Glen D. Lowry, e do colecionador Eli Broad. Tampouco foi citado pela editora do *The Art Newspaper*, Georgina Adam, que publica todos os anos a famosa lista dos "Power 100", ou seja, o seleto grupo dos cem milionários da arte.

Antes de Slim, o mundo da arte costumava estar restrito à Europa e aos Estados Unidos. Seu acervo é tão importante que ordenou a construção de um novo Museu Soumaya na zona norte da Cidade do México, um edifício de alcance mundial onde, desde 2010, é exibida uma coleção de mais de 50 mil peças, entre têxteis, arte popular, arte do vice-reinado, antiguidades europeias, numismática e esculturas de Auguste Rodin. Ali também instalar-se-á uma das doze únicas cópias, em todo o mundo, da Pietà de Michelangelo.

A multifacetada coleção de Slim abrange esboços, telas, aquarelas, têmperas, murais, esculturas, fotografias, incunábulos, arte barroca e hispano-americana, pintura de castas e religiosa, títulos marianos, ferragens do século XVI, retratos mexicanos dos séculos XVIII e XIX, gravuras antigas e modernas e quadros europeus. Ela conta com os mesmos retratos e paisagens da obra de Mauricio de Vlaminck – um dos maiores representantes do fauvismo –, assim como obras de Tamayo, Siqueiros, Rivera, José María Velasco, Dr. Atl, Juan Correa, Miguel Cabrera, Cristóbal de Villalpando, assim como valiosas esculturas e quadros de artistas europeus, como: Camille Claudel, Pierre Gibran, Auguste Renoir, Edgar Degas, Émile-Antoine Boudelle, Giorgio de Chirico, Picasso, Dali, Monet, El Greco, Van Gogh, Paul Gauguin, Matisse, Maillol, Miró, Ernest, Carpeux, Carrier-Belleuse, Daumier, Rubens, Murillo, Cranach, Brueghel, Tiziano, el Tintoretto, Tolouse-Lautrec e Rouault.

No começo, quando o Museu Soumaya abriu suas portas, o fez com as seguintes exposições: a sala 1, com uma coleção de quadros dos séculos XVIII e XIX que correspondem à seleção de *El retrato mexicano*. A sala 2, com um conjunto de obras denominadas *México visto por mexicanos e estrangeiros*. A sala 3, com obras agrupadas sob o conceito de *Arte barroca mexicana e hispano-americana*. A sala 4, com uma coleção intitulada *Artes decorativas de México e Espanha*.

Em seu museu, assim como em algumas das empresas do Grupo Carso e em alguns de seus restaurantes Sanborns, pode-se admirar obras de arte da coleção de Slim. Boa parte de seu patrimônio artístico foi comprada por meio de catálogos e escolhida em seu escritório. No entanto, Slim examina pessoalmente cada aquisição, embora tenha à sua disposição uma equipe de especialistas, formada por curadores e conservadores que participam de quase tudo que se faz no museu. Eles se inteiram das coleções e as conservam para a apreciação do público, como ocorreu com o legado do mais famoso poeta libanês, Gibran Khalil Gibran, que, em 1931, morreu excomungado pela Igreja Católica maronita e exilado pelo governo otomano. Uma parte importante da herança artística de Khalil Gibran, integrada por óleos, desenhos, livros ilustrados e primeiras edições, além de um abundante acervo de manuscritos originais, de exemplares de sua biblioteca e de objetos pessoais, faz parte, desde 2008, do acervo do Museu Soumaya e do Centro de Estudios de Historia de México Carso, adquirida pela Fundación Carlos Slim.

Em suas memórias, Michel Laclote, diretor-emérito do Museu do Louvre escreveu que "em qualquer colecionador, há uma parte de mania que é irracional". Referia-se assim à compulsão de alguns magnatas por comprar obras de arte e criar acervos cada vez maiores.

De acordo com os especialistas, boa parte dos colecionadores mexicanos adquire obras de arte como uma forma de investimento, conseguindo reunir bens culturais mais por negócio do que por gosto.

Sobre os caprichos dos ricos, Kurt Gitter, um dos colecionadores mais importantes de arte japonesa, perguntou a outro colecionador, enquanto relaxavam em uma banheira de água quente em Tóquio, como decidia comprar uma obra de arte.

"Olho um quadro, depois fecho os olhos e comparo esse quadro com uma pilha de dinheiro. Por último, decido qual dos dois prefiro ter. Sempre termina ganhando o quadro."

Alguns mexicanos de boa posição adquirem obras de arte como uma mercadoria, um investimento, que guardam em cofres nas suas casas ou em bancos, à espera de que elas aumentem de preço.

Para os especialistas, muitos dos colecionadores de arte carecem da habilidade para aproveitar e admirar o valor estético da arte. São vistos pelos críticos de arte como simples mercadores, que muitas vezes criam um valor fictício. Os colecionadores bisonhos que se metem a especular com arte têm visto cair o preço de suas obras de maneira similar àquela que ocorre na Bolsa de Valores.

O especialista em arte mexicana Rodrigo Lake sustenta que ao se usar a arte como uma forma de investimento, criou-se uma confusão entre os conceitos de valor e preço.

Para esse especialista, nos terrenos da arte nem tudo o que brilha é ouro. E para desgraça de nossos dias, como previra Oscar Wilde, pretende-se conhecer o preço de tudo e se desconhece o verdadeiro valor da obra de arte. Diz Rodrigo Lake:

> No âmbito do vice-reinado mexicano, que é uma das minhas especialidades, esse estranho fenômeno se acentua entre os milionários do nosso país dedicados a adquirir obras de arte como frutíferos investimentos para o futuro, o que é aceitável, inclusive louvável, pois evita a fuga de peças maravilhosas; no entanto, os conselheiros desses milionários, geralmente assessores de origem hispânica, rejeitam quase por norma os conselhos de conhecedores mexicanos, arriscando-se a levarem gato por lebre [...]
>
> Isso demonstra que o mito de Quetzalcóatl ainda está vigente em nosso inconsciente.
>
> Nesse ponto, permito-me recordar uma anedota simpática que ilustra com perfeição a infeliz eleição que muitos ricos colecionadores mexicanos fazem ao cercar-se de "assessores" estrangeiros que aconselham quais obras devem comprar ou não [...]
>
> Trata-se de um caso significativo relacionado com um importante antiquário, *sir* J. Duveen, e com um grande especialista, Bernhard Berenson. A eles se deve a existência de quase todas as coleções importantes dos Estados Unidos, criadas no período de entreguerras. Eles vendiam muito ao afamado milionário J. P. Morgan. O antiquário enviava a peça a Berenson e este a autenticava. O fato é que um dia Duveen se encontra com Beren-

son e conta que nessa noite vai à casa de Morgan para tratar da venda de uma pintura magnífica. Berenson que afirma não foi convidado, mas *sir* J. Duveen lhe diz para irem juntos. Ao chegar ao encontro, veem que J. P. Morgan tem em casa um segundo "especialista", de origem europeia, que, ao ser interrogado acerca da obra, responde que, para emitir uma opinião, precisa pensar. Nesse momento, Duveen tira a pintura da parede, cumprimenta Morgan e decide ir embora. J. P. Morgan, assombrado, pergunta por que ele quer sair. E *sir* J. Duveen lhe responde: "Perdoe, mas se seu especialista precisa pensar, é alguém que não sabe. Um especialista não precisa pensar, um especialista sabe!".

Sob a premissa de investir em arte, os colecionadores mexicanos, em sua maioria, criaram um acervo histórico e cultural importante.

Carlos Slim, o magnata dos magnatas, é reconhecido por sua impressionante coleção de arte dos velhos mestres e dos impressionistas europeus e mexicanos.

Sobre o investimento em obras de arte pelos colecionadores mexicanos, Carlos Monsiváis escreveu com ironia em seu livro *Los rituales del caos*:

> Não é a mesma coisa comprar no México ou em Nova York, não tem o mesmo gosto. É mais chique manejar com desenvoltura o cheque por 600 mil ou por 1 milhão de dólares, e fora do olho fiscalizador. Por isso, nos leilões, cerca de 90% da arte mexicana é adquirida por gente dessa nacionalidade. Eles sabem disso: as limitações são enormes, mas a insistência em "O nosso" tem compensações notórias: é tema inesgotável de conversação, é vaidade que não requer explicações com as visitas e concede o prestígio íntimo sem o qual nem famílias, nem residências alcançam o grau de perfeição.
>
> São fortunas da Cidade do México, Guadalajara e Monterrey [...] e vale a pena deter-se em Monterrey. Ali uma burguesia antes considerada rústica ("os bárbaros do norte") se interessa pela arte não necessariamente como investimento, mas forçosamente como deleite estético. Talvez inicialmente alguém conjecture sobre um quadro maravilhoso e, na segunda ocasião, já está presente um *art-dealer*, muito bem relacionado e simpático, que recomenda e sugere, e algumas (mais que alguns) lhe fazem caso; em alguns anos, o Grupo Monterrey inteiro conhece as delícias e

os terrores da compra de objetos cujo lugar natural, cujo ecossistema, por assim dizer, é a casa-museu.

Ao contrário dos milionários da arte, Slim pode jactar-se de que não só é um colecionador tenaz, mas ele mesmo tem uma figura sua no Museo de Cera de la Ciudad de México, onde aparece ao lado de destacados líderes mundiais, de artistas, de cantores e de esportistas. A confecção da estátua levou quatro meses entre fotografia e modelagem, colocação de olhos de cristal do tom exato e de cabelo natural, aplicado fio a fio. O corpo tem as medidas exatas de Slim, que cedeu roupas pessoais, como um terno preto, uma camisa branca e uma gravata verde, para vestir a imagem. É a primeira vez que se faz uma escultura de cera de um homem de negócios mexicano como homenagem à sua trajetória e relevância mundial.

O artista plástico Agustín Portillo, que se dedicou a caricaturar as mais relevantes *socialites* enfeitando-lhes o rosto com "bolas", fez de Slim um de seus personagens, como também retratou o escritor Carlos Monsiváis, o cardeal Norberto Rivera, Margarita Zavala, María Asunción Aramburuzabala, Paulina Rubio e Gaby Vargas, entre outros. Na série América e México, Portillo combina o expressionismo com a arte pop e retrata pessoas famosas e da alta sociedade, mas de uma forma muito irreverente, deformando a imagem para ressaltar sua essência. A fama desse pintor transcendeu as fronteiras dos Estados Unidos e do México, e sua obra em geral se caracteriza pelo movimento, pelas cores, pelos elementos e pelas poses cujo objetivo é provocar reações no espectador. O artista também se encarregou de plasmar os personagens da realeza espanhola e britânica.

Outra das paixões de Carlos Slim são os livros. É um leitor tão voraz que na mala de seu carro sempre carrega livros. Entre os mais de quatrocentos volumes que enchem as estantes de seu escritório pessoal, sabe de memória cada título e em que lugar está.

Essa paixão pela leitura e pela história o levou a adquirir o Centro de Estudios de Historia de México Condumex (hoje Centro de Estudios de Historia de México Carso) que, desde 1992, faz parte do Grupo Carso, o qual deu continuidade e um novo impulso de difusão à obra.

A finalidade desse centro de estudos é adquirir, conservar, catalogar e difundir livros e arquivos referentes à história do México. O objetivo principal é facilitar o acesso a seu acervo de pesquisadores interessados em estudar e difundir a história nacional.

A biblioteca é formada por mais de 80 mil volumes especializados na história do México. Em primeiro lugar, a instituição resguarda com grande orgulho a coleção do vice-reino, uma das mais ricas em seu gênero: "incunábulos" americanos, crônicas religiosas e civis, legislação, alegações jurídicas, sermões, novenas, indulgências, biografias etc. A outra especialidade da biblioteca é constituída por livros do século XIX, a partir dos impressos em 1821 até a etapa do governo de Porfirio Díaz. A coleção de livros do século XX se refere, preferencialmente, a volumes da primeira metade desse século, tanto que os livros que têm mais de cinquenta anos, considerados pelas bibliotecas nacionais e estrangeiras obras raras, distinguem-se por serem a base e a preferência do Centro de Estudios. A hemeroteca compreende periódicos, jornais e revistas dos séculos XVIII e XIX. Encontramos lá desde o primeiro jornal mexicano até publicações muito raras do fim do século XIX.

O arquivo do Centro de Estudios é sumamente variado. Destacam-se entre os documentos mais antigos um assinado pela rainha Isabel, a Católica, datado em Valladolid em 1491, e a Ordenanza de Cristóbal Colón de 1493, única em seu tipo na América.

A coleção documental do arquivo está dividida em grupos identificados com números romanos. Cada um agrupa um conjunto de impressos, documentos manuscritos e fotografias. Os grupos apresentam uma ordem cronológica e vão desde 1941 até 2009, inclusive.

Abrangem a etapa do vice-reino, a Guerra de Independência, a proclamação de Agustín de lturbide como primeiro imperador, grande parte do governo de Porfirio Díaz e a Revolução Mexicana. Os grupos que são de caráter variado se separam pelas aquisições diversas; as coleções específicas de personagens protagonistas se referem, por exemplo, a Lucas Alamán, Enrique C. Creel, Porfirio Parra, Francisco León de la Barra, Venustiano Carranza, Pablo González, Manuel W. González, Félix Díaz, Federico González Garza, Luis Montes de Oca, Antonio Carrillo Flores, Luis Chávez Orozco, Juan Sánchez Azcona, Roberto Montenegro e às irmãs Guadalupe, María e Rosa Narváez Bautista. Em 1997, o Centro de Estudios adquiriu o importante arquivo de José Yves Limantour, secretário da Fazenda durante o regime de Porfirio Díaz. Além dos grupos documentais do arquivo, o centro resguarda também uma fototeca com distintas coleções, como a de José Mendoza, a de Federico González Garza, a de Pablo González, a do movimento Cristero Antonio Rius Facius e a de Dolores del Río; esta última reflete a vida cultural e artística do México por meio de uma de suas mais destacadas expoentes.

A construção que resguarda os inestimáveis acervos desse centro de estudos é uma antiga quinta que data de fins da época do vice-reino. Era conhecida antigamente como a quinta da Purísima Concepción. No século XIX, pertenceu ao advogado Eduardo Viñas, que mandou habilitar a casa como sede do noviciado e colégio dos religiosos carmelitas descalços, depois de promulgadas as Leyes de Reforma, na segunda metade do século. Posteriormente, a propriedade foi adquirida pelo jurisconsulto Jacinto Pallares, e em 1913 pertencia ao jurista Demetrio Sodi, ex-ministro da Justiça. Anos mais tarde, em 1937, a casa passou à família Tamm, que a vendeu ao grupo Condumex em 1978. A partir de então, passou a ser a sede do Centro de Estudios de Historia de México que Carlos Slim adquiriu em 1992, enriquecendo ainda mais o acervo histórico dessa instituição e modernizando o seu sistema de consulta. Os documentos foram catalogados e as guias de arquivo, algumas delas já publicadas em CD, permitem a localização rápida dos documentos. Dessa maneira, facilita-se a pesquisa. Há também três leitoras de microfilmes com serviço de fotocópia para a reprodução imediata de documentos e livros.

O espelho do rei Midas

A multiplicação dos pães

A fortuna de Carlos Slim cresceu mais rapidamente do que qualquer outra no mundo. Assim o considera o influente *The Wall Street Journal*, que seguiu de perto os passos do magnata mexicano. A mídia mais importantes do mundo o vê como o símbolo de uma nova era.

Não é nenhuma novidade o interesse mostrado pela imprensa internacional. O fato significativo não é que Carlos Slim seja o homem mais rico do México, mas que o México tenha estabelecido um império que abrange mais de uma vintena de países em vários continentes.

A expansão de seus negócios nas últimas décadas conferiu a Slim a imagem de um imperador pós-moderno. É poderoso: como homem de negócios é multifacetado e contundente na hora de expressar suas ideias. Na Europa, é visto como um "conquistador". Muitos o consideram o ideólogo dos empresários emergentes. Ele mesmo não sabe o número exato de suas empresas, porém o que está claro é que, depois de Petróleos Mexicanos – a principal indústria do país –, é ele quem paga mais impostos. Anualmente contribui com cerca de 10 bilhões de dólares para o fisco. Uma só empresa de seu vasto império, a Telmex, tem uma capitalização de mercado de mais de 15 bilhões de dólares e, com outras empresas, representa em torno de 30% da Bolsa Mexicana de Valores.

Quem admira Slim, vê nele o mago que tem o segredo para converter tudo o que toca em ouro, mas seus detratores insistem no fato de que seu império é produto de especulação. Para muitos, é pouco compreensível que, como filho de um imigrante libanês que se fez por conta própria, tenha se tornado dono de uma fortuna arquimilionária em um país que jamais foi considerado a terra das oportunidades.

Alguns trataram de descobrir o segredo do êxito do magnata. A explicação comum é que Slim foi "the right man in the right place": o homem certo no lugar certo.

Em junho de 1994, no ocaso do governo de Carlos Salinas de Gortari, Slim elaborou um documento com sua assinatura intitulado *Historia de Grupo Carso*, no qual conta a origem e a evolução de suas empresas. O magnata escreveu sobre a origem de seu império:

> Depois de conversar com minha família e com vários amigos, reuni e escrevi algumas notas sobre a história do Grupo Carso. O resultado me parece incipiente, apesar de atingir alguns dos objetivos almejados, como estabelecer seu desenvolvimento cronológico e dar a conhecer certos antecedentes pessoais e familiares. Mas, além da história, quero também dar a conhecer, em termos gerais, como opera e como evoluiu financeiramente, pois creio que esse exercício de memória individual e coletiva pode ser de interesse para meus filhos, amigos, familiares, colaboradores, assim como para empresários, jornalistas, investidores e estudantes.
>
> É minha intenção continuar posteriormente essas notas, para aprofundar e ampliar a história do grupo, combinando dados específicos com outros conceitos subjetivos que podem ser os princípios e as bases sobre os quais opera e se desenvolve Carso.

Slim conta, assim, que as bases de seu império surgiram em 1911, quando seu pai, Julián, com o irmão José, que era treze anos mais velho, estabeleceram uma sociedade mercantil batizada como *La Estrella de Oriente*, em homenagem a seu lugar de origem. Seu capital foi de 25 mil pesos, tendo cada um dos proprietários 50% das ações.

Lembra Slim:

> As razões de seu êxito comercial foram simples: vocação, talento e trabalho. Seus conselhos em questões profissionais, morais e de responsabilidade social eram muito claros.
>
> A gestação dos Grupos Inbursa e Carso se iniciou em 1965. Foi quando adquiri a engarrafadora Jarritos del Sur e comecei a constituir várias empresas, como a Bolsa Inversora Bursátil, a Inmobiliaria Carso, a Constructora Carso, a Promotora del Hogar, a S.S.G. Inmobiliaria, a Mina de Agregados Pétreos el Volcán, a Bienes Raíces Mexicanos e a Pedregales del Sur. Constituí a Inmobiliaria Carso em janeiro de 1966, três meses antes de contrair matrimônio, e o nome vem das primeiras letras de Carlos e Soumaya.

A Inmobiliaria Carso adquiriu algumas propriedades, como a da rua Guatemala 65, esquina com Correo Mayor, em 19 de agosto de 1970; Isabel la Católica esquina com Mesones, no dia 14 de novembro de 1970; Palmas 1730, no dia 16 de agosto de 1971; e numerosos terrenos no oeste e no sul da cidade. A compra destes últimos implicou negociações complexas: compreendiam cerca de cem terrenos e constituíam uma superfície superior a 1 milhão e meio de m^2. Para adquirir parte desses terrenos, a Inmobiliaria Carso hipotecou todas as suas propriedades produtivas a um juro anual de 11% e pagou o crédito e os juros com o fluxo da renda.

Em relação à área imobiliária, cabe assinalar que alguns terrenos ao sul da cidade, adquiridos nos primeiros anos de década de 1970, foram expropriados em 1989 para fins ecológicos, constituindo parte do cinturão verde da cidade. Esses terrenos foram liquidados só parcialmente e a um valor correspondente a 10% de seu valor comercial.

Flornamex, a empresa estabelecida em 1981 para o cultivo e a exportação de flores, mais tarde precisou fechar, por diversos erros e dificuldades.

O quadro da página seguinte mostra os primeiros investimentos de Carlos Slim.

DATA	EMPRESA OU INVESTIMENTO	%	INVESTIMENTO	DÓLARES	PASSIVO	RECUPERAÇÃO
1965	Jarritos del Sur	40	600.000	240.000	–	2.000.000
1970	Jarritos del Sur	40	800.000	320.000	–	–
1965	Inversora Bursátil	34	340.000	27.200	–	57.000.000
1967	Inversora Bursátil	66	660.000	52.000	–	(Dividendo dic. 82)
1965-69	Condominio del Bosque	100	3.400.000	272.000	2.400.000	7.000.000 (Venda 1967-69)
1966	Inmobiliaria Carso	100	3.000.000	240.000	–	–
1966	Constructora Carso	40	400.000	32.000	–	1.000.000 (1971)
1968	SSG Inmobiliaria	–	1.200.000	96.000	–	–
1969	Bienes Raíces Mexicanos	–	1.000.000	–	80.000	Expropriados em 1989, 3.5 milhões de dólares
1972	Pedregales del Sur	–	–	–	–	Expropriados em 1989, 1.81 milhões de dólares
1970-71	Imóveis	–	4.500.000	360.000	3.000.000	Pagto. do crédito com rendas
1969-73	Terrenos Expropriados e Poniente Sur	–	20.000.000	1.610.000	5.000.000	(os do sul) em 1989 aprox. 6 milhões de dólares
Junho 1976	Galas de México	60	10.000.000	800.000	–	–
1981	Cigatam	10	26.000.000 (aprox.)	1.050.000 (aprox.)	–	20.000.000 dividendos 82-84
Agosto 1981	Cigatam	39.60	214.000.000	8.620.000	–	54.000.000 (pago em dividendos)
Agosto 1982	Cigatam	5	39.000.000	260.000	–	350.000.000 dividendos 85-94
1982-83	Anderson Clayton	3.5	10.000.000	66.600	–	1.860.000 venda e dividendo
1982-83	Reynolds Aluminio	17	12.300.000	82.000	–	–
1982-83	Hulera El Centenario (Firestone)	23	23.800.000	158.600	–	–
Setembro 1983	Sanborns	4.27	161.500.000	1.076.000	–	–
Junho 1984	Sanborns	8.65	673.750.000	3.800.000	–	–
Junho 1985	Sanborns	33.57	7.210.000.000	22.270.000	–	–
1982-84	Moderna	40	860.000.000	4.456.000	–	35.000.000 à venda janeiro-85

Seguindo o princípio de "não atuar pensando que vai acontecer o que já aconteceu", Slim prossegue com a evolução empresarial de Carso e Inbursa.

Durante quatro anos – de 1981 a 1984 – fizemos numerosos e grandes investimentos e aquisições que incluíram a compra, em 1984, de participações de acionistas bancários, originadas na recompra que eles fazem dos importantes ativos bancários.

Em junho de 1976, adquirimos 60% de Galas de México por 10 milhões de pesos por meio de um aumento de capital dessa sociedade, e em 1980 constituímos formalmente a sociedade que é atualmente o Grupo Carso, com o objetivo de adquirir a Cigatam (Cigarrera La Tabacalera Mexicana). O Grupo Carso se constituiu então com o nome de Grupo Galas. Tendo comprado cerca de 10% da Cigatam por aproximadamente 30 milhões de pesos, durante 1981, em 11 de agosto adquirimos 39,6% adicionais da Cigatam por 214 milhões de pesos. A aquisição dessa empresa provou-se de enorme importância para o grupo, pois o considerável fluxo de ativos nos permitiu comprometer-nos com outros investimentos. Desde a incorporação da Cigatam ao Grupo Carso, aquela companhia se converteu em uma das empresas de custos de produção e operação mais baixos do mundo, e em alavanca e motor para o desenvolvimento do Grupo Carso. De abril de 1982 a dezembro de 1984, pagou ao grupo cerca de 20 milhões de dólares durante os 25 anos seguintes. Sua participação no mercado aumentou, nesse lapso, de 28% a 63%.

Nesses anos, e em virtude de que muitos grandes investidores nacionais e estrangeiros não queriam manter seus investimentos, foi viável adquirir várias empresas a preços muito abaixo de seu valor real, inclusive tornar algumas delas mexicanas, entre as que se destacam Reynolds Aluminio, Sanborns, Nacobre e suas subsidiárias. Posteriormente, transformamos em empresas mexicanas, patrimonial e operativamente, a Luxus, a Euzkadi, a General Tire, a Aluminio e 30% de Condumex. Outra forma em que transformamos algumas empresas em mexicanas foi vendê-las a outros empresários mexicanos, como foi o caso de Química Penwalt, em 1983, e La Moderna, em 1985.

Durante o segundo semestre de 1982 e 1983, o valor das empresas era ainda mais irracional do que o pessimismo das pessoas. Nesses anos, algumas empresas valiam menos do que 5% de seu valor nos livros.

Atualmente, várias empresas cotizam seu reavaliado capital contábil em mais de cinco vezes. Embora sejam produto do nosso entorno, essas duas situações não são alheias ao ambiente internacional. Com efeito, em princípios da década de 1980, a taxa de juros nos mercados internacionais foi superior a 20% e a inflação nos Estados Unidos foi de dois dígitos. No fim dos anos 1980, com uma inflação de 3% a 4%, a taxa de juros se reduz substancialmente a níveis de 2% (rendimento negativo em termos reais). Por esse motivo, são reavaliados os ativos fixos nos Estados Unidos e, quando o mercado acionário mexicano se converte em matéria de investimento dos grandes fundos de investimento americanos a partir de 1991, ocorre forte revalorização das empresas mexicanas (até mais de dez vezes), ao se aplicarem parâmetros estadunidenses para os investimentos (múltiplos, rendimentos, crescimento). Essa revalorização permitiu a várias empresas mexicanas se valer desses mercados para capitalizar-se de maneira importante e em condições favoráveis.

Valor de mercado de algumas empresas na Bolsa Mexicana de Valores

	DEZEMBRO 1982 EM MILHÕES		DEZEMBRO 1984 EM MILHÕES		JUNHO 1984 EM MILHÕES	MARÇO 1995 EM MILHÕES
	PESOS	DÓLARES	PESOS	DÓLARES	DÓLARES	DÓLARES
Anderson Clayton	281	1.9	9.312	47.8	123.0	58.3
Celanese	1.772	11.8	18.867	96.8	1.431.0	1.097.8
Cementos Mexicanos	3.900	26.0	20.750	106.4	7.820.0	2.391.4
Hulera El Centenario (Firestone)	109	0.7	2.772	14.2	—	—
Kimberly Clark	4.075	27.2	19.106	98.0	3.698.2	1.675.6
Loreto y Peña Pobre	212	1.4	692	3.6	150.0	70.6
Cía. Hulera Euzkadi	7.59	7.9	40.5	186.1	65.1	
Empresas La Moderna	724	4.8	13.716	70.3	2.870.0	1.297.5
Reynolds Aluminio	86	0.6	348	1.8	—	—
Sanborns	3.451	23.0	19.580	100.4	690.0	440.0
Segumex	—	—	8.520	43.7	980.0 (inclui divisão)	449.6 (inclui divisão)
Telmex	25.809	172.1	61.777	316.8	29.445.0	15.245.7

A década de 1980 marcou uma etapa importante na história do grupo. Foi quando se constituiu em um grupo de grandes empresas. Como todos nós recordamos, foi uma etapa crítica na história do país, na qual se perdeu a confiança no seu futuro. Então, enquanto os demais se recusavam a investir, nós decidimos fazê-lo. A razão dessa decisão do Grupo Carso foi uma mescla de confiança em nós mesmos, um crédito ao país e sentido comum. Qualquer análise racional e emocional nos dizia que fazer alguma outra coisa que não fosse investir no México seria uma barbaridade. Não é possível educar e formar nossos filhos adolescentes (ou de qualquer idade) com medo, desconfiança e comprando dólares. As condições daqueles anos me fizeram lembrar da decisão que meu pai tomou em março de 1914, quando em plena Revolução comprou de seu irmão 50% do negócio, pondo em risco todo o seu capital e o seu futuro.

Entre 1982 e 1984, fizemos diversos investimentos em várias empresas, como foi o caso de Hulera El Centenario com 23% e 3,5% da Anderson Clayton e 21,6% da Sanborns. No mesmo ano, adquirimos 17% da Reynolds Alumínio e importantes participações em diversas empresas.

Em 1984, concretizamos várias aquisições. Adquiriu-se o "pacote do Grupo 2" do Bancomer, em agosto de 1984, por 11.238 milhões de pesos (58 milhões de dólares), que compreendia 100% da Seguros de México, antes Seguros Bancomer, mais 30% da Anderson Clayton e vários outros importantes investimentos.

A aquisição se fez da seguinte maneira:

DATA	INVESTIMENTO	MONTANTE PESOS	MONTANTE DÓLARES	ADQUIRENTE	
Ago. 23, 1984	Anderson Clayton	2.800.0	14.5	Cigatam	
Ago. 28, 1984	Segumex	5.100.0	26.4	Inversora Bursátil	484.5
				Socios Mayoritarios	2.805.5
				Oferta Pública	1.810.0
Ago. 29-Set. 7, 1984	Carteira de Investimento	1.645.0	8.5	Segumex	
Ago. 29-Set. 7, 1984	Carteira de Investimento	200.0	1.0	Inversora Bursátil	
Ago. 29-Set. 7, 1984	Carteira de Investimento	948.0	4.9	Grupo Carso	
Ago. 29-Set. 7, 1984	Valores Vendidos no Mercado	545.0	2.8	Vários	
		11.238.0	58.1		5.100.0

Com essas aquisições, formamos o Grupo Financiero Inbursa, constituído pela casa de Bolsa Inversora Bursátil, Seguros de México e Fianzas La Guardiana. Em 1981, criamos o Fondo Inbursa que, em treze anos, teve um rendimento de aproximadamente 31% anual em dólares e no qual investimos o produto da venda do imóvel da Venustiano Carranza 118-120.

Em 1983, o capital contábil da Inversora era de 3 bilhões de pesos e havia pago 57 milhões de dividendos.

Em 1985, o Grupo Carso adquiriu o controle de Artes Gráficas Unidas, Loreto y Peña Pobre, Porcelanite, assim como a maior parte de Sanborns e de sua filial Denny's.

Em 1986, adquirimos a companhia Minera Frisco e Empresas Nacobre, assim como suas filiais, e mantivemos uma importante participação na Euzkadi.

Para fazer essas aquisições, vendemos várias participações minoritárias que havíamos adquirido anteriormente, sem interesses corporativos. Entre elas, destaca-se 40% de Empresas La Moderna, já mencionada.

Todas as empresas citadas antes constituem o Grupo Carso, das datas indicadas até 1986, não tendo adquirido a maioria de nenhuma outra empresa até 1992.

Nos estatutos do Grupo Carso, há cláusulas de exclusão para estrangeiros, razão pela qual não teve nem tem sócios desse tipo, com exceção, a partir de 1991, dos investidores que participam por meio do fideicomisso neutro de Nafinsa, com fins exclusivamente patrimoniais.

A partir de 18 de junho de 1990, fizemos do Grupo Carso uma empresa pública por meio da oferta primária de ações, à qual se seguiram fusões com outras empresas do grupo, um aumento de capital e outras duas ofertas públicas primárias internacionais. Antes da oferta de junho de 1990, a Carso era uma empresa privada com poucos sócios. Todos eles colaboravam no grupo, embora várias das empresas controladas fossem públicas e tivessem numerosos investidores.

No fim de 1990, o Grupo Carso, com Southwestern Bell, France Telecom e vários investidores mexicanos, ganhou a licitação para privatizar a Teléfonos de México. Adquiriram-se 5,17% da empresa mediante a compra de ações "AA" a um preço 20% superior ao do mercado de ações "A" e "L". Para fazer frente a esse importante pagamento, fizeram-se diversas ofertas públicas para financiar a aquisição, apesar da sólida estrutura financeira do grupo e das importantes empresas que o compõem. Essas empresas mantêm em permanente movimento os investimentos viáveis para elas, além da utilização dos recursos gerados pela operação de suas filiais, para conservar uma posição operativa e financeira saudável. A primeira oferta aconteceu em junho de 1990, depois de sua inscrição na Bolsa Mexicana de Valores: fizemos uma oferta pública primária por um montante equivalente a 100 milhões de dólares; uma emissão de obrigações quirografárias em junho de 1991 por 500 bilhões de pesos; e outras duas, por suas filiais, por 550 bilhões de pesos em maio e julho, para consolidar passivos. Fez-se uma segunda oferta pública primária de ações do Grupo Carso de 140 bilhões na Bolsa Mexicana de Valores e de 214 milhões de dólares nos mercados internacionais de capital. O investimento na compra da nossa participação na Telmex foi de 442,8 milhões de dólares, o de nossas ofertas públicas foi de cerca de 360 milhões de capital e 165 milhões de passivos, isto é, captamos por meio dessas ofertas 100 milhões de dólares a mais do que o investimento na Telmex. Cabe mencionar que nossos sócios mexicanos (inclusive a Segumex) adquiriram os outros 5% de ações "AA" da Telmex, apesar de se obrigarem a manter seu investimento a longo prazo, de pagá-la acima do preço de mercado e de comprarem ações de controle ("AA") que não podem vender.

Dada a importância da empresa, seu atraso e os enormes investimentos e transformações no setor em nível mundial, foi necessário estabelecer um agressivo plano de investimento para ela crescer e modernizar-se, lançar um programa acelerado de capacitação e iniciar um processo de mudança cultural e reconstrução da antiga rede exterior para melhorar o serviço. Também foi necessário realizar a dolorosa eliminação dos subsídios cruzados, incrementando fortemente o serviço local para reduzir o de longa distância.

Em fevereiro de 1993, e para continuar seus planos de desenvolvimento, o Grupo Carso fez uma terceira oferta pública de ações – também primária – por aproximadamente 352 milhões de dólares, com o objetivo de continuar sendo um grupo empresarial saudável e forte, capaz de competir com as poderosas empresas internacionais.

Após a aquisição das ações "AA" da Telmex, o grupo continuou sua política de reinvestir totalmente seus lucros, principalmente nos setores de construção, autopeças, bens de consumo, comunicações e comércio.

De 1992 até hoje, foram adquiridas as companhias estrangeiras Pirelli, Alcoa e Continental, as empresas Condumex, Aluminio e General Tire, das quais eram os sócios principais, com 30%, 48% e 99%, respectivamente, e que, nos dois últimos casos, tinham a seu cargo a operação. Com a Continental, mantemos um convênio de assistência técnica e de comercialização.

Apesar dos grandes lucros em quase três décadas de trabalho, tivemos numerosas dificuldades nesses 29 anos de atividade empresarial, desde problemas com marcas alheias (Jarritos, Hershey's, Reynolds, Goodrich, Sugus, Toblerone) que havíamos desenvolvido até expropriações de muitos imóveis (em 1989), abertura comercial e entrada ilegal de produtos, passando por licenças de operação negadas de uso do solo, invasões de terrenos, preços inviáveis de produtos mineiros, esgotamento de minas, problemas trabalhistas e com monopólios, dissociações (Constructora Carso, Minera Real Ángeles), mudanças inesperadas de assistência técnica, instalações obsoletas, operações que contaminam a água ou a consomem em excesso (Planta de Celulosa de Peña Pobre, Loreto, Euzkadi, no Distrito Federal) e maus negócios (Flornamex). Algumas negociações foram rápidas e cordiais, como a da Frisco e Condumex, outras longas e difíceis.

Embora todas as empresas impliquem um grande esforço individual e coletivo, tivemos desafios profissionais e financeiros muito difíceis, dos quais destacamos:

Do ponto de vista profissional, Galas e Telmex. A empresa Galas, ao ser adquirida, apresentava, em 1976, condições muito difíceis: greves, 17 mil clientes dos quais um só concentrava 25% das vendas (que se integrou pouco depois), numerosos produtos, equipamentos obsoletos, muitas dívidas, clientes irritados pela greve, fornecedores que não honravam os compromissos pela falta de pagamento, dívidas vencidas com bancos, financeiras e fornecedores, assim como convênios de impostos e de seguro social não cumpridos, além de dificuldades laborais e experiência industrial limitada. Quinze anos depois, em 1991, a Teléfonos de México, com grandes deficiências no serviço, equipamentos obsoletos, instalações exteriores deterioradas, grande demanda insatisfeita e subsídios cruzados de ajuste doloroso. Tudo isso com grandes repercussões na vida social e econômica do país.

Integrar o grupo mexicano mostrou-se uma tarefa difícil pelos montantes e prazos do investimento (de cinco a dez anos); foi especialmente árdua a negociação com nossos sócios tecnólogos, Southwestern Bell e France Telecom, embora, depois de chegarmos aos acordos, não tenhamos enfrentado problemas.

Não há dúvida de que quanto mais se discutem e se definem as condições de uma associação, menos problemas surgem depois. O investimento do Grupo Carso, embora muito grande, foi financiado com relativa facilidade por meio de obrigações quirografárias por 500 bilhões de pesos e de uma oferta pública privada por 307 bilhões de pesos, um aumento de capital de 500 bilhões e uma oferta pública primária internacional de 794 bilhões. Posteriormente, fizemos uma segunda oferta pública internacional por 1.094 bilhões, em janeiro de 1993.

Além da capitalização do Grupo Carso graças às três ofertas primárias, continuamos a reinvestir os lucros do grupo e a eliminar os investimentos de participações minoritárias, o que permite ao Grupo Carso ter finanças muito saudáveis para continuar seu desenvolvimento.

A seguir, temos um resumo da história empresarial do Grupo Carso e da Inbursa quatro décadas depois de haver estabelecido as primeiras bases desse império.

Empresas

Carlos Slim Helú levou mais da metade de sua vida para constituir o Grupo Carso. Embora já tenha deixado a maior parte dos conselhos de suas empresas, continua desempenhando as seguintes funções: dirige o Conselho de Administração da Impulsora del Desarrollo y el Empleo en América Latina (Ideal), Carso Infraestructura y Construcción (Cicsa), uma empresa do tamanho da ICA que Slim levou dois anos para desenvolver, enquanto a da concorrência levou meio século; preside a Fundación Telmex e a Fundación Carlos Slim. Atua como presidente do Comité Ejecutivo del Consejo Consultivo de Restauración del Centro Histórico e da Fundación del Centro Histórico.

Continua na atividade empresarial, embora seu esforço e sua atividade principal estejam concentrados na educação, na saúde e no emprego, no México e no resto da América Latina, por meio das fundações que preside e das empresas relacionadas no ramo da infraestrutura e, por causa disso, seus três filhos, Carlos, Marco Antonio e Patricio Slim Domit tomaram as rédeas dos negócios.

Seu estilo de direção é muito prático. Por exemplo, no Grupo Carso não há "staff" corporativo; cada empresa tem uma estrutura própria, pois o que se deseja é que a organização se torne mais eficaz.

Suas primeiras empresas foram fundadas em 1965, com a aquisição da engarrafadora Jarritos del Sur e a constituição de várias companhias, como a Casa de Bolsa Inversora Bursátil, Inmobiliaria Carso, Constructora Carso, Promotora del Hogar, S.S.G. Inmobiliaria, Mina de Agregados Pétreos el Volcán, Bienes Raíces Mexicanos e Pedregales del Sur, assim como uma empresa de compra-venda e aluguel de equipamentos de construção. A Inmobiliaria Carso se formou em janeiro de 1966.

No fim dos anos 1960, foram comprados numerosos terrenos na zona sul da Cidade do México, com uma extensão de cerca de 2 milhões de m^2, que foram expropriados em 1989.

Em junho de 1976, foi adquirida Galas de México. Em 1980, constituiu-se formalmente a sociedade que é atualmente o Grupo Carso, com o objetivo de adquirir a maioria acionária da Cigatam, sócia da Philip Morris, que tinha 29% das ações.

O início da década de 1980 marcou uma etapa importante na história do Grupo Carso, ao constituir-se em um grupo de grandes empresas. Foi uma etapa crítica na história do país, com a crise da dívida e a nacionalização dos bancos em 1982, ano em que Carso se propôs a investir de forma intensiva e ativa.

Entre 1981 e 1986, realizaram-se diversos investimentos e aquisições, entre as quais Cigatam é a primeira e mais importante, por seus fluxos de numerário e porque, em 25 anos, ganhou 1,5% de participação no mercado, em média, a cada ano, com forte concorrência. Outras empresas foram: Hulera El Centenario, com 23%, além de Bimex. Do mesmo modo, foram integradas, nesse período, a Reynolds Aluminio e a Aluminio, S.A.

Em agosto de 1984, concretizou-se a compra da Seguros de México e de 33% de um importante pacote acionário por 55 milhões de dólares. O Grupo Financiero Inbursa acabou integrado pela Casa de Bolsa Inversora Bursátil, Seguros de México e Fianzas La Guardiana.

Em 1985, o Grupo Carso adquiriu o controle de Artes Gráficas Unidas, Fábricas de Papel Loreto y Peña Pobre, assim como a maioria acionária da Sanborns, com sua filial Denny's.

Em 1986, foi adquirida a companhia Minera Frisco e as Empresas Nacobre, assim como suas filiais e o controle da empresa de pneus Euzkadi, líder do mercado. Posteriormente, em 1993, a maioria acionária da General Tire. Em 1991, adquire os Hoteles Calinda (hoje, Ostar Grupo Hotelero), dirigido por seu sobrinho, Roberto Slim Seade.

No fim dos anos 1990, o Grupo Carso, com a Southwestern Bell, a France Telecom e vários investidores mexicanos, ganhou a licitação para privatizar a Teléfonos de México. Quando o Grupo Carso comprou 5,8% da empresa, na privatização da Telmex, tinha 25 anos de uma bem-sucedida experiência empresarial; a Southwestern Bell adquiriu 5% e uma opção de outros 5%; a France Telecom, 5%; e um grupo de investidores mexicanos outros 4,6%. Desde 1981, com a Cigatam, todas as empresas do Grupo Carso têm sido públicas e sua história pode ser reconstituída por meio da informação pública.

O Grupo Carso vendeu várias empresas, parcial ou totalmente, como as de fabricação de papel *tissue*, as de pneus, vários hotéis, negócios de impressão e embalagens, parte da Cigatam, El Globo, Química Fluor y Porcelanite, entre outras. As empresas do Grupo geram atualmente mais de 220 mil empregos diretos.

O crescimento de Carso tem sido possível graças ao permanente reinvestimento do lucro de suas empresas para continuar produzindo bens e serviços, que ao mesmo tempo geram empregos para os mexicanos. O Grupo Carso orienta seu crescimento e seus investimentos para os setores mais dinâmicos, a médio e a longo prazo, mantendo flexibilidade e rapidez nas decisões.

O Grupo Carso é um órgão controlador mexicano que conta com uma capacidade demonstrada na administração de empresas que operam em mercados altamente competitivos, tanto no âmbito nacional como no internacional.

Telmex

Em 1990, o Grupo Carso e outros investidores mexicanos adquiriram 10,4% do capital social da empresa, associados com SBC – 5% e opção de outros 5% – e 5% da France Telecom. Desde 1990, a Telmex fomentou uma cultura de trabalho em que a capacitação, a modernização, a qualidade e o atendimento ao cliente são prioritários. Ao longo de dezenove anos, a Telmex desenvolveu uma plataforma tecnológica de classe mundial, que permitiu uma otimização de processos e o fortalecimento de uma cultura corporativa que se traduziu em melhoria em seus níveis de serviço e de atendimento.

Em 1991, a Telmex operava com equipamentos eletromecânicos, analógicos e outros, obsoletos para a operação, o transporte, as instalações externas e a manutenção, assim como registros manuais e uma rede de fibra óptica de

360 quilômetros. A Telmex se modernizou e hoje conta com uma rede de fibra óptica de mais de 110 mil quilômetros, instalada em todo o país.

A Telmex opera com a convicção de que toda a população tem acesso às telecomunicações, mesmo quando não se há margem de rentabilidade nem subsídios. A empresa conta com a rede do setor mais extensa do país.

A telefonia pública tem sido uma peça importante para facilitar o acesso da população em geral ao serviço, passando de 69.025 telefones públicos em dezembro de 1990 a mais de 715 mil em dezembro de 2007.

Desde sua privatização, a Telmex tem como objetivo antecipar e satisfazer todas as necessidades de telecomunicações de seus clientes, mediante uma oferta de produtos e serviços mais avançados, com os mais altos padrões de qualidade e com os melhores preços. A Telmex é a empresa líder de telecomunicações no México.

A Telmex é um conglomerado constituído pela Teléfonos de México e S.A.B. de C.V., suas empresas subsidiárias e associadas, que provê serviços de telecomunicações no México. Sua cobertura de serviços compreende, entre outras coisas, a operação da rede mais completa de telefonia básica local e de longa distância. Também oferece serviços tais como conectividade, acesso à internet, hospedagem e serviços de interconexão com outros operadores de telecomunicações.

Concorrência

A Telmex é a única empresa de telecomunicações no México que investiu no atendimento às necessidades de comunicação de todos os setores socioeconômicos da população, dando especial impulso à telefonia rural e à conexão com a internet em povoados de difícil acesso em todo o país.

No negócio de linhas fixas no México, a Telmex compete com operadores que estão concentrados principalmente nos segmentos A e B, de altas receitas. O compromisso da Telmex de prover serviços de telecomunicações propiciou-lhe a exclusividade das operações de telefonia fixa com presença nos lares dos segmentos socioeconômicos C, D, E e de pré-pago no país, com 100% do mercado.

A participação da Telmex no mercado geral (telefonia fixa e móvel) era de 19%, em junho de 2008.

COMPETIDORES

CONCESSIONÁRIOS ou PERMISSIONÁRIOS (maio de 2008)	TOTAL
Telefonia local	12
Telefonia de longa distância	15
Comercializadores de longa distância	10
Telefonia local a cabo	30
Telefonia pública	106
Provedores de ISP	443
Provedores de redes privadas	25
	641

Investimento

Desde sua privatização, a Telmex investiu mais de 30 bilhões de dólares somente no México, e os investimentos totais no setor de telecomunicações, entre 1990 e 2007, foram de 45.818 bilhões de dólares, isto é, o investimento da Telmex representou mais de 65% do total.

Durante esse período, 82% dos investimentos feitos em telefonia fixa foram provenientes da Telmex.

América Móvil

Em setembro de 2000, a Telmex realizou a divisão de seus negócios de celulares e da maior parte de seus investimentos internacionais para criar a nova empresa América Móvil.

A decisão dessa divisão considerou, entre outras, a vantagem de que fossem empresas independentes que pudessem competir e tivessem um enfoque de negócios e de flexibilidade financeira para fazer frente às estratégias diferentes da Telmex e da América Móvil.

Desde 7 de fevereiro de 2001, quando começaram a cotizar-se as ações da América Móvil nas bolsas do México, Nova York e Madri, a nova empresa se posicionou como a maior companhia celular da América Latina e uma das maiores do mundo.

Atualmente, a América Móvil está presente nos seguintes países: Argentina, Brasil, Chile, Colômbia, República Dominicana, Equador, El Salvador,

Guatemala, Honduras, Jamaica, Nicarágua, Paraguai, Peru, Porto Rico, Uruguai, Estados Unidos e México.

A América Móvil é um bom exemplo de criação de valor para os investidores. Foi pioneira na telefonia pré-paga a partir de 1996 e acelerou o desenvolvimento de um esquema no qual já estava trabalhando para faturar em tempo real o uso do serviço "Hot Bill", o que deu origem ao sistema pré-pago Amigo de Telcel, que surgiu em abril de 1996, solução que revolucionou o mercado mexicano, latino-americano e mundial.

A América Móvil é o provedor líder de serviços de telefonia sem fio na América Latina. Em junho de 2008, tinha 165,3 milhões de assinaturas de celular e 3,9 milhões de linhas fixas no continente americano.

Telmex Internacional

O ano de 2007 trouxe um acontecimento importante na história da Telmex. No dia 21 de dezembro, a Assembleia Geral de Acionistas aprovou a iniciativa estratégica de reorganizar a estrutura corporativa da Telmex em duas empresas independentes. A Telmex dividiu suas operações na América Latina, assim como os negócios da Secciõn Amarilla. Constituiu-se uma nova empresa denominada Telmex Internacional.

Com essa divisão, espera-se:

Dar a cada empresa, no México e no exterior, uma operação mais eficiente e sua dimensão adequada, de maneira que cada uma delas opere de forma autônoma, em seus âmbitos administrativo, comercial e financeiro.

Melhorar a posição competitiva de cada uma das empresas.

Dimensionar ainda mais a operação da Telmex no mercado mexicano das telecomunicações, tornando clara a diferença de suas operações nos mercados de média e alta renda, onde há concorrência, e os rurais e de baixa renda, onde não há concorrência.

A Telmex Internacional opera na Argentina, Brasil, Chile, Colômbia, Equador, Peru e Uruguai, oferecendo uma completa estrutura de apoio regional e local para responder, de maneira oportuna e eficiente, aos pedidos dos clientes. Também opera nos Estados Unidos e México por meio da Sessiõn Amarilla.

No dia 10 de junho de 2008, teve início a cotização da Telmex Internacional nas bolsas de Nova York, Madri e Cidade do México.

Ideal

O novo desafio é impulsionar o desenvolvimento da América Latina e o combate ao atraso por meio da formação e do desenvolvimento de capital humano e físico. A empresa Ideal (Impulsora del Desarrollo y el Empleo em América Latina) dedica-se principalmente ao desenvolvimento de capital físico, atuando em investimentos rentáveis, e as Fundações, apoiando a formação e o desenvolvimento de capital humano, sem fins lucrativos.

Hoje o Grupo se divide nas seguintes empresas controladoras:

A Carso Global Telecom tem a maioria das ações de controle da Telmex, que opera serviços de telecomunicações no México, e a Telmex Internacional, com presença, além do México, na Argentina, no Brasil, na Colômbia, no Chile, no Equador, nos Estados Unidos, no Peru e no Uruguai.

A América Móvil tem a maioria das ações de controle de América Móvil, provedor líder de serviços de telefonia sem fio na América Latina, com operações na Argentina, no Brasil, na Colômbia, no Chile, na República Dominicana, no Equador, em El Salvador, nos Estados Unidos, na Guatemala, em Honduras, na Jamaica, na Nicarágua, no Paraguai, no Peru, em Porto Rico, no Uruguai e no México.

O Grupo Carso tem operações nas áreas industrial, de serviços, comercial e de produção de bens de consumo, por meio das empresas Cicsa, Condumex, Nacobre, Frisco, Sears, Sanborns, Ostar Grupo Hotelero e Promotora Musical.

O Grupo Financiero Inbursa inclui: o Banco Inbursa, a Seguros Inbursa, a Casa de Bolsa Inversora Bursátil, a Afore Inbursa e a Operadora Inbursa, entre outras.

A Impulsora del Desarrollo y el Empleo de América Latina (Ideal) é uma empresa que se norteia pela identificação, estudo de exequibilidade, estruturação financeira, implementação e operação de projetos de infraestrutura de longo prazo, que não assume o risco da construção e está organizada para atender o capital físico e humano por meio do desenvolvimento de estradas, portos, geração e distribuição de energia, tratamento, coleta e distribuição de água, para mencionar alguns. Muitos desses projetos foram feitos pela Carso Infraestructura y Construcción.

O conquistador

Futurólogo da globalização

Se o autor inglês Daniel Defoe tivesse conhecido Carlos Slim, não teria escrito o romance *Robinson Crusoe*. Os ancestrais de Carlos Slim provêm da região do Oriente Médio conhecida como berço da civilização humana. Foi nessa região que fizeram as primeiras descobertas do "dinheiro metálico", entre 3000 e 2500 anos a.C., na Mesopotâmia. Na Suméria, antiga região da baixa Mesopotâmia, começou-se a utilizar legalmente lingotes de metais preciosos em substituição à cevada. Posteriormente, estendeu-se seu uso ao Egito e à Babilônia, no próprio Oriente Médio. Tempos depois, no século VII a.C., iniciou-se na Grécia a cunhagem de moedas para substituir o peso dos metais preciosos. O papel-moeda é uma invenção chinesa e temos conhecimento de sua existência desde o século IX. Antes da invenção da imprensa, o explorador veneziano Marco Polo ficou maravilhado ao descobrir que os mongóis haviam substituído o uso dos metais preciosos por papel. Em seu livro *As viagens de Marco Polo*, também conhecido como *O livro das maravilhas* ou *O livro do milhão*, escreveu que possivelmente haviam descoberto a pedra filosofal com essa invenção.

Assim como muitos se maravilharam com essas histórias, muitos mais em todo o mundo ficaram assombrados com a trajetória de Carlos Slim: alguns creem que esse moderno rei Midas seja bruxo ou mago, porque tudo o que toca se transforma em ouro.

O êxito de Slim nos negócios tem fascinado muita gente. Sua incursão em vários países causou agitação. Na última década, suas empresas investiram 60 bilhões de dólares em todo o mundo. É o grupo empresarial que fez mais investimentos no planeta nos últimos dez anos, segundo as cifras do Banco Mundial. Esses investimentos tiveram um efeito direto sobre a economia e os mercados internos do México e de outros dezesseis países. Tais recursos foram dirigidos a diversos ramos, como o das telecomunicações, ao conglomerado industrial e comercial do Grupo Carso, à construção de estradas, plataformas de petróleo e cabos submarinos, assim como ao lançamento do satélite Starone.

Jornalistas da América do Sul mostram-se fascinados com a fortuna do magnata mexicano. Os argentinos escreveram que com o dinheiro de Slim seria possível cobrir 14 vezes todo o território de seu país com notas de um dólar. Os chilenos foram mais além: com a fortuna pessoal de Slim, dizem eles, em notas de um dólar enfileiradas, poder-se-ia fazer trinta viagens de ida e volta à Lua.

O certo é que seu império se estendeu como um autêntico Big Bang.

Shakespeare escreveu que o dinheiro garante amigos e neutraliza inimigos. Slim tem muito claro em mente que seu dinheiro foi uma ferramenta de poder. O dinheiro lhe deu influência sobre uns e poder diante de outros.

Embora se diga que na política os empresários não têm direito de veto, Slim, como alguns de seus pares, fez valer sua voz para impor-se. Seu poder econômico lhe conferiu um halo muito especial. Muitos o veem como um guru das finanças, outros o julgam um líder empresarial midiático, que acredita que pode resolver tudo com dinheiro.

É desses personagens que só aparecem na mídia quando quer se fazer escutar ou influir em algum assunto. Há quem interprete essa atitude como um fato irrefutável: quando o dinheiro fala, costuma impor-se o silêncio.

No México, alguns empresários souberam aproveitar as lacunas legais do sistema financeiro e político para ampliar seus negócios. Slim sustenta que, no seu caso, isso é falso, embora durante o governo de Carlos Salinas de Gortari tenha sido acusado de beneficiar-se com o salinismo. Sempre negou sua vinculação com políticos, mas ele mesmo chegou a reconhecer que doou recursos para algumas campanhas presidenciais. Em todo caso, Slim fez uso discricionário de seu poder econômico conforme as regras do sistema.

Ele afirma ser capaz de nadar contra a corrente; diz que foi assim que construiu seu império. Na década de 1990, projetou-se como o homem mais rico do México e de toda a América Latina. Sustenta que "o melhor negócio para o empresário é que não exista pobreza". No entanto, foi criticado por ter feito fortuna em um país de pobres, em que 5% da população concentra mais de 60% da riqueza. Em sentido inverso, outros o admiram porque demonstrou que pôde criar um império começando pelo México.

Suas empresas ocupam o primeiro lugar entre aquelas que produzem mais lucros e ele encabeça a lista dos principais geradores de emprego (Telmex, Grupo Carso, América Móvil e Inbursa dão trabalho a 250 mil pessoas); seus ativos, com os dos cem principais empresários, equivalem a 60% do Produto

Interno Bruto; além disso, controla sozinho, com seu grupo empresarial, um pouco mais de 30% do mercado de valores e contribui para o fisco com mais de 10 bilhões de dólares por ano.

Quando já se perfilava como um dos homens mais ricos do planeta, a revista *Time*, em seu relatório empresarial global de 1997, incluiu Slim e a empresária brasileira Maria Silvia Bastos Marques como os únicos latino-americanos entre a dúzia de "jogadores-chave" da globalização no mundo dos negócios. Em numerosas ocasiões, a *Time* elogiou Slim por sua decisão de não "amarelar" diante das grandes corporações estadunidenses e de desafiar as enormes empresas de comunicação dos Estados Unidos, como a AT&T e a MCI em seu próprio campo.

Desde que apareceu na lista internacional da revista *Forbes*, Slim se manteve no grupo dos ricos mais ricos do mundo; sua fortuna foi estimada, em 2001, em 10.800 milhões de dólares e alcançou o topo da lista da *Forbes* quando lhe atribuíram ao redor de 60 bilhões de dólares em 2007, e essa revista o manteve nos três primeiros lugares dos *top ten* dos mais ricos do planeta, até considerá-lo em 2010 o homem mais rico do mundo.

Em novembro de 1999, Slim encabeçou a lista dos vinte homens mexicanos do século XX, mediante uma consulta do jornal *Reforma* entre dirigentes empresariais, assessores econômicos, acadêmicos e jornalistas especializados em economia e negócios. Os especialistas colocaram o magnata de ascendência libanesa acima de personagens como o secretário da Fazenda de Porfirio Díaz, José Yves Limantour; Manuel Espinosa Iglesias, fundador do Bancomer; Emilio Azcárraga Vidaurreta, fundador da rádio e da televisão mexicanas; Manuel Gómez Morin, diretor do Banco de México, fundador e ideólogo do Partido Ação Nacional e reitor da Unam; Alberto J. Pani, fundador do Banco de México; Rodrigo Gómez, banqueiro que foi diretor-adjunto do Fundo Monetário Internacional e diretor do Banco de México; Eugenio Garza Sada, proeminente empresário de Monterrey, fundador do Tecnológico de Monterrey; Jesús Silva Herzog, economista e historiador, fundador da Escuela Nacional de Economía e profesor-emérito da Unam; e de outros, como o banqueiro Antonio Ortiz Mena, artífice do chamado "milagre mexicano" ou desenvolvimento estabilizador.

Ao contrário da *Forbes*, que chamou Carlos Slim de Conquistador por seu crescente império empresarial, a *BusinessWeek* – influente revista de negócios de Wall Street – fez um retrato crítico desse homem que situou na "plutocracia protegida" pelo governo do presidente Salinas, a quem, por sua vez, indicaram como o responsável por colocar nas mãos do magnata uma autêntica "mina de ouro" ao adjudicar-lhe a propriedade de 5,16% da Teléfonos de México e seu controle operacional.

Os editores da *BusinessWeek* referiram-se às recompensas de Salinas a seus supostos amigos:

> Rumores e relatos de favorecimentos em razão de amizades rondam todo o processo de privatização. Em resposta, o governo faz o impossível para criar uma impressão de imparcialidade. Por exemplo, na reunião de gabinete que decidiu quem seriam os novos donos da Telmex, os três candidatos foram nomeados A, B e C. Mas todos sabiam quem era quem [...]

Slim aproveitou o *boom* do mercado de valores nos anos 1980 e multiplicou sua fortuna nos anos 1990. Adquiriu 6% das ações da Televisa – a principal rede de televisão em espanhol do mundo –, investiu em empresas de telecomunicações na América do Sul e nos Estados Unidos e consolidou seu império, que tem interesse em telecomunicações, indústria mineira e setor financeiro.

Homem de mente fria e calculista, sem afãs excessivos, Slim é considerado uma personalidade carismática entre os homens ligados ao poder e ao dinheiro. Ele simplesmente se transformou em um moderno rei Midas graças ao seu olfato para saber onde há dinheiro.

Associado com Bill Gates, o homem mais rico do mundo, Slim tem a seu lado nos negócios dois dos mais reconhecidos futurólogos: Alvin Toffler e Nicholas Negroponte.

Autor de *As mudanças do poder* e de outras obras como *O choque do futuro* e *A terceira onda*, Toffler começou a considerar hipóteses, nos anos 1980, que nenhum acadêmico se atreveria a anunciar e que homens com um sentido do futuro como Carlos Slim souberam decifrar.

Toffler adota como eixo de sua dissertação o conhecimento sobre o conhecimento e a informação sobre a informação – a linguagem supersimbólica, como ele mesmo a chama – e desenvolve a tese segundo a qual efetivamente se estão criando economias para a mudança, com grande capacidade de adaptação e geração de novidades, substituindo uma economia em franca desintegração, a das chaminés, por outra em plena construção, a dos chips.

Para os empresários futurólogos como Slim, as formas de fazer riqueza são totalmente dependentes da comunicação e divulgação de dados, ideias, símbolos e simbolismos. Embora se requeira inteligência social e política para evitar que nessa economia supersimbólica se monopolize o crescimento e para que se socialize, democratize e gere bem-estar e novas formas de vida.

O manejo dessas altas tecnologias faz que os processos produtivos sejam adotados por pequenas empresas, mais flexíveis e ágeis.

No terreno da produção, o interesse por diminuir os inventários e os custos financeiros, de seguro e de armazenamento, empurrou os fornecedores a responder "just in time", a inventar cada vez mais rapidamente, mesmo que o produto final mude em dois ou três meses.

A organização em uma empresa muda devido à constante aprendizagem, desaprendizagem e reaprendizagem, em um ambiente no qual inclusive a espionagem muda e o consumidor é o mais valioso informante dos estilos de vida preferidos e, por isso mesmo, o retroalimentador das cadeias produtivas e de mercado.

Nessa revolução geradora de uma nova economia e nova política é que se reconhece o valor das ideias.

No século XXI, as fontes econômicas e de poder são: produção de novos bens e serviços, pesquisa científica e tecnológica, formação de recursos humanos, software especializado, comunicações avançadas, organização por especialidades e flexibilidade, finanças eletrônicas, conhecimento e informação.

A fusão dos meios de informação tem sido uma característica dos últimos anos. A ubiquidade, como a interação com o telespectador, é o dom desses meios. A conexão do computador pessoal ao telefone ou à televisão é uma novidade de grande potencial.

Essa nova sociedade heterogênea e orientada à inovação defende, em surpreendente aliança de intelectuais com gerentes e de comunicadores com industriais, a liberdade de expressão: essa coalizão de interesses garante o progresso intelectual e econômico da nova era.

Para responder com previsão a esses desafios, Slim recorreu à assessoria dos futurólogos.

Em *O choque do futuro*, Toffler analisa o processo de mudança, a forma pela qual esta afeta as pessoas e as organizações. *A terceira onda* centra-se nas orientações de tal mudança. E em *As mudanças do poder* aborda-se o controle das transformações que hão de vir: quem lhes dará forma e como.

Seu argumento principal é o de que a humanidade encontra-se diante de uma mudança social muito profunda. O ser humano tem diante de si um futuro que se apresenta de forma cada vez mais acelerada e para o qual nem suas instituições nem ele mesmo encontram-se suficientemente preparados. Nas páginas de *O choque do futuro*, Toffler explora sistematicamente os efeitos da aceleração da mudança que vem afetando a humanidade desde o fim do segundo milênio. O problema principal sobre o qual ele se detém não é só o processo de mudança em si mesmo, mas a aceleração dessa mudança, que desestrutura o indivíduo e é de difícil assimilação.

Para Slim, o futuro que virá já está aqui. A globalização não é uma alternativa, é uma realidade, e são as comunicações que globalizam. O magnata também se acercou de Nicholas Negroponte, arquiteto e professor de tecnologia de mídia que fundou, em 1985, o Media Lab do Instituto Tecnológico de Massachusetts.

Walter Bender, diretor do Media Lab, trabalha em um projeto para o Grupo Carso cujos objetivos básicos são a investigação e o desenvolvimento de novas tecnologias da informação adequadas para a América Latina, assim como a formação de especialistas para o desenvolvimento e a transferência de conhecimentos digitais.

Nesse contexto, Slim e Bill Gates associaram-se para dar início a um programa de telecomunicações em espanhol por meio da Tlmsn (hoje Prodigy) e dominar o mercado da América Latina, só como o começo de um império que já se estende à Europa e aos Estados Unidos.

Toffler é uma celebridade mundial. Inspirou, inclusive, o polêmico ator inglês Orson Welles a animar um filme baseado em seu livro *O choque do futuro*. Toffler foi um famoso jornalista que exerceu o cargo de correspondente na Casa Branca. Também foi lutador e promotor dos direitos civis, descobriu o marxismo e exerceu a função de operário industrial, destacando-se como um aguerrido ativista político e convertendo-se depois em um respeitável ensaísta sobre temas sociais e tecnológicos.

Autor de uma vasta obra sobre os processos de mudança da humanidade, não economizou elogios a Slim, como demonstra um texto que publicou na revista *Time*, no qual se referiu assim ao engenheiro Carlos Slim:

> Não é necessário convencer ninguém da habilidade de Carlos Slim para os negócios. Mas o que poucos conhecem dele são seus interesses

intelectuais, que vão desde as origens de nosso planeta até a literatura contemporânea. Compartilhando um jantar com ele, minha esposa Heidi e eu também nos vimos diante de alguns escritores, como Gabriel García Márquez e Carlos Fuentes. Conversamos com Slim sobre nosso mais recente livro, a respeito do futuro da indústria da telefonia celular e do papel das remessas de lucro na economia mexicana.

Um dia, durante uma visita de fim de semana à sua casa de praia, Heidi se levantou muito cedo e foi à cozinha tomar um café. Carlos já estava à mesa, lendo o que parecia ser um caderno escolar. "Estou escrevendo há duas horas", disse a Heidi. "Gosto de ficar na cama, pensando e escrevendo no meu caderno." Havia plasmado algumas ideias para remodelar um bairro muito pobre da Cidade do México, onde se incluirão casas de interesse social, escolas e um hospital público. O que ninguém sabe é que Carlos contribui para ajudar crianças que precisam de cirurgias especializadas, jovens que procuram melhorar sua educação e adultos do México que estão detidos ou presos por não pagar uma dívida.

Apesar de ter sido muito criticado por seu patrimônio, Carlos é um homem de caráter simples. Até um supermilionário pode honrar e amar sua esposa, tratar as mulheres com respeito, tentar ampliar os interesses intelectuais e apoiar a sociedade de uma maneira propriamente discreta.

A visão de Carlos Slim sobre o tema dos desafios da América Latina no processo de uma nova civilização foi exposta em 2007, em um seminário em Punta del Este, no Uruguai, no qual abordou o papel dos empresários. Este é o texto apresentado por Slim:

Queria oferecer, nesta oportunidade, algumas ideias que podem definir o presente e dar-nos certos sinais para o futuro. E também, talvez, para entender as crises tão intensas que vivemos no século XX e às que assistiremos no século XXI.

Como todos nós sabemos, há 10 mil anos acabou a glaciação e iniciou-se a civilização. As primeiras sociedades são agrícolas, com paradigmas muito claros. Algumas delas continuam até nossos dias, mas em geral foram substituídas, no século XIX, principalmente por sociedades industriais, nos países hoje avançados. Nos últimos cinquenta anos, estas se transformaram em sociedades tecnológicas, sociedades do conhecimento, sociedades digitais. Para simplificar, podemos dizer que a agrícola era uma sociedade primária, a industrial uma secundária e a de serviços ou tecnológica, uma sociedade terciária.

Nela, a maior parte da população dedica-se aos serviços, o que gera uma mudança importante na sociedade como um todo. Obviamente essa nova sociedade tem paradigmas muito diferentes daqueles da sociedade agrícola.

O avanço tecnológico, sem dúvida, provoca essa mudança, refletindo em uma modificação na produtividade, que transforma totalmente a sociedade ao simplificar a produção de bens e serviços, sobretudo a de bens.

A sociedade agrícola termina no século XVIII, quando aparece o motor a vapor. As manifestações mais significativas da mudança se dão no transporte (a locomotiva, a navegação) e na maquinaria, tanto industrial quanto de construção pesada (guindastes, tratores), que aumentam a produtividade e vão transformando rapidamente a sociedade. Essa é a primeira etapa da sociedade industrial.

Uma segunda etapa começa no fim do século XIX e princípios do século XX, que vem com a combustão interna e a eletricidade. Essa é a modernização da sociedade industrial, que ocorre no século XX e que a transforma totalmente.

Se observarmos as sociedades agrícolas, vemos claramente que têm características e paradigmas muito diferentes das sociedades modernas, entre os quais podemos mencionar a pouca mobilidade social e a divisão de classes. A autoridade é monolítica e o poder político está integrado ao poder religioso, ao poder econômico e militar. Não é casual que o faraó egípcio descenda da divindade: o tlatoani mexicano descende da divindade, o imperador japonês também.

Isso também acontece nas colônias. A imobilidade social obedecia à necessidade de ter gente trabalhando em áreas nas quais isso era necessário, ou de poder implementar leis, éditos ou decisões dos monarcas. Para isso, existia a escravidão: os servos eram inerentes à sociedade agrícola.

Essa também é uma sociedade na qual a economia é, em geral, de soma zero. Procura-se que trabalhem muito, produzam o máximo possível e consumam o menos possível. A imprensa, portanto, teve efeitos limitados porque as pessoas não sabiam ler.

Creio que até o fim do século XVII e talvez bem avançado o século XIX, poucos eram os que sabiam ler e escrever. Dentro das características dessa sociedade, eram importantes as terras, os servos, os tributos e as guerras de conquista. Era importante a fortaleza militar para defender-se ou para conquistar. É curioso, mas essa situação, que tem essas grandes desvantagens, ajudava etnicamente a existência de uma relação entre pessoas muito distantes, pois como vocês sabem, há cem, duzentos anos as pessoas nasciam, viviam e morriam no mesmo lugar.

Houve grandes transformações durante esse período: avanços tecnológicos importantes (desde o moinho de vento, o arado, a roda, que se usa de maneira importante, exceto na América, onde não há animais de tração). Descobre-se o bronze, logo em seguida o aço, grandes mudanças tecnológicas. Naquela época, a parte empresarial era sumamente limitada e concentrava-se na formação de certas burguesias, geralmente ligadas ao comércio.

Naquela época também, milhares de anos atrás, inicia-se a globalização em toda a região do Mediterrâneo, com a navegação. Naquele momento, o que provocava a globalização eram as comunicações (hoje em dia são as telecomunicações). Os fenícios globalizam todo o Mediterrâneo, não só com a atividade comercial, mas também com uma mudança cultural. As atividades empresariais são limitadas, a força econômica está concentrada, há atividades comerciais importantes (a rota da seda, por exemplo, e o comércio mediterrâneo) e, é claro, o começo dos bancos e de outro tipo de atividades econômicas. Porém, o poder era monolítico e procurava-se o poder por meio da conquista, do saque, de fazer escravos, ganhar territórios e exigir tributos.

A soberania depois se define com certas características que hoje são diferentes. O que antes eram guerras militares agora são guerras econômicas, luta por mercados. De certa forma, como foi mencionado aqui, os exércitos modernos são as empresas transnacionais, as atividades econômicas dos países. A soberania atual, portanto, é basicamente cultura e mercado.

Isso provocou muitas mudanças. A sociedade industrial já tem outros paradigmas.

Na sociedade industrial moderna do século XX, avança-se muito na produtividade e na tecnologia. A grande transformação vem também nesse século XX, com essa nova sociedade do conhecimento que se chama sociedade de serviços. Especialmente quando essa sociedade se globaliza, se integra como resultado de haver mudado do cavalo e do barco à vela, ou do trem e do barco a vapor, para a velocidade do som e da luz, que são as que fazem nosso mundo menor e o integram de maneira importante. Mas também são distintos os paradigmas dessa nova civilização, que começam a se manifestar desde o século XVIII, com a Revolução Francesa. No século XIX, acentuam-se mais e, no século XX, estão claramente estabelecidos.

Mas quais são os paradigmas dessa nova civilização? Essa nova civilização é o resultado de uma mudança radical, na qual as pessoas não se dedicam mais a produzir bens primários, nem sequer secundários, mas terciários. De fato, penso que é a mudança de relação dos termos de intercâmbio. Enquanto na sociedade industrial se reduzem os termos de intercâmbio dos produtos primários, nessa sociedade se reduzem os termos de intercâmbio dos produtos industriais. No entanto, os produtos primários começam a ter melhoras pelo aumento da população que passa a entrar na economia moderna, ao mesmo tempo que sai do autoconsumo. É o caso da China, principalmente, e o da Ásia em geral, o da Índia de maneira importante, e um pouco menos, e esperemos que logo o seja de forma significativa, por meio da incorporação dessa população marginalizada à economia moderna, da América Latina.

Penso que esses novos paradigmas estão bem claros e fazem referência à democracia, à divisão de poderes, à liberdade, aos direitos humanos, ao meio ambiente, à pluralidade, à diversidade e, na economia, fazem referência a conceitos como concorrência, produtividade, inovação, tecnologia. Na minha opinião, a globalização é simplesmente uma característica dessa nova sociedade, não é a mudança, não é o paradigma.

Eu discordo um pouco do que disse Enrique Iglesias: que devemos abrir-nos completamente.

Creio que é preciso abrir-se inteligentemente, como fez a China. Como está fazendo o Brasil. Mas cada país é diferente: um país de 2 milhões de habitantes tem de ser muito aberto; um país de 100 milhões pode ser muito fechado sem perder as vantagens da abertura, da globalização e da tecnologia.

Foi triste que as mudanças civilizadoras não tenham sido bem conduzidas pelos governantes, pelos políticos e por todos nós.

Hoje é fundamental a educação. A educação de qualidade, média e superior. Nisso estamos atrasados, temos de dedicar-nos a trabalhar nisso o quanto antes.

O século XX representou uma transformação da sociedade, na qual o temor à mudança, o desconhecimento dela, o não saber como conduzi-

-la provocaram tanto crises quanto guerras mundiais e talvez, tão graves como as guerras mundiais, experimentos sociais, políticos e econômicos que levaram, durante anos, muitas centenas de milhões de pessoas a viver em condições deploráveis de todo tipo, seja por falta de liberdade, por pobreza ou por falta de possibilidades para progredir na vida.

Mas essa nova civilização, ao contrário da agrícola, que era de soma zero, se desenvolve e se sustenta no bem-estar de todos. Significa que todos nós estamos interessados em que os demais estejam bem, em que os demais façam parte da economia, do mercado, que tenham tempo, que tenham capacidade de comprar serviços, bens etc. Por isso, o melhor investimento é combater a pobreza. Não se trata só de um problema ético, de um problema moral, já não se trata apenas de um problema de justiça social. É uma necessidade econômica. Os países desenvolvidos o fizeram porque incorporaram sua população a atividades com melhores remunerações, com maior capacidade de compra.

Creio não ter muitas dúvidas de que a pobreza foi atacada de maneira equivocada. Na sociedade agrícola, sim, eram razoáveis a caridade, as doações, o cuidar da saúde.

Também agora ajudam um pouco a caridade, a assistência social, os planos sociais, mas a pobreza só se reduz com saúde, educação e emprego. A solução para a pobreza não será a caridade, nem a assistência, nem alimentos gratuitos. A educação e a saúde são muito importantes e deverão ser de qualidade e de caráter público para que as pessoas possam ter essa formação e adquirir uma grande mobilidade social, que é um dos paradigmas dessa nova sociedade.

Então, o que se necessita, sem dúvida, é de saúde, educação e emprego. O governo pode criar muitos postos burocráticos, talvez ter exércitos grandes, pode tentar fazer programas agressivos, um ordenamento social. Mas, afinal de contas, a solução é o emprego, e os empregos são oferecidos pelos empregadores, e esses normalmente são empresários. E, sem dúvida, quem oferece mais empregos são os pequenos e médios empresários, e as empresas de mão de obra intensiva. É muito importante que o governo crie um clima adequado para o desenvolvimento empresarial. Assim como se diminuiu a mortalidade infantil, é necessário diminuir a mortalidade empresarial, sobretudo das empresas muito pequenas. Isso se consegue com pouca regulação, desregulando, evitando que lhes imponham obstáculos para que se desenvolvam e facilitando recursos financeiros para que possam desenvolver-se.

Acho que o provérbio chinês "Não dê um peixe, ensine a pescar" também ficou obsoleto. Ensinar-lhes a pescar vai mantê-los presos ao autoconsumo, eles vão comer peixe a vida inteira. É preciso ensinar a comercializar esse peixe.

Essas são as mudanças fundamentais. Quando uma população nascia, vivia e morria no mesmo lugar, estava certo o autoconsumo. Hoje tudo isso mudou de maneira fundamental.

Queria terminar fazendo ver que o papel do empresário atual vai além do investimento, do reinvestimento, da atividade empresarial tradicional, do pagamento de impostos, da capacitação de pessoal. E também que o papel do empresário é diferente do papel da empresa.

Nós, os empresários, devemos mudar, além das características tradicionais, nossas atividades de responsabilidade empresarial, atividade social que contribua para reduzir os atrasos. Houve, em outros países, políticos ciumentos que não gostaram muito que nós, os empresários, nos aproximássemos e nos metêssemos nesses campos. Creio que isso é coisa do passado. Nos últimos anos, vi uma abertura maior para que a sociedade civil participe. E a atividade dos empresários é muito importante. Acho que a atividade que desenvolvemos em nossas empresas de administração de recursos, de eficácia, de fazer com um peso o que os outros fazem com dois, de liderança nas organizações, de visão a longo prazo, conhecimento, estratégia, capacidade de operar as coisas, todas essas características empresariais são muito importantes para que enfrentemos os atrasos, esses atrasos que se dão principalmente na geração de empregos, na educação e na saúde.

Os atrasos são oportunidade de investimento, de emprego e de crescimento. Não é preciso reinventar a roda: basta ver o que fizeram os países desenvolvidos, e eles fizeram isso, ter atividade econômica, criar capital humano, criar capital físico. O desenvolvimento e a formação do capital humano e físico são fundamentais para qualquer país, até mesmo nas sociedades agrícolas. Não há país desenvolvido que não tenha tido grandes construções, infraestrutura, formação de capital humano, mesmo que fosse para a guerra ou para alguma outra atividade que não fosse importante.

Da mesma forma, precisamos fazer o que já fizeram outros: é o que se fez na China, na Índia. É notável, embora dê um pouco de inveja da boa, já que a América Latina levou 25 anos desde a crise de 1982 com modelos para pagar, modelos limitados, uma macroeconomia que está muito bem, mas que não é o caminho. David Ibarra o chama "estancamento estabilizador". Necessitamos de outra coisa: planos de desenvolvimento, atividade econômica e, como diz Felipe González, não confundir instrumentos com objetivos.

O objetivo não é a macroeconomia equilibrada, não é o déficit fiscal; estes são instrumentos, são condições necessárias, mas não suficientes. O que precisamos ter claro é quais são os objetivos. Vimos nos últimos vinte anos o melhor exemplo, que é a Espanha. Sob o mandato do presidente Felipe González e depois dele, a renda *per capita* passou de 4.500 dólares para mais de 30 mil dólares. E isso se deu em uma só geração; não foi necessário sacrificar uma geração em prol da outra. Ao contrário, não é à base de sacrifícios, é à base de incorporar a maior parte da população à sociedade moderna, ao bem-estar, à economia, ao emprego de alto nível. Como está fazendo a China, com a inclusão de 30 a 40 milhões de pessoas por ano.

Creio que a China já incorporou a multidão crítica; já está educando sua população e já tem alta tecnologia, que é muito importante. Em nossos países, o México cresceu 6,2%, durante cinquenta anos seguidos, porque de uma sociedade agrícola e rural transformou-se em uma sociedade industrial e urbana. Hoje, a China está passando de uma sociedade agrícola muito primitiva e rural, de mil anos, a uma sociedade não só industrial e urbana, mas também a uma sociedade de alta tecnologia, uma sociedade do conhecimento, uma sociedade industrial altamente modernizada, avançada, em um processo acelerado. E enquanto nós crescíamos cinquenta anos a 6,2% naqueles anos, eles levam 25 anos crescendo 10%. Isso têm feito os chineses, o fizeram em Cingapura, o fizeram e continuam fazendo os coreanos. E o fizeram na reconstrução os alemães e os japoneses; e o está fazendo a Europa central. E o fez a Espanha. Nós, na América Latina, precisamos fazê-lo.

Muito distante da experiência dos chineses, o México cada vez mais se mostra incapaz de dar o salto para sair do subdesenvolvimento. No início de novembro de 2009, em uma cúpula de negócios em Monterrey, Carlos Slim, como sempre ocorre, atraiu os refletores da mídia diante da falta de explicação das autoridades sobre a profundidade da crise mexicana. Sem rodeios, o magnata foi muito concreto: "Nós, governo e empresários, temos de investir mais, pois o México deixou passar quatro oportunidades claras para sair do subdesenvolvimento".

A primeira foi na década de 1970, com o aumento do preço do petróleo; a segunda, no fim de 1989, quando se reabriu o crédito externo e foi possível recorrer aos mercados de capitais e de dinheiro. A terceira oportunidade que se deixou passar foi a do dinamismo das economias mundiais, no fim dos anos 1990; e a quarta, quando a cotização do petróleo chegou a quase 150 dólares, depois da crise de 2000, pois a partir de 2003 as economias reiniciaram sua expansão, melhorando os termos de intercâmbio dos países em desenvolvimento, e foi quando o petróleo subiu de preço de maneira espetacular.

O *smart money*

Carso, *kit* para armar

Com a chegada dos tecnocratas ao poder na década de 1980, o país ficou pequeno para os empresários. Os barões do dinheiro imitavam os personagens do livro *Gog*, de Giovanni Papini.

Nessa obra, o escritor florentino, também autor de *Don Quijote do engano*, escreveu:

> Este mês comprei uma república. Capricho caro que não terá imitadores. Era um desejo que tinha desde muito tempo e quis livrar-me dele. Imaginava que ser o dono de um país era bom.
>
> A oportunidade era boa e o assunto ficou combinado em poucos dias. O presidente estava com água até o pescoço: seu ministério, composto de clientes seus, era um perigo. Os cofres da República encontravam-se vazios; criar novos impostos teria sido o sinal de desabamento de todo o clã que se encontrava no poder, talvez de uma revolução. Já havia um general que armava bandos regulares e oferecia cargos e empregos aos primeiros que chegavam.
>
> Um agente norte-americano que se achava no local me avisou. O ministro do Interior correu para Nova York; em quatro dias, nos pusemos de acordo. Antecipei alguns milhões de dólares à República e além disso atribui ao presidente e a todos os ministros e secretários o dobro dos salários que recebiam do Estado. Deram em garantia, sem que o povo saiba, as alfândegas e os monopólios.
>
> Não sou mais do que o rei incógnito de uma pequena República em desordem, mas a facilidade com que consegui dominá-la e o evidente interesse de todos os iniciados em manter o segredo me fazem pensar que outras nações, talvez mais vastas e importantes do que a minha República, vivem, sem dar-se conta, sob uma dependência análoga de soberanos estrangeiros. Sendo necessário mais dinheiro para sua aquisição, tratar-se-á, em vez de

um único dono, como no meu caso, de um *trust*, de um sindicato de negócios, de um grupo reduzido de capitalistas ou banqueiros.

Mas tenho firmes suspeitas de que outros países são governados por pequenos comitês de reis invisíveis, conhecidos somente por seus homens de confiança, que continuam recitando com naturalidade o papel dos chefes legítimos.

Sentinela da nação, o jornalista Manuel Buendía, em sua coluna *Red Privada*, escreveu em 28 de maio de 1984 – dois dias antes de ser assassinado – sobre a criação de uma empresa constituída sob a sigla LESA de C.V. (Libre Empresa S.A. de C.V.), chefiada por Emilio, o Tigre Azcárraga, para a qual havia convocado os mais conspícuos representantes da plutocracia mexicana, entre eles o magnata Carlos Slim Helú, Roberto Servijte, Abel Vázquez Raña, Antonio del Valle, Antonio Madero, Carlos Autrey, José Luis Ballesteros, Juan Diego Gutiérrez Cortina e outros mais, para comprar todas as empresas do governo, criando para isso uma sociedade anônima, com capital formado por um aporte inicial de 25 milhões de pesos de cada um dos membros.

Os empresários queriam adquirir as empresas paraestatais em poder do Estado, estimulados pela política neoliberal de Miguel de la Madrid. A LESA era um sinal de que havia investidores privados.

Durante o ciclo dos tecnocratas no poder (Miguel de la Madrid, Carlos Salinas de Gortari e Ernesto Zedillo), ocorreu o maior processo de privatizações da história do país.

Entre o desperdício e os interesses políticos, destinaram-se 10 bilhões de dólares ao Programa Solidaridad, de um total de 35 bilhões de dólares captados pela venda de empresas paraestatais e instituições financeiras. Assim consta em um relatório da empresa especializada White and Case (Wac).

No período 1982-2000, o governo vendeu 1.075 empresas paraestatais e bancos.

Segundo alguns analistas, essa política serviu para contribuir com o saneamento da economia e o financiamento e os investimentos sociais. De acordo com a percepção da publicação especializada *Tribune Desfosses*, "para o governo mexicano, as privatizações constituíram um eixo crucial de sua política de saneamento econômico (que incluiu a luta contra a inflação) e a redução da dívida externa".

Durante os seis anos do governo salinista, ocorreu o maior número de privatizações, o que em termos financeiros foi equivalente a 89% das Reservas Internacionais do Banco do México.

As rendas extraordinárias obtidas mediante o processo de desincorporação de entidades públicas não estratégicas nem prioritárias, incluídas aquelas derivadas da liquidação do Fideicomiso para la Cobertura de Riesgos Cambiarios (Ficorca), foram demais de 30 bilhões de dólares.

Tais recursos contribuíram para fortalecer os ativos financeiros do país, já que a renda da venda de empresas e bancos evitou gastar reservas do Banco do México.

A partir das privatizações nesses seis anos, acelerou-se o processo de concentração e centralização de capital dos grupos financeiros. O número de grupos industriais e comerciais cresceu de maneira considerável, assim como os "grupos financeiros", integrados em sua maior parte por bancos, corretoras, companhias de seguro, empresas de fiança e casas de câmbio, que cotizavam na Bolsa de Valores. Deles, apenas seis grupos financeiros começaram a controlar 80% dos ativos financeiros do país. Além disso, esses grupos estabeleceram vínculos patrimoniais com os dez grupos industriais e comerciais mais poderosos, que já em meados dos anos 1980 concentravam ao redor de 60% do crédito outorgado em âmbito nacional e 90% dos fluxos financeiros internacionais.

Tudo graças ao crescimento que obtiveram durante a administração de De la Madrid, cujo governo injetou um fluxo de financiamento canalizado pelos bancos no setor privado.

Os empresários ressurgiram assim como a elite privilegiada, graças ao conjunto de reformas econômicas e financeiras impulsionadas pelo governo, mudando radicalmente as condições econômicas do país.

Tempos depois, nos seis anos de governo do presidente Carlos Salinas de Gortari, o setor empresarial se consolidou, dando lugar a uma autêntica plutocracia.

As reformas salinistas garantiram aos grandes acionistas o controle do conjunto do capital, pois com investimentos tão pequenos como 5,16% o Grupo Carso obteve na Telmex 51% dos votos, e no caso dos grupos financeiros, estes assumiram o controle das instituições bancárias com investimentos de 5% a 20%, além de alcançar escala internacional ao associar-se estrategicamente ao capital estrangeiro.

O apoio governamental foi determinante para os empresários. Graças à nova política econômica, os grupos empresariais muito endividados dispuseram de um apoio privilegiado por meio de subsídios financeiros aos grandes consórcios empresariais mediante o Fideicomiso para la Cobertura de Riesgos Cambiarios, ou foram adquiridos pelo Estado, ao passo que as empresas paraestatais com graves problemas financeiros eram saneadas e depois privatizadas, como continuou ocorrendo com os governos de Ernesto Zedillo e Vicente Fox, sobressaindo neste último caso a "expropriação" parcial dos engenhos açucareiros.

No México, as elites do poder e do dinheiro fizeram um acordo básico que guia a política econômica. No entanto, em algumas épocas, chegaram a existir grandes diferenças, porque os empresários não aceitavam as políticas de governo e os políticos, por sua parte, chegaram a satanizar os empresários por considerá-los desleais com o país.

O período de maior tensão deu-se no governo do presidente Luis Echeverría, quando se suscitou uma militância política mais aberta do empresariado. Mas o momento mais explosivo ocorreu com a expropriação bancária durante o governo do presidente José López Portillo. Até então, o saldo social representava o principal problema a ser resolvido pelos governos cuja origem foi a Revolução Mexicana.

A partir do governo do presidente Miguel de la Madrid, à crise estrutural se juntaram as transformações econômicas internacionais e as mudanças econômicas internas promovidas pelo novo grupo de governo. Isso conduziu a uma nova forma de presença da oligarquia financeira nacional, que teve ingerência direta nas decisões sobre a política econômica, mudando assim o rumo da nação.

O governo de De la Madrid registrou uma mudança importante na vida nacional. Outros tempos e outros homens começaram a governar o país. Com o novo governo, chegou também uma linguagem diferente. As regras de jogo do sistema mudaram e o esquema de política econômica consistiu em adiar os compromissos sociais. A reordenação foi profunda, o Estado foi submetido a uma dieta rigorosa para se depurar, começando pela reprivatização dos bancos e pela venda de empresas paraestatais. Para os empresários, o novo projeto econômico era quase o paraíso. Com a mudança, só se beneficiou um setor privilegiado, em detrimento do resto da população.

Durante o governo do presidente Carlos Salinas de Gortari, a transformação econômica do país respondeu exclusivamente à integração aos modelos da economia estadunidense, conduzindo o México inexoravelmente à dependência absoluta. Nos seus seis anos de governo, o presidente Ernesto

Zedillo continuou essa política, embora tenha procurado novos mercados para proporcionar mais viabilidade ao novo modelo econômico, tratando de adaptá-lo às tendências da economia mundial.

Antes da expropriação dos bancos, quatro corretoras de bolsa controlavam 40% das ações negociadas na Bolsa Mexicana de Valores. E antes do *boom* de 1987, estas controlavam 65,4% das ações até que explodiu a bolha, provocando o histórico afundamento da bolsa, no outono daquele ano, e que, segundo os especialistas, teve sua origem na própria especulação que deixou na miséria milhares de investidores novatos que foram atraídos pela miragem dos altos rendimentos. Em apenas alguns dias, a Bolsa perdeu 35 bilhões de pesos. Essa cifra representava o dobro do valor dos juros anuais da dívida externa, ou a quarta parte do valor da produção do país, ou o equivalente às exportações petroleiras durante um ano. Contudo, em meio a um ambiente de quebra geral, os que se beneficiaram com as operações da Bolsa foram os donos das corretoras, que eram também os proprietários das principais empresas que cotizavam na Bolsa Mexicana de Valores e recorreram ao financiamento destas por meio da emissão de ações, obrigações e papéis comerciais por uma quantidade equivalente a 15% do financiamento outorgado por toda a banca comercial, nesse mesmo ano.

No transcurso desse período de transformação, surgiram vários grupos empresariais, como o de Carlos Slim, que soube decifrar os códigos do projeto econômico dos tecnocratas. O magnata atribui a origem de seu império ao "senso comum": saber comprar nos momentos de crise.

Por exemplo, até antes dos anos 1980, Slim era um industrial já consolidado e um dos empresários mais importantes do país, embora não fosse visto como um magnata com dinastia como os Garza Sada ou os Azcárraga. Tinha na época uma alta porcentagem da Cigatam (70%), a companhia de cigarros mais importante do México, que havia adquirido em meio à crise econômica do sexênio de Lopez Portillo, quando os grandes homens de negócios tinham tirado seu dinheiro do país.

Durante os anos 1980, a chamada "década perdida" para a sociedade, mas de grandes rendimentos para os que investiram a partir de 1983 e para as empresas, Slim soube aproveitar o momento e, no período mais crucial de crise, pôs-se a comprar empresas (entre 1981 e 1986), interpretando os ciclos históricos a que se referiam os grandes mestres do investimento, como o armador Paul Getty e o investidor Warren Buffett, para acumular grandes fortunas.

Embora para Slim a diferença entre um investidor e um especulador seja muito clara, pois a seu ver "o investidor procura fazer negócios quando lhe convém e o especulador o faz em um prazo mais curto, pois é uma espécie de Rambo financeiro", na prática social soube tirar proveito de seu olfato durante as crises de maior envergadura.

Durante a crise de 1980, Slim comprou de uma vez só as empresas do banqueiro Espinosa Iglesias.

Em seu livro de memórias *Bancomer, logro y destrucción de um ideal*, Espinosa Iglesias relata que foi despojado de seu patrimônio por uma "decisão imperial" dos presidentes López Portillo e Miguel de la Madrid.

Conta Espinosa Iglesias que, quando a crise explodiu nas mãos de López Portillo, em seu afã desesperado por "salvar" a imagem presidencial, decretou a expropriação dos bancos.

> [...] Não se importou em atribuir à banca privada responsabilidades que ela não tinha, nem tampouco destruir o labor e os esforços de muitas pessoas ao longo de numerosos anos de trabalho.
>
> No meu caso, como já o disse, trata-se do trabalho de toda a minha vida. Talvez por isso, porque me roubaram mais do que a ninguém, ainda não posso entender como puderam permitir que isso acontecesse.

Espinosa não teve uma boa relação com De la Madrid – ser ex-banqueiro equivalia a não ser ninguém –; lembra que propôs um caminho justo e razoável:

> [...] distinguir os efetivos propriamente bancários; separá-los dos imóveis e das empresas bancárias; devolver estas últimas a seus donos originais e esquecer o valor que pudessem ter os primeiros. Só que, como essa era a solução que propus a López Portillo antes que concluísse seu mandato, De la Madrid e seus funcionários negaram-se a reconhecer nela qualquer mérito e se decidiram pelo despojo.
>
> [...] Ao refletir sobre o desassossego e a angústia que me assaltaram naqueles dias, cheguei a advertir que houve outro fator que contribuiu para torná-los mais agudos: para mim, era impossível deixar de sentir que o dinheiro que eu havia recebido como indenização era um dinheiro "candente", mal ganho. Como poderia desfrutar desse capital quando centenas de acionistas menores estavam piores do que eu? Nesse sentido, eu me encontrava em uma posição única, já que, ao contrário dos demais diretores que intervieram

nas negociações, eu conhecia pessoalmente a maioria dos acionistas, fossem conselheiros nos estados ou empregados do banco. Eu tinha o dever de preocupar-me com eles e defendê-los, mas, além da proposta que apresentei a López Portillo e que De la Madrid rejeitou, não pude fazer nada mais.

A soma dessas duas emoções – sentir que não podia fazer nada e ter um capital ao qual não tinha direito – levou-me a vender as empresas do grupo dois ao engenheiro Carlos Slim e as do grupo três a Roberto Hernández. Como queria me desfazer delas, vendi-as pelo preço que as comprei. Esses grupos não abrangiam apenas Bancomer e a corretora Bancomer, mas também outras empresas muito importantes. Dado meu estado de ânimo, vendi tudo sem prestar atenção aos detalhes. Durante algum tempo, só conservei as empresas do primeiro grupo, entre as quais se destacava a mineira Frisco e, embora nunca tenha regressado a ela – tal era o grau da minha resistência –, tentei fazer dela o ponto de partida para formar um grupo minerador importante. Meus esforços, no entanto, voltaram a encontrar-se com a negativa e a rejeição.

Na realidade, Espinosa Iglesias admite que tinha contra ele a inimizade de Miguel de la Madrid, que havia ordenado que ninguém lhe vendesse nenhuma mina. Relata Espinosa Iglesias:

> O comprador da Frisco foi novamente Carlos Slim, que além de ser proprietário da corretora Inbursa, da Cigatam – dona, por sua vez, da Marlboro – e de algumas ações da Sanborns, então já tinha também as outras empresas que eu lhe havia vendido. O engenheiro Slim é um homem extraordinariamente capaz e empreendedor, e me dá uma grande satisfação que pelo menos parte do que consegui fazer com meu trabalho tenha terminado nas mãos de um homem competente.

A aquisição das empresas do que fora o conglomerado de Espinosa Iglesias consolidou o Grupo Carso como um gigante, projetando Slim como um homem extraordinariamente rico.

A velha guarda do empresariado estava aprendendo, de alguma forma, com Slim, que incrementou de maneira incomensurável sua fortuna a partir dos anos 1990. O agora homem mais rico do México começou a criar seu grande capital na explosão da Bolsa, nos anos 1980. Assim, enquanto muitas das famílias industriais entrincheiradas pela crise reestruturavam sua dívida e vendiam em um mercado em baixa, Slim devorava companhias baratas e estabelecia seu controle.

A criação do Grupo Industrial Carso está vinculada à corretora Inbursa, criada em 1965 e que, com o passar dos anos, converteu-se no pilar do Grupo Financiero Inbursa, sob a direção de seu principal acionista, Carlos Slim Helú.

O grupo começou com a seguinte conformação: Cigarros La Tabacalera Mexicana, que se dedica à manufatura e venda dos cigarros mais consumidos no país e abarca todos os gostos e possibilidades: Marlboro, Benson & Hedges, Baronet, Commander, Dalton, Elegantes, Delicados, Faros, Parliaments, Phillips Morris, Virginia Slims, Cambridge, Merit e Saratoga; Sanborns, que opera uma rede de mais de cem lojas de "serviço completo", que combina vendas a varejo com serviços de restaurante e bar. Em Marlboro, começou com 18% das ações. Anos mais tarde, vendeu sua empresa de cigarros.

As industrias Nacobre, um dos maiores fabricantes de produtos de cobre e de ligas metálicas da América Latina, cobrem grande parte das necessidades das indústrias de construção, automotrizes, de refrigeração, eletricidade, eletrônica e geração de energia elétrica.

Outras subsidiárias do Grupo Carso são: Empresas Frisco que, por sua vez, controlam outras cinco empresas mineiras que extraem principalmente cobre, prata, ouro, chumbo e zinco.

Em matéria de serviços financeiros, Inbursa – quer dizer, Slim – compreende Seguros de México e a corretora Inbursa. Em hotelaria, tem a Real Turismo, adquirida por Inmuebles Cantabria – que é do grupo e opera a rede de hotéis Calinda.

Para Carlos Morera Camacho, pesquisador da Unam e especialista no estudo do Grupo Carso, referir-se a esse consórcio é falar do novo capital financeiro no México. Por isso, não pode desvincular-se da Inbursa, já que é o eixo do reagrupamento dos outrora banqueiros Espinosa Iglesias e Cosío Ariño, que foi um dos principais acionistas do Banamex. Não pode tampouco separar-se do apoio governamental nem de sua associação estratégica com outros grandes capitalistas, nacionais e estrangeiros.

Em outras palavras, referir-se a Inbursa e a Carso é falar de um conjunto complexo de novas relações econômicas de produção e de poder que não existiam antes da nacionalização dos bancos.

Como conglomerado, o Grupo Carso mantém investimentos nos setores da economia mexicana da seguinte maneira: 24,9% em telecomunicações (tendo a Telmex como empresa associada); 8,3% na mineração (Frisco); 44% na indústria manufatureira, assim distribuídos: 7,1% na produção de cigarros (Cigatam), 36,1% na produção de maquinaria e equipamentos (Nacobre, 14,4%, que inclui 21,75% de Aluminio Corp.; 13,9% de Condumex e 7,9% de Industrial Llantera, que adquiriu 100% das ações da General Tire de México, e 50,1% da Compañía Hulera Euzkadi); 1,8% no ramo da construção (Porcelanite e Cementos Moctezuma, empresa associada); 11,7% no comércio, em lojas de vendas a varejo (Sanborns, Denny's, Discolandia, Mixup); 5,5% em Inmuebles Cantabria (inclui o Club Raqueta de Cuernavaca); e 12,63% em serviços financeiros (Seguros de México S.A. de C.V.). Com exceção da Telmex, que é a grande empresa associada da Carso, e de Cementos Moctezuma, todas as demais fazem parte do grupo.

Ao contrário de Carlos Slim, que havia demonstrado uma aguda percepção para aumentar seu poder empresarial, a grande maioria dos empresários recorreu ao apoio do Fideicomiso para la Cobertura de Riesgos Cambiarios, criado durante o governo de Miguel de la Madrid.

O especialista Jorge Basave Kunhardt, autor de *Los Grupos de Capital Financiero en México*, descreve como os empresários pressionaram ao máximo o Ficorca para fazer negócios triangulados com o apoio do Estado.

> O programa Ficorca foi um êxito quanto aos objetivos para os quais foi criado, porém seu impacto econômico e social mais amplo não pode ser avaliado exclusivamente em seu reduto. Os recursos para que o governo federal absorvesse as mudanças de paridade que daí em diante aumentaram a dívida privada externa até 1982 (desvalorização brusca de 1987 e desvalorização do peso) foram obtidos com o crítico incremento de sua dívida interna.
>
> Por essa dívida, pagaram-se altíssimas taxas de juros precisamente ao capital investido por particulares e às empresas privadas cujos excedentes de tesouraria foram liberados do pagamento a seus credores externos.
>
> Com a expropriação dos bancos, parecia que se tinha experimentado, no México, uma nova divisão de funções financeiras entre o setor público e o privado, que alterava a que havia persistido durante mais de cinquenta anos. Na realidade, sucedeu assim, embora parcialmente.
>
> Houve um âmbito de controle que foi cedido ao setor privado e que representava um espaço de revalorização do capital que se ajustava às novas

condições da crise, na qual os rendimentos financeiros superavam, consideravelmente, os rendimentos empresariais produtivos. Foi o mercado de valores operado por meio das corretoras da Bolsa. Até então, este tinha sido um mercado virtualmente subutilizado e sumamente concentrado, mas, a partir desse momento, ampliando seu nível de concentração, converteu-se simultaneamente em um eixo de investimento dos recursos da tesouraria, liberados nas empresas por causa do Ficorca, e em um centro nevrálgico das finanças internas do país que o transformavam previsivelmente em um centro concentrador de poder econômico-político que teria poucas coisas a invejar do extinto banco privado.

Tudo parece indicar que, ao entregar o controle completo do mercado de valores às corretoras da Bolsa, o Estado previa duas possibilidades (ou uma combinação de ambas).

A primeira consistiria em que os excedentes da tesouraria que se conseguisse com os grupos do Ficorca seriam direcionados a investimentos produtivos, o que trazia consigo uma ampliação da arrecadação fiscal a curto prazo.

A segunda seria o investimento de tais excedentes em Certificados de la Tesorería (Cetes), que cobririam as necessidades de financiamento do Ficorca e sua dívida externa.

O Estado tinha grandes expectativas de que o investimento produtivo também seria levado a cabo. Por isso, os prazos iniciais de amortizações do Ficorca foram previstos para seis a oito anos, e por volta de 1986 deram rédea solta à política econômica. Isso resultou prematuro e os prazos do Ficorca tiveram de ser negociados em até doze anos.

Por sua parte, o mercado acionário controlado pelas corretoras de bolsa teve um desenvolvimento espetacular; em 1986, um ano antes do craque das Bolsas de Valores, o índice de preços e cotizações havia crescido 321%. Naquele ano, quatro corretoras (Acciones y Valores de México, Inverlat, Operadora de Bolsa e Inversora Bursátil, esta última propriedade de Carlos Slim) controlavam 65% do mercado das Bolsas de Valores.

De acordo com as investigações de Basave Kunhardt, diante dos lucros extraordinários desses clãs financeiros, pode-se afirmar que

> [...] a maior parte dos recursos da tesouraria dos grupos que investiram no mercado de valores foi para o mercado financeiro, principalmente em Cetes.

Em menor medida, investiram no mercado acionário. Nesse sentido, o investimento especulativo direto feito pelas empresas foi muito reduzido, em termos relativos. O verdadeiro aproveitamento da supervalorização do mercado acionário pelas empresas realizou-se pela via indireta mais eficaz, representada pelo auge de emissões primárias em uma conjuntura de preços altos.

A pletora de investimentos nitidamente especulativos deve, pelo contrário, ser localizada na compra e venda de ações feitas pelos empresários como pessoas físicas e pelas corretoras da Bolsa por conta própria. A esse respeito, deve-se acrescentar que, além da conjuntura altista do mercado, aproveitou-se muito a inexistência de disposições legais e de controles suficientes sobre o uso de informações confidenciais.

Com o apoio do Ficorca, os grupos empresariais do México acabaram por implementar uma estratégia de investimento financeiro que lhes proporcionou enormes lucros, pois optaram por abandonar drasticamente o investimento produtivo, com o consequente atraso nos níveis de produtividade.

Carlos Morera Camacho, autor de *El capital financiero en México y la globalización: límites y contradicciones*, estabelece que:

> [...] a criação do Ficorca impulsionou o mercado de valores e, com isso, deu instrumentos para a especulação financeira dos grandes grupos com o propósito de sanear os grupos mais endividados, ao converter a dívida privada em dívida pública e, mediante a emissão da dívida, socializar o custo de seu pagamento por meio da implementação dos programas de ajuste para a sociedade em seu conjunto.

Assim, durante os primeiros anos do Ficorca (1983-1987), como expõe Morera Camacho, iniciou-se o fortalecimento interno do Grupo Carso por meio das empresas adquiridas pela corretora Inbursa, instrumento que lhe permitiu a apropriação de cinco de suas sete filiais.

Um dos indicadores mais marcantes desse período foi o volume de lucros obtido pela Inbursa. Sua posição estratégica como corretora da Bolsa lhe permitiu apossar-se da propriedade e do controle acionário das emissoras de ações Frisco, Cigatam, Loreto, Euzkadi, Nacobre e Sanborns, e depois ter acesso aos lucros financeiros e industriais delas. Para compreender a magnitude do significado dessa mudança, basta assinalar que em 1987 o conjunto de lucros (financeiros e de operação) dessas emissoras foi da ordem de 199,437 milhões de pesos que, em comparação com os lucros da corretora Inbursa nesse mesmo ano, representou 41,1% do conjunto de lucros de todas as corretoras de bolsa. Entre as emissoras, merece atenção especial a Frisco, que obteve 1,5 vez mais lucros do que a Inbursa e 3,85 vezes mais do que os lucros em operações da empresa.

Os enormes investimentos financeiros feitos nesse período, de 2,305 milhões de novos pesos, atualizados para 1992, contrastam com os investimentos produtivos, no mesmo período, da ordem de 609 milhões de pesos novos, o que rendeu enormes lucros financeiros. Entre as emissoras que se destacam estão a Frisco e a Cigatam, a primeira em 1987, quando obteve 290,3 milhões de pesos novos de lucro financeiro, em comparação com 75,5 milhões de lucros em operações. A Cigatam, por sua parte, se destacou em 1986, ao obter um lucro financeiro de 209,4 milhões de pesos novos, comparados com 41,1 milhões de lucros em operações. Essas enormes quantias permitiram a quase todas liquidar suas dívidas, equilibrar as quedas de seus lucros em operações e ampliar consideravelmente sua escala de atividade. Os resultados das seis emissoras controladas pela Inbursa durante esse período confirmam a afirmação anterior.

Com o propósito de ilustrar, de um ponto de vista completo a forma que adotou o elemento especulador no processo de acumulação, é necessário explicar que foram somados os lucros financeiros não incorporados no cálculo do custo integral do financiamento, como a emissão primária, o superávit na compra de ações, com o resto dos lucros financeiros, aumento de preços e efeitos cambiários, que podem comparar-se com os lucros em operações.

Nos resultados observados entre 1984 e 1987, ao incorporar os efeitos monetários e cambiários aos resultados financeiros, os grupos se viram beneficiados em todos os casos. Quanto à Cigatam e à Frisco, tal relação resultou positiva em 1986 e 1987; para a Cigatam, quando variaram de 2,40 a 5,09 vezes, e para a Frisco, quando variaram em 1986 de 0,89 a 1,17 vez e em 1987 de 2,07 a 3,85 vezes.

Nos casos de Loreto y Peña Pobre, Euzkadi, Nacobre e Sanborns, a relação resultou negativa porque as obrigações financeiras foram maiores que os lucros financeiros. No entanto, nesses casos, a incorporação dos efeitos cambiários, monetários e especulativos permitiu-lhes diminuir a relação em todos os anos e em todos os casos, o que quer dizer que contribuiu para que o grupo diminuísse suas operações financeiras.

Foi nessas condições que a corretora Inbursa adquiriu as empresas Frisco, Cigatam, Lypps, Euzkadi, Nacobre e Sanborns, aproveitando os extraordinários lucros financeiros obtidos nesses anos, o acesso ao crédito e a derrubada das cotizações acionárias pelo craque das Bolsas de Valores de 1987. As grandes aquisições de 1983-1989 foram possibilitadas pela crise econômica e por sua repercussão entre as empresas adquiridas entre 1974-1982; com exceção dos grupos Frisco e Sanborns, os demais enfrentavam um severo endividamento. O montante desse último havia crescido entre quatro e seis vezes, e era particularmente agudo em casos como Loreto y Peña Pobre, Euzkadi e Nacobre, cujos passivos cresceram, em 1950, 208% e 57%, respectivamente. Como resultado da queda das vendas a partir de 1980, os anos de 1982 e 1983 tinham sido de fortes perdas.

Especialista nos grupos de capital financeiro do México, o doutor Morera Camacho investigou durante mais de uma década a evolução do Grupo Carso, criado formalmente em 1990 com as empresas adquiridas durante a década de 1980 e o primeiro triênio dos anos 1990, quando o magnata Carlos Slim fez investimentos patrimoniais por 4.266,9 bilhões de novos pesos em 1992 e nesse mesmo ano adquiriu 5,16% das ações "AA" e 5% do conjunto das ações da Telmex. Para isso, recorreu ao financiamento outorgado pelo governo federal (por um montante de 426 milhões de dólares, a uma taxa de juros de 10,68% e um prazo de seis meses).

Com a adjudicação do pacote de controle e o investimento de 5% de cada um de seus principais sócios estrangeiros-tecnólogos, a France Cable et Radio e a Southwestern Bell International Holding Co., e da Seguros de México (1,8%) e de 33 investidores mexicanos para adquirir 20,4% do capital da Telmex (inclusive o da Carso), representado por ações "AA", pôde obter 51% dos votos da assembleia de acionistas. O montante da operação de compra e venda do pacote de controle, 20,4% do capital social, ascendeu a 734 milhões de dólares em ações "AA". Dessa porcentagem, as ações compradas pelos investidores nacionais, equivalentes a 10,4% da empresa, foram adquiridas por meio de financiamento. Por seu lado, os investidores estrangeiros compraram à vista.

A aquisição de Teléfonos de México foi o acontecimento mais relevante na história do grupo por várias razões: primeiro, porque com isso se inicia uma modalidade de investimento produtivo no setor real (o de telecomunicações) baseada em um novo tipo de associação patrimonial global, que segue o curso da nova modalidade de investimento estrangeiro no México, condizente com a globalização da economia mundial. Segundo, porque nunca, na história dos grupos, expressaram-se a socialização do capital e a centralização do controle de modo tão extraordinário, com base em um manejo tão amplo de capital alheio como próprio e de semelhante socialização dos riscos. E terceiro, porque com a operação garantiu-se o controle oligopólico do mercado interno até agosto de 1996, ao não se outorgar nenhuma concessão adicional para o serviço telefônico de longa distância.

Quanto ao capital financeiro mexicano como tal (considerado em seu conjunto), a nova modalidade de propriedade e controle acionário estabelecida no país abriu caminho para um ciclo inédito que vincula todas as formas que adota o capital (numerária, produtiva e comercial). A partir daí, a combinação dos grupos Carso e Inbursa, para encarregar-se desse processo, deu lugar a fenômenos como o financiamento de 70% das empresas adquiridas em 1992. Em julho e agosto desse ano, adquiriu Aluminio e Condumex.

Mas a expansão do grupo de Slim não terminou ali; em janeiro de 1993, adquiriu 99,9% da General Tire de México, que, com Euzkadi, formam agora a nova filial do grupo, denominada Corporación Industrial Llantera, que reúne as empresas do setor. Em setembro de 1993, autorizaram a criação de um banco de abrangência nacional, o qual é integrado ao Grupo Financiero Inbursa.

Se é certo que a origem da atividade empresarial de Carlos Slim remonta ao decênio dos anos 1970, é na década de 1980 que ele se transforma em um dos empresários e financistas mais importantes do México. Seu grande desenvolvimento é principalmente o resultado das reorganizações dos grupos a partir de 1983, pelo que não é demasiado pertinente a afirmação do próprio Slim de que "os fatos são que Carso, desde 1981, era muito forte, continuou aceleradamente seu crescimento e em 1986 já tinha, salvo Telmex e as compras de 1992, todas as empresas que compõem o grupo".

O Grupo Financiero Inbursa constituiu-se formalmente em outubro de 1992, embora sua origem remonte à corretora Inbursa, criada em 1965 e que conseguiu uma notável presença a partir de 1983. As companhias de seguros e de fianças foram adquiridas depois da nacionalização dos bancos e, em 1993, criaram a empresa de leasing e o banco. O capital contábil do Grupo Financiero Inbursa está investido em Seguros Inbursa, Inversora Bursátil, Pensiones Inbursa, Banco Inbursa, La Guardiana, Compañía General de Fianzas e Operadora de Fondos.

Como foi possível essa mudança, que em pouco menos de três lustros, levou o Grupo Financiero Inbursa a constituir-se no grupo de capital financeiro mais poderoso do México? Que papel desempenhou a corretora Inbursa, hoje Grupo Financiero Inbursa, nesse novo poder, e que vínculo há entre eles? Que características tem esse fenômeno? Qual era a situação da estrutura produtiva e financeira e o modo de operar dos grupos que hoje o constituem? Que mudanças houve em relação à propriedade e ao controle acionário dos velhos grupos privados e públicos de capital financeiro que há apenas dez anos pertenciam à velha oligarquia e hoje integram o Grupo Carso e o Grupo Financiero Inbursa sob a égide de Carlos Slim?

No desenvolvimento das empresas de Slim como principal grupo empresarial do México, há dois momentos fundamentais: 1983-1989 e 1990-1992. O primeiro está vinculado à sua origem e expansão interna, tendo como base a corretora Inbursa, que é o instrumento que lhe permitiu a apropriação de cinco de suas sete filiais. O segundo período (1990-1992), como conglomerado Carso, está vinculado diretamente à privatização da Telmex e à transformação do grupo em empresa transnacional. Como corretora, a Inbursa está vinculada, com a companhia de seguros e a de fianças, adquiridas depois da nacionalização, à constituição do Grupo Financiero Inbursa. Posteriormente, cria a empresa de leasing e o banco e os integra ao grupo.

Um dos aspectos desse grupo estruturado em torno da corretora Inbursa, que contrasta com a imensa maioria das demais corretoras de bolsa, é a elevada concentração, na estrutura do capital acionário, nas mãos de uma única pessoa: referimo-nos a Carlos Slim Helú, que desde suas origens conservou a maioria do pacote acionário. Em 1986, tinha 61,9% do capital contábil da mencionada corretora. Com essa estrutura de capital, Slim colocou-se em uma posição privilegiada para exercer as decisões que, desde 1983, lhe permitiram dinamizar a centralização patrimonial desse grupo, e, embora em 1991 a própria corretora apareça como dona de si mesma, a situação prevalece em parte substancial.

Slim iniciou a aquisição de companhias falidas em 1976, quando comprou Galas de México. Esta era uma empresa dedicada à transformação de papel que foi reestruturada a partir de sua aquisição, formando várias empresas relacionadas diretamente com o ramo e vinculadas patrimonialmente por meio da holding Grupo Galas de México, que passou a ser uma filial da corretora Inversora Bursátil. Para aumentar o próprio capital, recorreu à emissão acionária de suas diversas empresas e, posteriormente, o grupo se fundiu com outras empresas e adquiriu Artes Gráficas Unidas.

Outra das empresas importantes de Slim é Inver Corporación, S.A. de C.V., criada para novos processos de privatização de trens, petroquímica e eletricidade.

No transcorrer de 1983 a 1986, o Grupo Carso adquiriu as seguintes empresas: Fábrica de Papel Loreto y Peña Pobre, Hulera Euzkadi, Sanborns, Industrias Nacobre e Compañía Minera Frisco.

O patrimônio de Slim aumentou rapidamente na década de 1980, estando presente nos setores manufatureiro, mineiro, comercial e de serviços, embora o grande salto do grupo tenha ocorrido com a aquisição da Teléfonos de México em uma operação financeira de alta sofisticação baseada em alianças estratégicas com o capital estrangeiro e com sócios mexicanos.

O poder de Slim superou as fronteiras do país. O magnata é um dos poucos mexicanos que fazem parte do conselho diretivo da empresa transnacional Southwestern Bell – associada da Telmex –, posicionada na metade da lista das cem empresas mais importantes do mundo. Além disso, Slim foi convidado para integrar o conselho de administração da multinacional Philip Morris Corporation.

Diante da força de seu incomensurável poder econômico, Slim encabeça as vinte grandes famílias proprietárias dos principais grupos financeiros do México e decidiu expandir seu império para outras latitudes. Entre as compras dos últimos anos, destaca-se a da Prodigy, nos Estados Unidos, com a aquisição de 60% de seu capital por meio da International Wireless, empresa-chave no lançamento da Carso Global Telecom. Comprou, em sociedade com a Telmex, a Microsoft e a SBC Communication, 100% da rede de lojas CompUSA. Adquiriu 60% das ações da Conecel, a empresa de telefonia celular do Equador. Comprou, em associação com a Bell Canada, 40% das ações da companhia de celulares Techtel da Argentina. Levou a Telmex a cotizar no mercado europeu a Labitex. E, como se isso fosse pouco, associou-se ao homem mais rico do planeta, Bill Gates, presidente da Microsoft, criando o portal Tlmsn.

Slim e Gates também investiram na Apple Computers: o empresário mexicano adquiriu 3% das ações e o estadunidense fez um pequeno investimento de 150 milhões de dólares.

Baseados na projeção dos usuários de internet na América Latina e na estimativa de que eles passem de 22 milhões em 2000 a 77 milhões em 2005,

Gates e Slim compraram por 50 milhões de dólares, por intermédio da Tlmsn, a totalidade das ações de Yupi.com, o portal em espanhol cujo mercado conta com 100 milhões de assinantes em todo o mundo.

Em Nova York, a Comissão de Bolsa e Valores informou sobre um investimento de Slim de 52,8 milhões de dólares na compra de 9% das ações de CDnow, uma loja de música *on-line* que enfrentava problemas financeiros.

Comprou também 7,5% da Office Max, rede estadunidense de materiais e artigos de escritório que opera nos Estados Unidos e no Japão. Também adquiriu 12,2 milhões de ações na Bolsa de Nova York, 5,9% do valor total da Circuit City, a segunda rede mais importante de venda de artigos eletrônicos nos Estados Unidos.

A seu patrimônio, somou 7% das ações que adquiriu da rede de lojas de departamentos Saks Inc., controladora da legendária loja Saks Fifth Avenue.

Slim se deu ao luxo, em 1995, de resgatar a Televisa de uma crise financeira que ameaçava obrigá-la a vender parte de seu capital a investidores estrangeiros. Ele adquiriu, por meio do banco Inbursa, 6% das ações com direito a voto, participação acionária que pertencia aos Diez Barroso e a Miguel Alemán Velasco.

Também obteve o controle de 49% das ações da Cablevisión e tentou se desfazer de 25% de sua parte para recuperar o investimento; estabeleceu negociações a fim de adquirir 49% da empresa integradora de redes Consorcio Red Uno, empresa que apoia a Telmex na modernização tecnológica no que se refere à comunicação de dados, e por meio da Telcel, a principal subsidiária de América Móvil, uma de suas empresas que operam em dezoito países e tem uma lista de cerca de 200 milhões de assinantes, dos quais menos da terça parte se encontra no México.

Adquiriu, por meio do Grupo Sanborns, 85% das ações da subsidiária, no México, da Sears Roebuck and Company, por 103 milhões de dólares à vista.

Na expansão de suas empresas, a América Móvil estendeu-se por dezoito países: Estados Unidos, Argentina, Brasil, Chile, Colômbia, República Dominicana, Equador, El Salvador, Guatemala, Honduras, Jamaica, Nicarágua, Paraguai, Peru, Porto Rico, Uruguai e Santa Lucía.

Nesses países, as empresas nas quais a América Móvil tem participação são: Compañía Dominicana de Teléfonos; Puerto Rico Telephone Company; PRT Larga Distancia; Servicios de Comunicaciones de Honduras; Tractofone Wireless Inc. (Delaware); Americel; Claro; Telecomunicaciones de Guatemala; Empresa Nicaragüense de Telecomunicaciones; Ladlenet; Estaciones

Terrenos de Satélite; Compañía de Telecomunicaciones de El Salvador; Comunicación Celular; Oceanic Digital Jamaica; Consorcio Ecuatoriano de Telecomunicaciones; AMK Argentina; AMK Paraguay; AM Wireless Uruguay; América Móvil Perú e Panamá.

Em seu relatório de 2000, a revista *Latin Trade* situou, depois da petroleira brasileira Petrobras, a Telecom Carso Global, principal acionista da Telmex, como a segunda empresa com o mais alto volume de vendas na América Latina, ao faturar, naquele ano, 13 bilhões de dólares.

Imerso em inúmeras atividades, o grupo empresarial Carso, o segundo colocado, legalmente poderia ter conseguido o Registro Nacional de Veículos, a concessão outorgada ao empresário Henry Davis e a seu sócio Ricardo Miguel Cavallo, torturador e um dos sinistros personagens da ditadura militar argentina.

Muitos empresários do setor financeiro, aos quais os analistas chamam representantes do *smart money* (os que cheiram e sabem onde está o dinheiro) e que foram acusados de beneficiar-se com a especulação, três meses depois de Carlos Salinas assumir seu mandato, receberam um sinal claro do então subsecretário da Fazenda, Guillermo Ortiz Martínez, que tranquilizou os corretores: "A partir de hoje, vivemos outro mercado de valores: não há nem haverá caça às bruxas. Aqui termina o assunto por supostas violações à Ley del Mercado de Valores. Nesse sentido, hoje se vira essa página".

Anos depois, os beneficiários do salinismo terminaram no pelourinho de Ernesto Zedillo: o banqueiro "modelo", Carlos Cabal Peniche, acionista majoritário da Banca Unión, foi extraditado e enfrentou processos penais por fraudes de mais de 600 milhões de dólares contra clientes e empresários. O neobanqueiro Ángel Isidoro Rodríguez, o Divino, ex-proprietário do Banpaís, enfrentou acusações de fraude fiscal e violação patrimonial. O empresário do transporte Roberto Alcántara Rojas não soube administrar o Bancrecer; o governo teve de injetar nesse banco cerca de 11 bilhões de dólares para resgatá-lo. Banqueiro de linhagem, Agustín Legorreta Chauvet levou à bancarrota o Multibanco Comermex, que se converteu em Inverlat e foi comprado pelo Scotiabank. Jorge Lankenau Rocha, de Banca Confía e da corretora Abaco passou do apogeu à ruína e à prisão por suas fraudes. Adrián Sada González, que presidiu a Operadora de Bolsa e o Banco Serfin, enfrentou acusações por lavagem de dinheiro. O saneamento de seu banco custou 12 bilhões de dólares ao Instituto para la Protección del Ahorro Bancario. O Banorte, de Roberto

González Barrera, também recebeu os favores milionários do Fobaproa*. Roberto Hernández, dos donos do Banamex, foi um dos mais favorecidos, pois contou com a proteção dos ex-presidentes Salinas, Zedillo e Fox.

O abuso no manejo da informação privilegiada parece fazer parte da segunda natureza de alguns empresários.

O caso da rede de lojas CompUSA trouxe à luz um escândalo que provocou agitação internacional.

O influente *The Wall Street Journal* destampou o esgoto ao revelar que, durante a primeira semana de maio de 2001, a U.S. Securities and Exchange Commission [Comissão de Bolsa e Valores dos Estados Unidos] (SEC) fez acusações que põem em dúvida ações de empresas que cotizam na Bolsa de Nova York.

Segundo a investigação, entre os implicados achava-se o advogado financeiro Alejandro Duclaud González, membro da empresa Franck, Galicia, Duclaud y Robles, assessores das empresas de Slim.

Os pormenores das investigações detalham que nos fatos estavam implicados Duclaud e outros membros de sua família, entre eles, José Antonio Duclaud, membro da empresa Duclaud Abogados, de Cancún, e irmão de Alejandro Duclaud; Rodrigo Igartua, presidente da SB Asesores, assim como Pablo Vázquez Baranda, Maricruz Lozano, Elvira Baranda, Martha Baranda, identificados como familiares de Alejandro Duclaud e de Ana Igartua Baranda de Duclaud.

Os acusados no caso supostamente começaram suas negociações no dia 16 de janeiro de 2000, ao comprar 325 mil ações da CompUSA a 5,25 dólares cada título. Logo adquiriram 546 mil ações adicionais em duas sessões, em 19 e 20 de janeiro, dias antes de o Grupo Sanborns e a CompUSA anunciarem uma oferta de 10,10 dólares por título.

A oferta de aquisição, anunciada antes da abertura da Bolsa, no dia 24 de janeiro, provocou uma alta das ações. Em dois dias, os acusados supostamente venderam todas as suas ações da CompUSA, com o que obtiveram lucros de quase 4 milhões de dólares.

Os Duclaud usaram quatro empresas em paraíso fiscal nas operações para apropriar-se do dinheiro. As empresas envolvidas são Anushka Trust, Caribbean Legal Trust, Antares Holdings Investment Ltd. e Banrise Ltd. BVI.

* Fondo Bancario de Protección al Ahorro. (Fundo bancário de proteção à poupança) (N.T.)

De acordo com *The Wall Street Journal*, "as acusações de uso de informações privilegiadas circularam durante longo tempo no México, onde grupos familiares costumam ser donos de 90% das ações de uma empresa que cotiza Bolsa, porém raras vezes isso é punido".

O escândalo pelo uso de informação privilegiada também surpreendeu com as mãos na massa um conspícuo personagem do salinismo: o empresário Claudio X. González, integrante do Consejo de Administración del Grupo Carso e ex-assessor, em matéria de investimentos estrangeiros, de Carlos Salinas de Gortari e Ernesto Zedillo.

Em um relatório de *The Wall Street Journal*, datado de 18 de maio de 2001, revelou-se que Claudio X. González fez uso de informação privilegiada para obter lucros de 336 mil dólares com a compra da CompUSA.

O influente jornal nova-iorquino afirmou que Claudio X. González comprou uma participação de 0,1% na CompUSA, meses antes de a Sanborns fazer uma oferta pública pelas ações da empresa estadunidense varejista de computadores.

E o empresário vendeu sua participação na CompUSA depois que a empresa foi adquirida pela Sanborns, quando as ações haviam duplicado seu valor.

A política como *hobby*

Dinheiro, os códigos do poder

No sistema mexicano, políticos e empresários fazem parte da mesma estrutura e compartilham ao mesmo tempo o poder. Após a expropriação dos bancos durante o governo de López Portillo, os homens ligados ao dinheiro assumiram um papel mais ativo na política, ao confiarem aos tecnocratas a condução do Estado e ao serem estes que efetuaram o enxugamento da economia estatal, ao encabeçarem a privatização de empresas e bancos que estavam em poder do governo. Com essa decisão de tirar os bancos dos empresários, o ex-presidente López Portillo afirmou em sua autobiografia *Mis tiempos* que "meus compatriotas acham que sou mau e perverso".

Os tecnocratas seguiram os passos de Lyndon B. Johnson, que sustentava que os homens do poder político deviam cooptar os homens ligados ao dinheiro porque estes são mais perigosos do que os políticos da oposição. Johnson afirmava: "Prefiro tê-los dentro da minha casa, urinando para fora, do que tê-los fora, urinando para dentro".

A derrota do PRI nas históricas eleições do dia 2 de julho de 2000 foi o corolário de uma luta complexa. Por um lado, o êxito dos empresários na política mudou as regras do jogo e, por outro, os tecnocratas foram a ponte para a substituição dos políticos, para dar passagem à elite dos plutocratas.

Carlos Slim Helú emergiu como um dos plutocratas mais influentes no novo sistema político do país.

No sexênio de Carlos Salinas de Gortari, Slim surgiu como o homem mais rico do Méxic o. Por isso, durante sua campanha presidencial, Luis Donaldo Colosio lhe fez uma homenagem ao comparecer como convidado especial da poderosa comunidade libanesa e recordar ao presidente Adolfo López Mateos "O homem que marcou minha vida para sempre" e que, sabiamente, costumava dizer: "Quem não tem um amigo libanês, procure um".

Sempre que o associam com Carlos Salinas, Slim renega sua relação com o ex-presidente. Durante o governo salinista, os jornalistas os identificavam como Carlos e Charlie.

Quando o jornalista Carlos Acosta Córdova lhe perguntou se Carlos Salinas era seu sócio, Slim respondeu:

> Nós não temos sócios políticos. No Grupo Carso, não tivemos, não temos nem teremos sócios políticos. Isto está claro e sempre foi assim: nem meu pai teve, nem eu tenho, nem meus filhos – disso estou seguro; estamos vacinados – terão sócios políticos.

No entanto, Slim e Emilio, o Tigre, Azcárraga Milmo, foram os dois empresários que Salinas mais convidou para suas andanças. Eles foram assíduos acompanhantes do mandatário dentro e fora do país, e eram identificados pela imprensa estrangeira como os "amigos do presidente".

A privatização da Telmex em favor de Slim fez que alguns políticos tratassem de estigmatizá-lo como empresário salinista, embora Slim tenha dado mostras de ser um homem de negócios pragmático, que se adapta a qualquer governo.

O certo, no entanto, é que sua decolagem como empresário em grande escala deu-se durante o sexênio de Miguel de la Madrid, quando seu nome começou a figurar nas listas dos principais investidores.

Quando De la Madrid designou Carlos Salinas de Gortari seu sucessor, um grupo importante de homens de negócios integrou, em 1988, a Comissão de Financiamiento do PRI.

Carlos Slim Helú foi um deles. O empresário Ángel Borja Navarrete presidia tal comissão, e nela figuravam os seguintes empresários:

Pablo Álvarez Treviño, Antonio Ariza Canadilla, Pablo Brener Brener, José Carral, Juan Elek Klein, Augusto Elías Paullada, José González Bailó, Roberto González Barrera, Ricardo González Cornejo, Julio Gutiérrez Trujillo, Antonio Gutiérrez Prieto, Carlos Kretschmer Smith, Eduardo Legorreta Chauvet, Antonio Madero Bracho, Enrique Molina Sobrino, Anuar Name Yapur, Carlos Peralta Quintero, Enrique Rello Vega, Ernesto Rubio del Cueto, Isaac Saba Rafoul, Fernando Senderos Mestre, Nicolás Zapata Cárdenas, Patricio Zapara Gómez e Carlos Slim Helú.

Já em plena campanha presidencial, convocado por Carlos Hank González, um grupo de empresários se reuniu em um jantar que teve lugar na mansão do professor em Lomas de Virreyes, para mostrar seu apoio a Salinas.

Na metade do sexênio salinista, a influente revista *BusinessWeek* provocou um escândalo político com uma reportagem publicada em sua edição de

22 de julho de 1991. Ali se descrevia a elite dos negócios no México, sob o apadrinhamento de Salinas.

A então senadora e respeitada economista Ifigenia Martínez levou o assunto à tribuna da Comissão Permanente do Congreso, para denunciar os privilégios e favoritismos do presidente da República na venda das empresas paraestatais.

Na reportagem, apareciam retratados os barões do dinheiro, entre eles Carlos Slim:

> A velha guarda dos negócios está aprendendo com Slim, relativamente recém-chegado, que lhes deu uma lição de administração do dinheiro. Como Roberto Hernández, Slim fez sua fortuna no *boom* da bolsa, nos anos 1980. Enquanto muitas famílias industriais entrincheiradas reestruturavam sua dívida e vendiam em um mercado em baixa, Slim devorava companhias baratas e estabelecia o controle com participação minoritária. Slim converteu seu Grupo Carso em um gigante, com o apoio financeiro e o conselho do milionário ex-banqueiro Manuel Espinosa Iglesias.
>
> De sua trincheira na Bolsa de Valores, Slim estendeu-se e comprou cobre, pneus, seguros, tabaco, companhias de embalagem e a rede nacional de lojas Sanborns.
>
> Estratégia astuta. No entanto, todas as propriedades de Slim não são nada se comparadas com sua nova joia, a companhia de telefones. De acordo com a maneira de Slim, o governo dividiu o gigante telefônico em ações reguladoras e minoritárias. Isso permitiu a Slim comprar o controle efetivo com somente 5% das ações, um desembolso aproximado de 400 milhões de dólares. No bloco de controle, com ele, estão a Southwestern e a France Telecom, ao lado de investidores das antigas famílias ricas do México. Mais tarde, o governo vendeu as ações restantes no mercado mexicano e, com uma oferta de 2 bilhões de dólares em ações, nos mercados de valores estrangeiros.

Dois anos depois do escândalo provocado pela reportagem da *BusinessWeek*, o jornal *El Economista* fez muito barulho com um novo episódio entre Salinas e os homens ligados ao dinheiro.

O jornal descreveu os pormenores de um jantar na casa do ex-secretário da Fazenda e ex-presidente do Banco Interamericano de Desenvolvimento, Antonio Ortiz Mena. Ao encontro, foram os novos e velhos ricos, destacando-se Carlos Slim Helú, já como o homem mais rico do México e da América Latina.

Miguel Alemán Velasco, presidente da Comissão Nacional de Financiamento do PRI, foi o encarregado da reunião promovida pelo próprio Carlos Salinas de Gortari.

Entre os presentes, encontravam-se Lorenzo Zambrano, Adrián Sada, Roberto Hernández Ramírez, Gilberto Borja Navarrete, Jorge Larrea, Diego Gutiérrez Cortina, Bernardo Garza Sada, Manuel Espinosa Iglesias, Antonio del Valle Ruiz, Alberto Bailleres, Jerónimo Arango, Carlos Abedrop Dávila, Eloy Ballina, Alonso de Garay, Carlos Hank Rhon, Ángel Lozada, Raymundo Flores, Jorge Martínez Güitrón, Claudio X. González, Emilio Azcárraga Milmo e José Madariaga Lomelí.

Salinas envaideceu-lhes o ego. Disse: são "homens triunfadores" e o partido necessita de vocês para "criar e fortalecer o patrimônio do PRI". Pediu a cada um dos presentes 25 milhões de dólares.

"Todos eles foram meros acobertadores do desvio de recursos públicos ao PRI; eu os conheço muito bem: não dão água nem ao galo da Paixão", sentenciou o empresário de Monterrey, Lucas de la Garza, assessor de Cuauhtémoc Cárdenas.

López Portillo, que se negou até o último dia de seu mandato a revelar a famosa lista dos que retiraram dólares do país, aos que se referiu em seu sexto e último relatório de governo, questionou a atitude assumida pelo governo de Salinas para favorecer os empresários.

Qualquer balanço do governo salinista ficaria truncado sem levar em conta que, em boa medida, sua gestão descansou no apoio com que a classe empresarial o brindou, sobretudo um reduzido grupo de homens de negócios, que foram beneficiados com a política econômica neoliberal vigente desde o princípio dos anos 1980.

O objetivo da estratégia foi o fortalecimento das bases de cooperação entre o Estado mexicano e o capital, bem como o apoio recíproco de uma fração do empresariado mexicano ligado a grupos econômicos transnacionais.

Tudo isso significou efetuar uma mudança no modelo de desenvolvimento econômico do país, o que implicou reduzir a participação do Estado na economia, continuar o processo de privatização de empresas públicas e acelerar a abertura comercial ao exterior.

As consequências do casamento entre o grupo salinista e os empresários mais ligados à sua gestão foram a grande especulação na Bolsa, a administração da economia do país por umas quantas famílias e as numerosas fraudes de alguns empresários.

Eugenio Clariond Reyes, de Monterrey – um dos mais representativos personagens ligados ao dinheiro –, reconheceu inequivocamente, em uma conferência para estudantes e também em um artigo publicado no jornal *El Norte*, que, graças aos tecnocratas, os empresários puderam recuperar-se depois da expropriação e da crise estrutural dos anos 1980:

> Graças ao Ficorca (Fideicomiso para la Cobertura de Riesgos Cambiarios) e a seu diretor Ernesto Zedillo, pudemos sobreviver [...] nenhuma pessoa do sistema político em nosso país poderia assegurar-nos a consecução de nossos ideais econômicos e fiscais com mais seriedade e responsabilidade do que Ernesto Zedillo.

Em sua edição de 1994 sobre os homens mais ricos do mundo, a revista *Forbes* qualificou o México como "um paradigma". Segundo a publicação, que desde 1987 divulga a lista dos homens mais ricos do mundo, com capital superior a 1 bilhão de dólares, foi "descoberto" em 1991 o primeiro mexicano que cumpria esse requisito: tratava-se da família dos Garza Sada. No entanto, no último ano do governo salinista, a lista da *Forbes* incluía 24 mexicanos entre os mais ricos do planeta.

Os presidentes Miguel de la Madrid e Carlos Salinas deram início à abertura da economia mexicana, reduziram de 1.155 para duzentos o número de empresas paraestatais, fizeram a adesão do México ao GATT e ao Tratado de Livre Comércio, gerando mais empregos e comércio, além de colocar o país no quarto lugar em número de multimilionários, depois dos Estados Unidos, da Alemanha e do Japão.

Slim apareceu pela primeira vez na lista da *Forbes* em 1992, com um capital de 2,1 bilhões de dólares, e subiu na lista em 1994, com um capital de 6,6 bilhões de dólares. Dai em diante, o magnata tem despertado inveja e há aqueles que lhe lançam dardos carregados de suspeita, tratando de estigmatizá-lo como um simples crupiê dos negócios, situação que muitas vezes o incomoda.

Embora magnatas como Gilberto Borja Navarrete e outros, como Claudio X. Gonzáles, tenham sido assessores do salinismo, não lhes importou aparecer em uma vintena de conselhos de administração de empresas paraestatais e privadas. Slim cuidou muito da sua imagem nesse sentido.

Foi assim que, identificados com os tecnocratas, os empresários se consolidaram como uma nova elite do poder.

Quando Zedillo cumpriu um ano de governo, os representantes do *smart money* lhe expressaram seu agradecimento pela política econômica projetada especialmente para eles no sexênio anterior e cuja continuidade lhes tinha sido garantida. Em uma reunião em Los Pinos, o presidente da Kimberly Clark e membro do Conselho de Administração do Grupo Carso, Claudio X. González, em nome dos trinta empresários mais ricos do país, reunidos no Conselho Mexicano de Homens de Negócios, disse ao presidente:

> [...] não estaríamos nos arriscando e investindo em nosso país, se não acreditássemos em sua viabilidade, no potencial de seus mercados internos e externos, em todas as mudanças estruturais, econômicas, políticas e sociais que foram feitas e que estão sendo feitas.

Salinas deixou como herança para seu sucessor um país em crise, o que provocou a amargura de alguns empresários, que se sentiram "traídos" pelo ex-presidente ao verem seus capitais em perigo, com o chamado "erro de dezembro", situação que obrigou o governo de Zedillo a solicitar uma ajuda de emergência de 50 bilhões de dólares aos Estados Unidos e aos bancos internacionais.

A presença de Carlos Slim em Nova York foi importante para aplacar os ânimos e as reclamações dos investidores de Wall Street.

O governo de Zedillo tinha pedido a Slim para que acompanhasse os funcionários da Secretaria da Fazenda que tentavam acalmar os mercados e negociar ajuda de emergência.

O apoio do homem mais rico do México e de toda a América Latina foi vital para o presidente Zedillo.

Os presidentes tricolores e branco-azuis sempre reconheceram o poder de Carlos Slim. Nas campanhas para as eleições de 2000, Slim havia apoiado todos os candidatos, inclusive o grupo Amigos de Fox, que recebeu fundos de 18 milhões e 750 mil pesos, cujas negociações foram feitas pelo Fideicomiso para el Desarrollo y la Democracia, presidido por Carlos Rojas Magnon, um dos encarregados de arrecadar dinheiro para a campanha de Fox.

Quando o senador Carl Levin, do Subcomitê de Investigações do Senado, interrogou a cubano-estadunidense Amy Elliot, encarregada das contas de Raúl Salinas de Gortari no Citibank, relacionou o irmão incômodo do ex-presidente Salinas como sócio de Slim na Teléfonos de México, ao afirmar que a família de Salinas beneficiou-se com um aumento no valor da companhia telefônica.

No começo de novembro de 1999, essa mulher de negócios – que recebia comissões de mais de 60 mil dólares mensais pelo controle das contas de um reduzido grupo de empresários mexicanos – tinha revelado que o dinheiro de Raúl depositado em contas do Citibank provinha de seus investimentos legais em várias empresas mexicanas, especialmente a Telmex.

Slim reagiu de maneira imediata contra as declarações: convocou a imprensa para "esclarecer" que "o controle das ações 'AA', que têm poder de decisão na Telmex, é claro, e nele não estão os irmãos Salinas de Gortari".

Para esclarecer qualquer dúvida sobre as declarações de Amy Elliot, o procurador da Teléfonos de México, Sergio Rodríguez Molleda, enviou uma carta datada de 12 de novembro de 1999 à própria Elliot, vice-presidente da Banca Privada de Citigroup, com cópia para o presidente do Citigroup, John Reed, para o engenheiro Julio A. de Quezada, diretor-geral do Citibank México S.A., e para o Grupo Financiero Citibank, na qual expõe o seguinte:

> A publicação das declarações que a senhora fez há alguns dias perante a comissão do Senado dos Estados Unidos da América, em relação a possíveis investimentos e grandes rendimentos em ações da Teléfonos de México, S.A. de C.V., do engenheiro Raúl Salinas de Gortari, provocou dúvida e desinformação que podem prejudicar nossa empresa.
>
> Vários jornais destacaram que a senhora, de forma vaga, afirmou que acreditava que parte do dinheiro do senhor Salinas de Gortari provinha de investimentos que havia feito na Telmex. Pedimos que esclareça sua declaração, por causa das graves repercussões que esta possa causar à empresa.

A resposta à exigência do diretor de assuntos jurídicos da Teléfonos de México veio um mês depois, em uma carta do escritório jurídico Richards Spears Kibbe, na qual a advogada Linda Imes, representando Amy Elliot, respondeu:

> Estimado senhor Rodríguez Molleda:
>
> Como é de seu conhecimento, sou a representante legal de Amy Elliot. Entendo que o senhor necessite de uma explicação mais ampla para tornar mais completa a informação que lhe enviei na minha carta de 19 de novembro, relacionada com os assuntos que foram atribuídos à senhorita

Amy Elliot, em artigos de jornais, concernentes a Raúl Salinas de Gortari e Teléfonos de Mexico.

Como disse em minha carta anterior, durante sua visita ou apresentação perante o Subcomitê Permanente de Investigações do Senado dos Estados Unidos no dia 9 de novembro, a senhorita Elliot comenta que essa informação, entre muitas, sobre o bem-estar do senhor [Raúl] Salinas era de que os Salinas fizeram investimentos na Telmex, uma companhia que duplicou seu preço em cerca de um ano e meio. A senhorita Elliot ficou sabendo que os Salinas tinham adquirido ações da Telmex. Não havia razão alguma para acreditar que as ações ou as aquisições fossem inadequadas. Foi do conhecimento da senhorita Elliot, embora ela não se lembre especificamente como soube disso, que os Salinas adquiriram ações da Telmex no mercado aberto. Ela nunca disse que os Salinas adquiriram o "controle do mercado" ou que tivessem um interesse controlado na Telmex.

Espero que essa carta esclareça ao senhor a situação da senhorita Elliot.

A carta termina com a rubrica da advogada Linda Imes.

"Não sei se os Salinas ganharam na Bolsa", comentou Slim; ele disse que analisava perspectiva jurídica as afirmações de Elliot. Quando os jornalistas lhe perguntaram se houve um momento em que se desligara do ex-presidente Salinas, respondeu que não sabia. Primeiro, sublinhou:

Com a empresa Galas de México, relacionaram-me a Luis Echeverría; depois com López Portillo e também com o presidente do Líbano [Amin Gemayel], por ser primo da minha esposa; igualmente foram mencionados ex-secretários de Estado, como David Ibarra. Amanhã dirão que tenho vínculos com Zedillo.

Não obstante o "esclarecimento" aos advogados de Slim, Vicente Fox fez eco às acusações de Amy Elliot e exigiu que o governo de Zedillo interviesse na denúncia sobre as alegadas irregularidades detectadas na privatização da Teléfonos de Mexico. "Deve-se investigar a participação dos Salinas não só na Telmex, mas também em outras empresas privatizadas durante seu governo."

Superado o *affair*, Slim se recolheu à sua trincheira sem deixar de lado a política. Apoiou incondicionalmente a campanha de seu amigo Francisco Labastida Ochoa e se apresentou na sede do PRI na tarde de 2 de julho, quando já se sabia que o candidato do PRI fora derrotado. Slim não se intimidou e mostrou-se solidário com Labastida, apesar de ter contribuído com recursos para quase todos os partidos em disputa, inclusive o Partido Ação Nacional.

O empresário Guillermo H. Cantú, próximo ao presidente Fox, autor do livro *Asalto a Palacio, las entrañas de una guerra*, revelou que os três empresários que mais apoiaram o candidato do Partido Ação Nacional, depois de fazê-lo também com Labastida, foram Carlos Slim, Roberto Hernández e Alfonso Romo.

Álvaro Cepeda Neri, aguerrido jornalista de Sonora, em sua coluna "Conjeturas", deu ênfase especial ao apoio de Slim para a campanha presidencial de Labastida Ochoa.

Sob o título de "Slim no PRI e na Catedral (Duas empresas falidas?)", Cepeda Neri escreveu:

> [...] A batalha pós-eleitoral nos impediu de investigar a fundo o que realmente aconteceu em suas origens (as eleições de 1997, o fechamento da chave do dinheiro federal pelo ramo 33, que impediu que milhões de pesos fluíssem aos estados para "azeitar" a maquinaria do PRI etc.) e de deixar passar outros eventos, por exemplo, que a metade da expressão Carlos e Charlie, ou seja, Carlos Slim Helú, estivesse metido até o pescoço na campanha de Labastida, provando que até mesmo um empresário que tem sorte e dinheiro, ao mesmo tempo (nosso orgulho latino-americano e mundial, como um dos homens mais ricos) pode equivocar-se.
>
> [...] O que caracteriza Carlos Slim é que, desde que começou a enriquecer nas ruas de Correo Mayor até agora, se dá com Bill Gates e outros multimilionários, tem um olfato para saber quando um empresário está angustiado e à beira da falência, para chegar como seu "salvador" e comprar todo tipo de empresas à disposição do melhor licitador, quando elas são vendidas a um preço abaixo do real. Assim foi como Slim converteu-se em dono de redes de serviços (todas as lojas Sanborns pertencem a ele), panificadoras, indústrias, bancos, emissoras de televisão, jornais, computadores etc. Homem de empresa e empresário, Slim é hoje em dia o indivíduo mais rico do país na era pós-revolucionária e, sobretudo, do auge do neoliberalismo econômico.
>
> [...] A única coisa que nos ocorre é que Carlos Slim, interessado em empresas à beira da falência, talvez tenha se aproximado do PRI, já em bancarrota (parecia um banco pelos milhões que manejava em cada eleição,

até que Zedillo lhes cortou o fornecimento), a fim de fazer-lhes uma oferta para comprar o velho partido. Outros asseguram que Slim aproximou-se do PRI para verificar se era verdade o que diziam os meios de informação (Slim é sócio da Televisa e de algumas cadeias de rádio), que Fox havia derrotado Labastida e Cárdenas. Desse modo, os membros do PRI já sabem: se querem vender o partido, já têm um comprador.

Carlos Slim voltou a ficar sob os refletores quando, apenas iniciado o sexênio do presidente Vicente Fox, este, de maneira errônea e ilegal, tomou a decisão de designar quatro dos mais poderosos empresários mexicanos como integrantes do Conselho de Administração da Petróleos Mexicanos.

Nos círculos políticos, essa medida foi interpretada como pagamento de favores feitos a Fox durante sua campanha, ao passo que os críticos do mandatário do Partido Ação Nacional advertiram sobre os riscos de que os homens de negócios pudessem fazer mau uso da informação estratégica da Pemex para obter benefícios.

Infringindo a Ley Orgánica da Pemex e das entidades paraestatais, Fox designou Slim, Alfonso Romo, Lorenzo Zambrano e Rogelio Rebolledo como conselheiros da Petróleos Mexicanos.

Essa decisão provocou a reprovação da Comissão Permanente, que enviou um chamado à legalidade ao presidente da República, que se havia excedido em suas faculdades.

Raúl Muñoz Leos, diretor da Pemex e ex-executivo da transnacional Dupont, foi quem fez as propostas de integração dos empresários ao conselho de administração.

Os ex-presidentes tecnocratas tinham tentado introduzir mudanças na Pemex, mas não chegaram a tanto, como Vicente Fox.

Devido ao comportamento inoportuno de Fox, os representantes das correntes parlamentares na Comissão Permanente fizeram um acordo no qual expressaram:

> As nomeações feitas pelo presidente da República em favor de quatro empresários mexicanos para integrar o Conselho de Administração da Pemex são, de forma clara, contrárias ao texto e espírito dos artigos 25, 27 e 28 da Constituição Geral da República e violadoras do artigo 7 da Ley Orgánica de Petróleos Mexicanos y Organismos Subsidiarios [...] Pelo dito

anteriormente, creio pertinente que o próprio presidente da República proceda à reconsideração de tais nomeações, com o objetivo de fazer novas nomeações com estrito apego ao estabelecido pela Constituição e pela Ley Orgánica da empresa paraestatal mencionada.

Ao assumir o cargo de "conselheiro" da Pemex, Slim assegurou que era possível converter a paraestatal na melhor empresa petroleira do mundo, com a aplicação de critérios de eficiência operacional.

Tempos depois, mediante um decreto publicado no *Diario Oficial de la Federación*, formalizou-se a "retirada" das nomeações que tinham sido feitas no Conselho de Administração da Petróleos Mexicanos. A Ley Orgánica da Pemex estabelecia a integração de tal conselho por onze membros, seis designados pelo presidente da República e cinco representantes do sindicato petroleiro.

Finalmente, os empresários passaram de "conselheiros" a "consultores" e o Conselho de Administração da Pemex foi reestruturado.

Na véspera das mudanças do Conselho de Administração da Pemex, Slim assegurou que não se retiraria, porque Petróleos Mexicanos é a empresa que alavanca o desenvolvimento do país por sua importância fiscal. "É uma empresa-chave que deve continuar pertencendo ao Estado e ser cada vez mais forte."

Para o renomado jornalista Alan Riding, do influente *The New York Times* e autor do clássico *Vecinos distantes, un retrato de los mexicanos*.

> [...] a realidade de um país que avança em duas velocidades viu-se ainda mais agravada pela inserção gradual do México na economia global. O azar do México foi que, durante as crises de 1982 e 1994, a renda se concentrou nas mãos de uns poucos. Mas, quando chegou a recuperação econômica, com a liberalização das normas e as privatizações, a concentração de renda se manteve. Esse fenômeno não foi exclusivo do México apenas: Estados Unidos e Grã-Bretanha, os dois primeiros países que empreenderam esse caminho, registraram uma ampliação constante da distância entre ricos e pobres, desde o começo dos anos 1980. Logo em seguida, com a chegada da "nova economia", construída em torno das novas mídias e da alta tecnologia e insuflada pela especulação na Bolsa, esse processo se acelerou. O México demorou a entrar nesse ciclo, mas reconheceu que este era, agora, o único modelo econômico disponível. Duas décadas antes, os países em desenvolvimento acreditaram que mereciam um tratamento especial. Hoje

em dia, a países como o México, não resta alternativa senão unir-se à economia global e jogar conforme suas regras.

A não ser que Fox possa contar com o apoio dos grandes magnatas dos negócios, muitos deles figuras familiares do passado, que se ajustaram à mudança econômica, como a dinastia Garza Sada, de Monterrey, Lorenzo Zambrano, de Cementos de México, e Alfonso Romo Garza, da Pulsar. Mas são outros os novos-ricos, cujos nomes eram desconhecidos há vinte anos, como Roberto Hernández, presidente do Banamex, e especialmente Carlos Slim Helú, o chefe multimilionário da Teléfonos de México e de uma série de outras empresas, assim como o homem mais rico da América Latina. O que eles – e a maioria dos demais líderes empresariais – têm em comum é uma longa história de apoio aos governos do PRI; todos eles estão de acordo, agora, que Fox é uma boa opção para o México.

Slim sempre atrai os refletores da imprensa quando assiste a qualquer evento público.

Além disso, sua relação com o governo de Vicente Fox não impediu que expressasse seus pontos de vista. Desde o princípio, mostrou-se contra a reforma fiscal proposta pelo presidente. Sua proposição é isentar do imposto do valor agregado os alimentos e os remédios, "sempre e quando se faça uma seleção cuidadosa dos produtos que, sim, têm de ser taxados".

É contra aqueles que chama de "nacioglobalifóbicos", como define os que pensam que o empresário estrangeiro sempre é melhor e que as empresas nacionais não têm capacidade para enfrentar as transnacionais.

"Sou diferente daqueles que pensam que os empresários mexicanos não podem manejar os próprios negócios e de muitas autoridades que acham que é melhor dessa forma, favorecendo o investimento estrangeiro em detrimento do nacional."

Slim confrontou tanto políticos de esquerda como de direita. Porfirio Muñoz Ledo, que era um de seus principais adversários, terminou seduzido pelo rei Midas dos negócios.

Quando era senador do PRD, Nuñoz Ledo afirmava, blefando, ter em seu poder um expediente no qual constavam as irregularidades puníveis na desincorporação da Teléfonos de México e da "imensurável especulação da Bolsa" de que Slim supostamente havia participado para tornar-se dono de um patrimônio público.

Com a venda da Telmex, passou-se de um monopólio de economia mista a um monopólio de economia privada. Todos nós sabemos que o dinheiro não tem pátria, de modo que o argumento de que a Telmex permaneceu em mãos mexicanas é muito relativo. Foi um triunfo dos "reprivatianos" sobre os republicanos.

Da noite para o dia, Muñoz Ledo deu uma guinada em seus ataques a Slim. No dia 7 de julho de 2000 – cinco dias depois do triunfo presidencial de Vicente Fox –, o ex-legislador e ex-presidente do PRD assistiu ao casamento da filha do magnata, Soumaya Slim Domit com o arquiteto Fernando Romero Havaux.

Muñoz Ledo e um grupo de membros do PRD dedicaram-se a elogiar Carlos Slim; entre eles, encontravam-se Carlos Payán Velver e Samuel del Villar, e outros simpatizantes de esquerda, como Epigmenio Ibarra, beneficiários do homem mais rico do país. E com eles também estavam na festa intelectuais como Carlos Monsiváis, Enrique Krauze, Iván Restrepo, Héctor Aguilar Camín, Ángeles Mastretta, Rolando Cordera, David Ibarra e Guillermo Tovar y de Teresa.

A sedução do magnata em seu máximo esplendor.

Anos atrás, na tribuna da Comissão Permanente do Congresso da União, o engenheiro Heberto Castillo, senador pelo PRD, havia desafiado Carlos Slim de maneira indelicada. O legendário lutador do movimento estudantil de 1968 havia exigido a investigação das grandes fortunas forjadas no sexênio de Carlos Salinas de Gortari.

Seis semanas depois do início do governo de Zedillo, Heberto Castillo questionou a riqueza de Slim.

Sobre o caso Telmex, Castillo sustentava, em um artigo publicado na revista *Proceso* em dezembro de 1995, que o governo do presidente Zedillo não teve vontade política para processar o ex-presidente Salinas, como deixou evidente em seu comparecimento diante da Câmara dos Deputados, do procurador do PAN, Antonio Lozano Gracia, que argumentou que não havia elementos para proceder contra Salinas e seus principais colaboradores, assim como contra os empresários beneficiados pelo programa de privatizações.

Em uma reportagem de Ben Heff, jornalista da *Universal News Service and RM*, datada de janeiro de 1998 em Washington, menciona-se um relatório dos arquivos criptografados do FBI que seguia a pista dos bilhões de dólares depositados por ordem de Carlos Salinas de Gortari em bancos do Caribe.

Embora Salinas estivesse sob suspeita de ter se beneficiado e enriquecido um grupo de amigos empresários, não foi chamado para esclarecer as denúncias de corrupção contra ele.

Tempos atrás, no esplendor da campanha de Luis Donaldo Colosio, o PRI convocou os barões do dinheiro para um jantar de arrecadação de fundos para o partido. O evento, que congregou as famílias mais ricas do país, ocorreu no salão Las Constelaciones, do Hotel Nikko. Convidado especial do candidato, o engenheiro Carlos Slim monopolizou a atenção da imprensa.

Os repórteres invadiram a mesa que Slim ocupava com alguns familiares.

– Engenheiro, fale-nos da Teléfonos de México. Cuauhtémoc Cárdenas advertiu que, se ganhar as eleições presidenciais, vai submeter a empresa a uma nova licitação [...] Cárdenas disse que o processo de privatização esteve repleto de irregularidades. Qual é a sua opinião?

– Que todo o processo de licitação foi muito claro.

Um homem de êxito

Paradigmas e padrões

O êxito está associado a paradigmas e padrões que não necessariamente se ajustam às expectativas que todas as pessoas têm. Mas Carlos Slim, que é um homem bem-sucedido, continuará sendo, no futuro, um símbolo para as novas gerações.

Muitos pensam que a riqueza de uma pessoa se define por quanto ela tem, quanto ganha, pela roupa que veste e pela maneira como vive. Como dizem os americanos: *We know now that this is not all true*. Quer dizer, agora sabemos que isso não é absolutamente certo.

Slim não é daqueles que concebem esse estereótipo de associar o êxito ao dinheiro. Ele conseguiu um inusitado reconhecimento social não só por sua liderança empresarial, mas também por sua sensibilidade humana.

Sobre o segredo de seu êxito, Slim afirma:

> Creio que o êxito não é econômico. Pensar no êxito do ponto de vista material não é certo... Creio que, para mim, o êxito é a família em que nasci, em que cresci, meu casamento, meus filhos, meus netos, meus amigos.

Para Slim, o êxito "não é apenas triunfar nos negócios". Para ele, a palavra "êxito" são valores e princípios, e não necessariamente significa obter um resultado bom ou favorável nos negócios.

Alguns especialistas em desenvolvimento pessoal advertem que o êxito tem seus segredos. Por exemplo, os homens de êxito têm a qualidade da persuasão e a segurança ao falar em público; organizam seus pensamentos e os plasmam com clareza ao escrever um discurso; são organizados e produtivos, inovadores e criativos; têm pensamento crítico para analisar e avaliar a informação; sabem escutar e tomar decisões, assim como responder perguntas com rapidez e eficácia; contam com a habilidade para fazer estimativas precisas e trabalhar com números na cabeça; sabem ler produtivamente e usar esses conhecimentos de maneira eficaz; são descontraídos e enfrentam com agudeza e engenho qualquer tipo de crise; sabem como abraçar um filho e como fazer um acompanhamento e registro de seus gastos e rendas, que não são vitais para sobreviver, mas sim para prosperar.

A genética de Slim para os negócios atrai para ele a luz dos refletores. Todos os dias, de muitas partes do mundo, chovem solicitações de entrevistas, desde os veículos mais influentes até as publicações mais frívolas. A chamada imprensa rosa procura qualquer pretexto para colocá-lo em suas capas. *Semana*, a revista espanhola de crônica social e espetáculos, atribuiu-lhe um suposto romance com a rainha da Jordânia, Noor al-Hussein (cujo nome de solteira é Lisa Halaby). A publicação dava como certo que a viúva do rei Hussein e o magnata mexicano mantinham uma relação sentimental, mas Slim acabou de uma tacada com esse rumor: "só nos une a amizade", afirmou.

O certo é que Slim é visto como um dos empresários com mais *sex appeal*. O doutor William M. Brown e um grupo de especialistas britânicos em psicologia evolucionista da Universidade de Brunel sustentam que o *sex appeal* não é um assunto fortuito nem se trata de moda. Suas características têm a ver com o potencial genético de uma pessoa, com a simetria de sua personalidade. Sabe-se que os rostos simétricos são muito mais atraentes, mas a simetria corporal é um valor agregado fundamental para se ter *sex appeal*. No caso masculino, essa simetria deve incluir um torso grande, bons ombros, peitos pequenos, pernas fortes e uma altura aceitável. No caso feminino, triunfam as pernas longas, os seios de tamanho considerável, os ombros pequenos e uma determinada proporção cintura-quadril.

A revista *Entrepreneur* deu-se ao trabalho de explorar a personalidade de Carlos Slim.

Com a pergunta: "O que há para aprender dele que nos sirva de inspiração?", a repórter Doris Gómora consultou um grupo de especialistas para tratar de "decifrar" o "enigma" de Carlos Slim.

Reconheçamos: ser empreendedor é viver um passo adiante da grande maioria. Mas em que momento um empreendedor se converte em influência para outros empreendedores?

Um grupo de especialistas sobre os temas pequena e média indústria e talento empresarial disse quem são, para eles, as personalidades empreendedoras exemplares e quais características fazem que continuem a ter sucesso.

Eis aqui suas respostas.

Liderança e visão

Francisco Martínez, coordenador do Programa Emprendedores da Universidade Nacional Autônoma do México, considera Carlos Slim um exemplo de empreendedor de êxito.

"Creio que o mais importante é que está reconhecendo necessidades da sociedade, e podemos falar de qualquer de suas empresas. Além disso, é dos poucos que destinam capital semente para criar empresas ou comprar empresas falidas para reativá-las." Mas, na opinião de Martínez, o que faz que Slim seja diferente?

"É um líder analítico e, sobretudo, está preparado para as mudanças, de tal forma que, se algo puder afetar alguma de suas empresas, toma as medidas necessárias."

Discrição

Miguel Torruco, empresário hoteleiro da Cidade do México, diz:

"Carlos Slim é um empreendedor de êxito porque é uma pessoa com excepcional visão para os negócios, que sabe comprar e vender.

Além disso, é discreto e não é dado à ostentação, qualidades pessoais não muito usuais nesses tempos."

Segurança

Para Érika G. Bello, da Escuela de Negocios da Universidade das Américas (UDLA), Slim também é o empreendedor mexicano que mais se destaca na atualidade:

"Os traços de personalidade para continuar triunfando são liderança, carisma, criatividade e segurança".

Inovador

"Carlos Slim é o protótipo do empreendedor de êxito", diz Imanol Belausteguigoitia, diretor do Centro para el Desarrollo de la Empresa Familiar, do Instituto Tecnológico Autônomo do México (Itam).

"Slim tem cinco características que respondem à definição de empreendedor: proatividade, risco, inovação, competitividade e adaptabilidade; além disso, é flexível.

Antecipa-se aos acontecimentos e aos problemas. Assume riscos calculados. Rompe com paradigmas. E além disso é agressivo na concorrência: parece que para ele isso é um incentivo."

Homens de êxito

Angélica Arreola, diretora de consultoria do Centro de Evaluación de Talento Humano do Instituto Tecnológico e de Estudos Superiores de Monterrey (Itesm), câmpus Cidade do México, afirma que para ela os empreendedores mais emblemáticos do país são Lorenzo Zambrano, presidente da Cemex, e Carlos Slim, presidente do Grupo Carso.

Por que razão os escolheu: "Zambrano e Slim são os dois empreendedores que conseguiram demonstrar que se pode fazer grandes negócios no México.

São indivíduos inovadores, que rompem paradigmas; têm capacidade de inovação e visão estratégica do negócio a longo prazo, o que é vital para fazer os negócios crescerem e se expandirem".

A revista *Quién* se dispôs a analisar a personalidade que Carlos Slim projeta. Assim, sob o título "El rostro del millonario", a publicação fez o seguinte esboço da imagem do engenheiro:

"O poder, o dinheiro e o conhecimento são traços que sobressaem no magnata Carlos Slim Helú; isso pode ser identificado em suas pálpebras caídas e seus olhos pequenos, que indicam que desde a infância teve muitas exigências."

Essas são algumas das conclusões a que chegaram as pesquisadoras em psicografologia Alma Leticia Márquez e Martha Patricia González, ao analisarem os traços faciais do empresário.

Rosto retangular, cabelo liso e entradas proeminentes: Esse tipo de traço é próprio de pessoas analíticas, com gosto pelas matemáticas e orientadas a resultados. As entradas proeminentes são reflexo de que gasta muita energia em situações de longo prazo.

Olhos pequenos e separados: Refletem a capacidade analítica e uma mentalidade aberta. É um bom estrategista que gosta de distintas atividades ao mesmo tempo.

Pálpebra superior caída: Reflete exigência consigo mesmo e com os demais.

Pálpebra inferior com bolsa: Esses sinais no rosto expressam esgotamento e excesso de estresse.

Lábios que não chamam a atenção: Indicam força e dinamismo para alcançar os próprios objetivos.

Nariz largo: Indica que tem grande capacidade de concentração. Seus orifícios nasais são pouco visíveis, o que significa que sabe administrar o dinheiro.

Orelhas coladas: Significam que gosta de ouvir, que tem grande capacidade para levar suas ideias à prática, gosta que as coisas funcionem bem.

Queixo proeminente: Costuma ser influente sobre os demais, é uma pessoa ambiciosa. É sinal de liderança, de seus constantes triunfos, de que geralmente alcança seus objetivos.

A assinatura de próprio punho e a letra de Slim também atraíram o interesse da mídia. Geralmente o engenheiro escreve à mão seus discursos e conferências. É obsessivo na correção dos mínimos erros ortográficos, revisa os textos repetidas vezes. É raro ver alguma coisa riscada, embora isso não queira dizer que não faça alguma correção de última hora. Uma coisa é certa: os textos que lê diante do público são impressos em papel timbrado com seu nome.

Sob o título *Slim, con el poder de su firma*, os editores do grupo *Expansión* também perguntaram: Que traços de sua personalidade o empresário transmite quando estampa sua assinatura?

Em um artigo da repórter Gisela Vázquez, um grafólogo deu-se ao trabalho de analisar a escrita de Carlos Slim.

O presidente da Sociedad Psicografoanalítica de México, Víctor Piña Arreguín, ao fazer uma análise da escrita do empresário, concluiu que seus traços indicam um temperamento nervoso, sanguíneo, força de vontade, dinamismo e orientação a resultados.

Aqui estão alguns dos aspectos relevantes que o grafólogo descobriu:

A angularidade de algumas partes de sua escritura indica que pode atuar de maneira direta e assertiva, que diz as coisas tal como são ou bem como as sente. "Pode-se observar que na vida íntima mostra-se mais descontraído do que na área profissional, na qual pode se mostrar mais temerário e dominador." Seus traços gráficos são muito parecidos com os do artista Pablo Picasso. Esses traços ocorrem naquelas pessoas que têm capacidade criativa, inventiva, e que são capazes de adiantar-se às situações atuais.

Escrita inclinada e caída. Reflete dinamismo, energia, superação pessoal. A pessoa denota habilidade para interagir com os demais e externar seu ponto de vista a todos.

Assinatura legível. Pessoa que se mostra tal como é. Não toma uma atitude diferente dos próprios desejos e interesses.

Letra S com angularidade na parte inferior. Indica dom de mando, habilidade assertiva, assim como organização em todas e cada uma de suas atividades.

Letra S ascendente. Reflete uma pessoa orientada às ideias, à área criativa, inventiva e à superação pessoal.

Escrita decrescente. Esse traço pertence ao temperamento nervoso, que reflete um indivíduo que gosta de comandar, ordenar, que se deleita em executar projetos importantes.

Escrita espaçada. Pode-se observá-la naqueles que tomam tempo para pensar, dando um espaço ao manejo de ideias e projetos.

Assinatura que termina com um ponto. Pode-se observá-la naqueles que tendem a impor seu ponto de vista.

Direção de escrita descendente. Pode ser devida a alguma situação atual que possa gerar nostalgia ou então a uma diminuição no manejo da energia que se tem normalmente.

Nesse ponto, é importante considerar se isso se deve a uma situação de aqui e agora ou de outro tempo.

Ponto da letra "i" muito alto e inclinado. Dá-se naqueles que gostam de sonhar, inovar, adiantar-se aos fatos, assim como naqueles que contam com a habilidade intelectual de planejamento estratégico.

Letras C e S que sobressaem. Esse traço verifica-se unicamente em quem quer sobressair do comum das pessoas.

Platão é mais conhecido por sua obra filosófica. No entanto, sua influência nas matemáticas é bastante considerável. Acreditava que era impossível estudar filosofia sem o conhecimento das matemáticas. Talvez seja esse o motivo pelo qual fez colocar na entrada da Academia sua célebre e significativa frase: "Não entres aqui se não fores geômetra". Esta e outras proposições, como "os números governam o mundo" nos fazem ver que era diretamente influenciado pelas teorias de Pitágoras.

Quando perguntam a Carlos Slim sobre seu gosto pelas contas, ele responde que os números falam com ele, dançam para ele. Sua inclinação para as matemáticas levaram-no a estudar engenharia e a fazer um curso de economia durante três meses.

Os adeptos da numerologia alegam que esta "é uma ciência, ou seja, um conjunto de leis verificáveis e repetitivas, cujo objetivo é o estudo do ser humano em sua totalidade", como seu nome o indica, de números e cálculos numéricos que permitem, pela análise do nome, sobrenome e data de nascimento, conhecer uma pessoa do ponto de vista de seu comportamento psicológico até os acontecimentos mais transcendentes de sua vida. De modo semelhante à astrologia, a numerologia permite conhecer os acontecimentos passados, presentes e futuros do indivíduo, como também certas tendências que inevitavelmente irão cumprir-se ao longo de sua vida.

Hermes Thot ou Hermes Trismegisto é considerado o pai da numerologia. Os gregos o chamavam "deus da sabedoria".

Os numerologistas estão atentos aos ensinamentos de Pitágoras, à cabala numérica e ao simbolismo cristão da Idade Média e ainda exaltam os árabes e os celtas, que estudavam a energia dos números e os consideravam "reflexo do divino".

A seguir, temos a Carta Numerológica de Carlos Slim, que mostra seus pontos fortes e os traços predominantes de seu caráter. Também inclui um exemplo de sua escrita, na qual se manifestam alguns aspectos de sua personalidade.

Delineação numerológica para Carlos Slim Helú, 28 de janeiro de 1940

Elementos centrais de sua personalidade

Nome:	Carlos	5	Aventureiro
Sobrenome:	Slim	8	Executivo
Sobrenome:	Helú	1	Líder

Dia do nascimento:	28	Único e ambicioso
Trilha do nascimento:	7	Esperto
Destino:	14/5	Rebelde
Realização:	3	Comunicador
Desejos do coração:	6	Mestre
Personalidade:	8	Executivo
Desafio aos próprios hábitos:	14/5	Rebelde, propenso a hábitos compulsivos

Balanço de temperamento

Resposta física:	2	Calado, sensível, orientado a tarefas
Resposta mental:	4	Prático, planejador, realista
Resposta emocional:	6	Comprometido, inquieto, mostra o que é
Resposta intuitiva:	2	Sensível, fanático, mostra empatia

Especialidades e números faltantes

Distribuição de números no nome: 1 2 3 4 5 6 7 8 9
3 0 5 1 1 1 0 1 2

Lição cármica
Companheirismo, paciência, tato 2
Pessimismo, confiança, sabedoria 7

Períodos de transição

Idade		Auge	Desafio
Primeiro:	Nascimento a 29	2	0
Segundo:	30 a 38	6	4
Terceiro:	39 a 47	8	4
Quarto:	48 até a morte	6	4

Junio 5, 2009

Día Mundial del Medio Ambiente

Sr Presidente de los E.U.M. Lic Felipe Calderon
Sr Gobernador del Edo de Q R
Señores secretarios
Señores del Presidium
Señoras y señores.

Me da mucho gusto poder estar en este importante evento y comunicar a ustedes el acuerdo de colaboración de el Gobierno federal representado por el Secretario de Semarnat Ing Juan Rafael Elvira con la alianza WWF y la fundación Carlos Slim que con una inversión inicial de 100 millones de dolares se suma al esfuerzo de destacados lideres ambientalistas comprometidos con la conservación de la biodiversidad y el desarrollo sustentable. Se estableció una agenda mexicana con 6 regiones prioritarias, y en ellas 17 areas de excepcional riqueza natural.

México ocupa el 4° lugar del mundo en riqueza biológica que se suma a sus espectaculares ciudades y edificaciones, varias de ellas milenarias, prehispánicas, a sus hermosas ciudades coloniales, a sus importantes bellezas naturales y a las tibias aguas de sus mares.

El cuidado del medio ambiente y su problema mas relevante el cambio climático es el mayor desafío global pues amenaza el desarrollo y el bienestar social: huracanes, sequías, inundaciones y afectaciónes a la biodiversidad y a los ecosistemas así como el derretimiento de los glaciares que subirá el nivel del mar varios metros con graves consecuencias a ciudades y poblaciones costeras.

Para estabilizar y revertir los gases emisión invernadero se requieren inversiones importantes, aparentemente no rentables en el corto plazo, pero sin duda estas son mucho menores que el costo del impacto si el cambio climático sigue su tendencia.

Para estabilizar la ecuación: emisiones de GEI (principalmente lo emiten Transporte, energía eléctrica fósil, desechos e industrias) igual a absorción y transformación de los mismos por los bosques, mares, glaciales.

Podemos reducir las emisiones con simples cambios culturales unos pocos grados C° más o menos según el uso del aire acondicionado, más y mejor transportación pública, edificios más eficientes, vehículos de bajo emisión, híbridos o minimizando su uso, energías alternativas renovables, conversión de pasivos ambientales en activos como basureros y la conservación y desarrollo de recursos naturales. Hay q hacer más rentable la conservación y el uso sustentable de los recursos naturales que su destrucción por necesidades económicas de las comunidades.

En esta nueva civilización de servicios, tecnología en la que se producen bienes con gran eficiencia es necesario incentivar y orientar la inversión en investigación, desarrollo e innovación para revertir las concentraciones de GEI

El cuidado del medio ambiente será en un futuro próximo un sector económico muy importante y gran generador de empleo.

Muchas Gracias

Carlos Slim

A expansão

América Latina, desafios

O desafio de Carlos Slim nos próximos anos será criar um capital físico e humano na América Latina para contribuir, na medida de suas possibilidades empresariais, no combate aos atrasos da pobreza e do desemprego que afligem a região. Diz o magnata que não importa a distância que exista entre ricos e pobres. Há um provérbio chinês que diz: "Os maus governos se preocupam com os ricos, os bons governos se preocupam com os pobres".

Como escreveu o jornalista Diego Fonseca em *Rostros*:

> Quem pode questionar o desejo de um homem que gerou mais riquezas do que dezenas de presidentes latino-americanos? Com uma fortuna pessoal superior à soma do PIB da Costa Rica, do Uruguai e do Equador, e com a decisão de trabalhar para melhorar as condições de desenvolvimento econômico regional, o engenheiro preparou-se, na última década, para fazer parte dos livros didáticos.

Slim sabe da situação que atravessam muitos dos países latino-americanos, com economias imaturas e necessitadas de um forte investimento social. Sobre esse tema, ele pondera:

> Creio que na América Latina cada país conta com as próprias condições. Um país com 1 bilhão de pessoas é diferente de um país com 1 milhão de habitantes. Um país com tanta gente tem uma economia interna muito ampla e será esse o principal aspecto a manejar. Acredito que cada país tem uma situação própria e o próprio ritmo de desenvolvimento, mas o que fica claro, sim, é que todos aprenderão ou deveriam aprender com a China ou a Coreia. Aprender principalmente que eles têm uma educação muito avançada, que vai desde a alfabetização tradicional à intel-alfabetização (alfabetização computacional). Não ensinar o abc, e sim a convergência, a conectividade e a educação moderna. Os níveis de educação

média e superior, e um grande esforço nas ciências, em tecnologia e em engenharia. Na qualidade de primeiro-ministro da França, o cardeal Richelieu, na primeira metade do século XVII, disse que era necessário dar apoio às artes mecânicas. Falava da educação técnica. Penso que agora é muito importante ensinar todo esse tipo de coisas, sem abandonar o humanismo (as humanidades), e criar trabalho e atividade, atividade econômica, de investimento e de reinvestimento.

A inquietude de Slim quanto ao futuro o levou a assumir novos compromissos.

Gosto de história, sou apaixonado pela história do meu país. Mas também estou interessado no universo, na astrofísica e na origem do universo, na origem e no desenvolvimento do homem. Se observarmos o desenvolvimento do homem de 5 ou 6 milhões de anos até hoje, as diferentes épocas, como tudo começou, foram necessários somente 10 mil anos para descobrir a agricultura e a civilização. Nessa nova civilização, o bom é que o bem-estar das pessoas é que leva essa sociedade a ter sucesso. Na civilização agrícola, o homem explorava o homem e a terra. Por isso que existiram os escravos e a imobilidade social. E o poder era monolítico. Assim, o poder político, o poder econômico, o poder militar e o poder religioso estavam unidos. O imperador provinha de Deus, o faraó procedia da Divindade e o mesmo acontecia no México, no Egito, no Japão ou em qualquer outro lugar. O poder não era flexível. Com a nova civilização, desde a indústria, desde a civilização industrial, tudo mudou completamente. Os paradigmas são muito diferentes. E os paradigmas são democracia, liberdade, pluralidade, direitos humanos, meio ambiente, globalização, concorrência. Antes se exploravam as matérias-primas, a terra e as pessoas. A escravidão não era acidental, era um paradigma da civilização. Mas na nova civilização a pobreza não é um negócio como era antes. É preciso contar com pessoas que tenham renda. É necessário contar com pessoas que estejam envolvidas com a nova economia, com tempo de lazer, que procuram áreas de entretenimento e outras áreas de interesse. Creio que aí é onde reside o futuro da civilização.

Creio que os governos devem ter uma visão muito clara dessa nova civilização para conduzir a mudança. Antigamente, a pobreza era um problema ético, moral e de justiça social, mas agora trata-se de uma necessidade econômica. Um país como os Estados Unidos, que dizemos ser uma sociedade consumista, antes disso é uma sociedade de trabalho e bem-estar. É uma sociedade com bem-estar. É possível que uma terceira "guerra mundial" – assim poderia chamar-se – ocorra contra a pobreza em todo o planeta. Para mim, está claro que essa "guerra" virá e poderemos fazer que os pobres melhorem sua situação e, para consegui-lo, necessita-se de educação, saúde e emprego. E quando houver mais gente com emprego e com melhor renda, poderemos contar com mercados maiores. Por isso, é tão importante que os governos o consigam, já que haverá muitos afunilamentos no futuro. A energia é um desses aspectos, mas teremos muitos afunilamentos, porque as pessoas pobres do mundo, como na China, na Índia e na América Latina, para citar alguns exemplos, serão incorporadas aos mercados e mais cedo do que se espera.

Em termos gerais, a América Latina é a denominação que recebe a vintena de países e as nove dependências da América onde se fala o espanhol, o português e o francês, que são línguas românicas derivadas do latim, mas também há uma dúzia de ilhas de fala inglesa e holandesa, que erroneamente aí se incluem, embora sejam não latinos. No entanto, devemos recordar que o termo América Latina foi usado pela primeira vez em 1856 por Francisco Bilbao, filósofo chileno, e pelo escritor colombiano José María Torres Caicedo em seu poema "Las dos Américas". Esse termo foi apoiado inclusive pelo império de Napoleão III durante a invasão francesa ao México, como forma de incluir a França entre os países com influência na América, e especialmente para excluir aos anglo-saxões.

Carlos Slim, que é visto como um moderno conquistador e cuja presença já se estende a quase todo o continente, é um apaixonado pela história e pelas culturas latino-americanas.

Está consciente da enorme tarefa que significa contribuir para o desenvolvimento da maior parte desses países, muitos dos quais enfrentam problemas de estabilidade social e política. Apesar de tudo isso, Slim fala com convicção de seus desafios para o futuro sabendo que, além dsso, está competindo durante as 24 horas do dia; de manhã, com as empresas estadunidenses; à tarde, com as europeias; e à noite, com as asiáticas.

Minha prioridade é criar o capital físico e humano em nossos países da América Latina. Esse é o meu desafio. É nessas coisas que estou mais envolvido e interessado no momento: saúde, nutrição, educação para a saúde, trabalho e infraestrutura física. Isso significa novas obras, como aeroportos, portos, ruas, estradas, usinas de energia, telecomunicações e habitação. É o que pretendo fazer nos próximos anos.

Desde que deixou para os herdeiros a administração de suas empresas dentro e fora do México, Slim tem se concentrado nesse desafio, tratando de ajudar e apoiar com ações e participando por meio da criação de fundações e empresas e de investimentos milionários.

> Creio que a pobreza não pode ser enfrentada com a doação de esmolas. Não se pode lutar contra a pobreza por meio da caridade e dos programas sociais. Só se enfrenta a pobreza com boa educação e bons empregos. O emprego é a única forma de lutar contra a pobreza; antigamente, a pobreza era um problema ético, moral, um problema de justiça social. Hoje, nessa nova civilização, lutar contra a pobreza é uma necessidade econômica. Se não lutarmos contra a pobreza, não vamos nos desenvolver. Antigamente, havia escravos. Lutas pela terra, pelo solo, e as pessoas trabalhavam por nada. Agora não necessitamos do trabalho físico, necessitamos de conhecimentos, de um trabalho que use nossas capacidades, nossas habilidades, e por isso é necessário ter educação, capital humano. Disso estou convencido, e para isso estou trabalhando. E é nisso que estou mais interessado.

Slim propôs uma aliança latino-americana de ricos contra a pobreza. Com a maioria dos empresários mais poderosos da região, deu os primeiros passos a fim de constituir uma sociedade para o financiamento do desenvolvimento latino-americano, da qual participariam investidores, bancos privados, mercados de valores, talvez os bancos de desenvolvimento e as instituições financeiras mundiais.

De acordo com ele, o Consenso de Washington não rendeu os frutos esperados. Durante duas décadas, a região apresentou um crescimento de 0% e houve muitos períodos de "zigue-zagues". Vários de seus postulados são muito bons – diz Slim –, mas outros são pró-cíclicos e insustentáveis.

Durante os anos dourados da "reaganomics" e, é claro, dos "Chicago Boys" – quando se desatou a maior crise da dívida –, surgiu o Consenso de Washington, termo cunhado pelo economista inglês John Williamson, que recolheu os postulados desse plano econômico em um livro publicado pelo Institute of International Economics de Washington, no qual se recopilaram as conclusões de meia centena de economistas da Europa, dos Estados Unidos e da América Latina, que analisaram as experiências das políticas de ajuste e reforma estrutural implementadas em muitos países, principalmente naqueles do chamado Terceiro Mundo, que sempre foram os países mais endividados.

O Consenso de Washington integrou-se, em parte, aos programas implementados pelo Banco Mundial, pelo Fundo Monetário Internacional, pelo Banco Interamericano de Desenvolvimento e pelas principais agências econômicas e financeiras do governo dos Estados Unidos.

Os dez mandamentos desse programa consistiam no seguinte: disciplina fiscal, inflação, gasto público, reforma fiscal, taxas de juros, tipo de câmbio, política comercial, investimento estrangeiro direto, privatizações e desregulamentação.

Em termos estritos, o Consenso de Washington era um verdadeiro receituário de neoliberalismo e com ele começavam a brotar as sementes da globalização.

Alguns analistas chegaram a classificar as medidas de tal consenso como “draconianas”, em referência ao personagem da antiga Atenas, Drácon, que foi o primeiro homem a escrever sobre leis, no século VII a.C.

Alheio ao Consenso de Washington, Carlos Slim acha que uma das opções para livrar a América Latina de seus atrasos é fazer muito mais investimento social na região.

Baseado nesse conceito, no fim de 2005 Slim deu início a seu novo projeto empresarial por meio da Impulsora del Desarrollo y el Empleo en América Latina (Ideal), com um investimento inicial de 800 milhões de dólares para impulsionar a aquisição, a administração, a construção, a exploração e o desenvolvimento de obras viárias, energéticas, hidráulicas e tudo o que se refere à infraestrutura para o desenvolvimento dos países da região.

A estratégia consiste em associar-se a investidores locais dos países latino-americanos que têm grandes necessidades em matéria de desenvolvimento de infraestrutura e que constituem um potencial de negócio importante.

Nessa tarefa social titânica, conseguiu reunir à sua volta reconhecidos especialistas com experiência empresarial e de administração pública, como David Ibarra Muñoz, ex-secretário da Fazenda; Fernando Solana Morales, ex-diretor do Banamex, ex-secretário de Educação e de Relações Exteriores; Daniel Díaz Díaz, ex-secretário de Comunicações e Transportes.

Para Ignacio Ponce de León, que foi diretor de análise da área de pesquisa para dívida em mercados emergentes do banco de investimento JP Morgan Chase de Nova York entre 1995 e 2005, Slim é um verdadeiro "gênio".

Há um comprometimento de Slim com a América Latina, e ele inclusive reconhece que, depois do *boom* da bolsa, muitos ativos ficaram órfãos. Seus patrocinadores decidiram abandoná-los, e o empresário mexicano tem o compromisso e a visão, além de ter o capital e a capacidade, para gerar benefícios."Somente Slim pode ver valor nas empresas em que nenhum investidor vê" – diz Ponce de León. "Mesmo assim", continua, "ninguém esperava que Slim fosse o grande jogador das telecomunicações na América Latina. Acreditávamos que seriam os desenvolvedores de tecnologia, não os administradores de serviços."

Os primeiros passos na região se deram por meio de suas empresas América Móvil e Telmex, mas, a partir de 2005, as empresas de Slim na América Latina começaram a se expandir e consolidar, financiando-se nos mercados financeiros internacionais.

Mesmo que a Telmex esteja entre as dez empresas latino-americanas mais bem posicionadas, com um valor de mercado calculado ao redor de 15 bilhões de dólares, a América Móvil triplica esse valor, é um verdadeiro monstro que não só opera na maior parte dos países da América Latina como também se expandiu para os Estados Unidos por meio de esquemas de comercialização. Segundo o número de clientes, a América Móvil é uma das cinco maiores operadoras de telefones móveis ou celulares em todo o mundo.

Agora Slim, além das telecomunicações, atribuiu-se a tarefa, por intermédio da Ideal, de adquirir, criar e administrar empresas dedicadas à infraestrutura da América Latina. Os projetos de investimento nos países da América Central e da América do Sul superam os 100 bilhões de dólares até 2015, principalmente pela construção de obras de infraestrutura, como centrais hidroelétricas, de energia, autopistas e pontes.

Para impulsionar seus projetos, criou em apenas dois anos a Carso Infraestructura y Construcción (Cicsa), empresa do tamanho da ICA (Ingenieros Civiles Asociados), que levou meio século para chegar a essas dimensões. Outras empresas da Cicsa são Swecomex e PC Construciones, especializadas na construção de plataformas de petróleo e em todo tipo de obras relacionadas com o setor energético.

Sem dúvida, há muito por fazer na maior parte dos países da região. Rebeca Grynspan, diretora do Programa das Nações Unidas para o Desenvolvimento (PNUD) na América Latina e no Caribe, ao falar sobre a pobreza e a desigualdade, adverte que "estamos aprisionados porque não crescemos para reduzir a pobreza. Atualmente há 200 milhões de pobres, mas seriam apenas 100 milhões, se as taxas de desigualdade dos anos 1960 se tivessem mantido constantes".

Outra agência das Nações Unidas para a Agricultura e a Alimentação, a FAO, fez notar a realidade latino-americana ao mostrar o seguinte indicador: 53 milhões de pessoas, que equivalem a 10% da população, não têm acesso suficiente aos alimentos, e a desnutrição crônica afeta 10 milhões de crianças.

A Comissão Econômica para a América Latina e o Caribe (Cepal) também advertiu que, se não se agir prontamente, promovendo mais investimentos, inevitavelmente 10 milhões mais de latino-americanos cairão na indigência e um contingente similar passará à condição de pobres.

Rebeca Grynspan propõe que, para reverter essa situação, é necessário investir mais em educação. Como vamos construir um projeto comum de sociedade se não nos conhecemos? Para começar – diz ela – é preciso incentivar a educação dos trabalhadores menos qualificados, capacitar melhor os professores, ver a educação como uma rede invisível que começa na educação pré-escolar, passa pela básica e secundária e termina na educação universitária e técnica.

Quanto à proteção social – prossegue Grynspan – só 50% dos trabalhadores da América Latina têm alguma cobertura de proteção social. Necessita-se de sistemas sociais mais integrados, baseados nos princípios da universalidade, eficiência e solidariedade; sistemas solidários que combinem sistemas contributivos e não contributivos. A isso, precisaríamos acrescentar que 25% dos jovens dos países dessa região nem estudam nem trabalham, e muitos vêm de famílias desarticuladas.

Com respeito à relação entre Estado e sociedade, e sociedade e mercado, "as características das famílias mudaram, mas muitas dessas mudanças requerem mercados de trabalho mais flexíveis, mas que não impliquem desproteção social. É por isso – assinala Grynspan – que dentro da governabilidade econômica temos políticas sociais pré-mercado e pós-mercado, mas não temos políticas de equidade no mercado; isso deveria ser enfrentado com regulamentações corretivas".

"A partir dos novos investimentos, tanto privados como estatais, na maior parte dos países latino-americanos, a região mostrou uma ligeira taxa de crescimento, ao redor de 5%, e inclusive diminuiu a dívida externa e o desemprego, e um número mais alto de empregos tem carteira assinada. Embora a taxa de pobreza também seja um pouco menor – 40% da população está abaixo do nível de pobreza –, não há dúvida de que apenas chegamos ao fim da primeira década do século atual no mesmo nível dos anos 1980, o que significa que a América Latina levou mais de 25 anos para recuperar-se da crise daquela década."

Diante do interesse que a América Latina despertou entre os investidores nos últimos anos, Grynspan considera que o principal desafio é "como administrar essa bonança, como investir com seriedade para assegurar um crescimento a longo prazo. Um aspecto importante, insiste, é como potencializar a abertura comercial que ocorre em ritmo diferente nos países para que produza um crescimento e um aumento do bem-estar mais acelerados, já que um estudo em dezesseis países da região demonstrou que o impacto da abertura comercial sobre os níveis de pobreza foi muito pequeno".

Para a economista, a América Latina precisa diversificar mercados e produtos, fortalecer as correntes produtoras e gerar maior valor agregado, com ênfase nas PyMEs, as pequenas e médias empresas, que devem estar preparadas para ser "sacudidas".

Em comparação com a realidade latino-americana, podemos analisar a situação de outras nações que apresentam maior e melhor estabilidade social e um vigoroso processo educativo, econômico e cultural.

Um dado importante a ser sublinhado, com base nos Indicadores do Desenvolvimento Humano (IDH), são alguns números bem significativos, que nos fazem refletir sobre o que há muito tempo se denominou "a riqueza das nações".

O primeiro dado que surpreende é que a Noruega, país com o mais alto Índice de Desenvolvimento Humano, tem um Produto Interno Bruto que equivale a menos de 30% do PIB do México, ou seja, três vezes menor que o mexicano; também é 70 vezes menor que o dos Estados Unidos e cinco vezes menor que o do Brasil. Esses dados acabam com o mito de que só os países desenvolvidos podem conseguir grandes economias e riquezas, posto que entre os dez primeiros países em Desenvolvimento Humano se encontra a Islândia, com um PIB que é 1,5 % do PIB do México, e algo inexistente em comparação com o PIB dos Estados Unidos.

Desde já, as comparações provocam distorções e em geral se incorre em absurdos e falácias, embora convenha rever alguns dados. Por exemplo, um estudo da revista *Time* indica que na América Latina a melhoria econômica durante o século XX foi mais clara, apesar de numerosos altos e baixos. Tal análise foi feita com base no valor de cálculo da renda em paridade com o poder aquisitivo. No princípio do século passado, a renda média de toda a América Latina era aproximadamente 15% da renda dos Estados Unidos e, no começo do século XXI, representava 20% dela. O atraso ainda é brutal e a convergência foi mínima até agora.

É claro que, em pleno século XXI, seja surpreendente e escandaloso uma grande parte da população mundial viver em condições de pobreza, ou seja, que muitos seres humanos não tenham acesso aos bens básicos que assegurem sua subsistência (alimentos, vestimenta e habitação), e embora existam diferentes critérios, sempre relativos na hora de definir a pobreza, os números que se costuma manejar são arrasadores.

Para os governos e os investidores, é um verdadeiro desafio reverter a situação atual da América Latina. As empresas de Carlos Slim estão presentes, até agora, em dezessete países da região. Na última década, suas empresas investiram 60 bilhões de dólares em todo o mundo. É o grupo empresarial que fez mais investimentos no planeta nos últimos dez anos, comparado com as cifras do Banco Mundial.

Como ele, muitos outros empresários decidiram dar um papel de destaque para a América Latina. Em 2003, realizou-se em Ixtapa, um dos principais portos do Pacífico mexicano, a primeira cúpula dos homens mais ricos da América Latina para analisar a situação econômica e social dos países da região.

A cúpula reuniu 32 dos homens de negócios mais poderosos da região. Diante deles, falou o ex-presidente da Espanha, Felipe González, considerado um dos melhores estadistas do século XX, cujas reflexões sempre são acompanhadas por uma análise serena das diferentes conjunturas do momento.

Os magnatas tiveram a oportunidade de escutar a opinião reflexiva de um homem de Estado afastado do poder político. "Nenhum país emergente – González fez lembrar aos ali reunidos – converteu-se em país central, e a Espanha não é exceção, sem promover a liberalização comercial com equidade social e distribuição de renda."

Um ano depois, em Santo Domingo, na República Dominicana, teve lugar a segunda cúpula, quando o futurólogo Alvin Toffler foi o convidado especial para falar aos homens de negócios e a seus herdeiros.

A terceira cúpula, convocada por Carlos Slim e pelo venezuelano Gustavo Cisneros, teve lugar em Buenos Aires, na Argentina. Os anfitriões foram Paolo Rocca, Federico Braun e Alfredo Román. Sentiu-se a falta, desde já, dos Pérez Companc e dos Fortabat.

Em 2009, houve um quarto encontro em Cartagena, na Colômbia, que a mídia chamou "cúpula dos milionários". Os anfitriões, naquela ocasião, foram o magnata Julio Mario Santo Domingo e o banqueiro Luis Carlos Sarmiento. Houve intercâmbio de experiências e conhecimentos. "O propósito da reunião" – expôs Sarmiento – "é que, como agora, com a globalização, os problemas de nossos países são similares, tratemos de procurar e analisar soluções comuns para os problemas comuns, hoje agravados pela recessão econômica."

O "clube dos milionários", como são chamados os poderosos homens de negócios da América Latina, está integrado, entre outros, pelo empresário venezuelano Gustavo Cisneros, principal acionista da maior rede de televisão hispânica nos Estados Unidos (Univisión) e dono de diversas empresas de telecomunicações e afins, sendo as mais importantes Venevisión International, Venevisión Productions e Movida, nos Estados Unidos, e Venevisión e Cervecería Regional, na Venezuela, todas agrupadas sob a tutela do grupo Organización Cisneros. Além disso, é dono do time de beisebol venezuelano Los Leones de Caracas. As empresas do magnata venezuelano operam em mais de cinquenta países na América Latina, Ásia e Europa. Só nos Estados Unidos, 35 mil pessoas trabalham para o conglomerado e para quem, segundo a *Forbes*, é o número 2 na lista dos multimilionários latino-americanos.

Também fazem parte desse seleto grupo os empresários brasileiros Marcelo Odebrecht, dono da organização Odebrecht, que modernizou a construção, a petroquímica e, recentemente, a bioenergia, assim como a criação de serviços para a indústria petroquímica; o multimilionário Joseph Safra e seu irmão Moisés, que semearam bancos, como se fossem trigo, por todos os continentes; e o argentino Carlos Miguens Bemberg, descendente da abastada família Bemberg de imigrantes alemães, que também foi presidente da MBP International e atualmente é o presidente da MB Holdings e da Agropecuaria Cantomi. Bemberg tem, além disso, uma participação muito ativa na indústria mineira argentina, sendo o diretor da Patagonia Gold S.A., desde seu começo, e foi o diretor anterior da Minera El Desquite. Podemos mencionar também o empresário alemão, nacionalizado argentino, Alberto Roemmers, fundador e proprietário de Laboratorios Roemmers, empresa líder em volume de faturamento, receitas e unidades vendidas no mercado farmacêutico da América Latina; Federico Braun, empresário do Grupo de Importaciones y Exportaciones de la Patagonia; Paolo Rocca, presidente do Grupo Techint, CEO da Tenaris (líder mundial na produção de tubos de aço sem costura, com presença em diversos países do mundo) e presidente do conselho de administração da Ternium (fabricante de diversos produtos de aço plano).

No Equador, temos Álvaro Noboa, o homem mais rico de seu país, que foi candidato à presidência da República em quatro ocasiões (1998, 2002, 2006 e 2009) e que, nas eleições de 2007, passou a fazer parte da Assembleia Nacional. Como empresário, Álvaro Noboa controla o Grupo de Empresas Noboa e a Corporación Noboa, com mais de 110 companhias no Equador e ao redor do mundo, inclusive escritórios nos Estados Unidos, na Antuérpia, em Roma, no Japão, na Argentina e na Nova Zelândia. Na Colômbia estão Julio Mario Santo Domingo, o empresário cervejeiro mais importante da região; o banqueiro Luis Carlos Sarmiento Angulo; e o industrial Carlos Julio Ardila. Nessa lista, devemos incluir o empresário chileno Andrónico Lucsik, o comerciante mais importante do setor de alimentos e bebidas embaladas ou desidratadas daquele país.

Entre os mexicanos que compareceram a essas reuniões, destacam-se o magnata Lorenzo Zambrano, dono da maior companhia de cimento da América Latina, que tem indústrias ao redor do mundo, principalmente na China. Também podemos citar María Asunción Aramburuzavala, herdeira do império cervejeiro mexicano que exporta para todos os continentes; Emilio Azcárraga Jean, herdeiro do maior consórcio de meios de telecomunicação da América Latina e da mais importante rede de televisão de língua hispânica; e Ricardo Salinas Pliego, comerciante milionário da indústria de móveis e de linha branca, banqueiro e dono de uma rede de televisão mexicana que se vê em todo o país.

A recessão que envolveu os Estados Unidos e arrastou todo o mundo, mas de maneira especial os países latino-americanos, acendeu as luzes vermelhas nos painéis dos investidores. Por um lado, essa crise deu-se no contexto da sucessão presidencial na Casa Branca. Barack Obama, sucessor de George W. Bush, herdaria o país mais poderoso do mundo em bancarrota. Os analistas de Wall Street e da City, como é conhecido o distrito financeiro de Londres, desde o princípio advertiram que os Estados Unidos já apresentavam, um ano antes, sintomas de uma depressão econômica muito maior do que a de 1929. Obama viu-se forçado a elaborar um plano de reativação econômica de emergência em um montante de 500 bilhões de dólares para a indústria. Um terço desses recursos se destinaria a projetos de infraestrutura para gerar empregos. O plano incluiria projetos de construção e reabilitação de estradas, pontes, sistemas de transporte, trens, escolas, estações e tratamento de água e infraestrutura de redes de telecomunicações de banda larga, entre outros.

O sistema bancário e as mais poderosas firmas das mais emblemáticas empresas multinacionais de origem estadunidense apresentaram os piores índices em suas finanças, a que se somaram grandes fraudes financeiras derivadas da manipulação nas contas tanto na Bolsa de Valores de Nova York como em bancos e fundos de investimento. A esse sombrio panorama, é preciso acrescentar as demandas de milhões de cidadãos que exigiam devolução de impostos e falências nos sistemas de poupança e de hipotecas.

No contexto mexicano, todos queriam ouvir Carlos Slim, a quem muitos consideram um guru das finanças. O magnata aproveitou os foros onde era convidado para falar dessa crise global.

Slim criticou a má administração da economia pelo governo estadunidense. Segundo ele, Washington atuou um pouco tarde e cometeu alguns erros, "espero que esses erros sejam pequenos e que não se cometam grandes erros". A percepção de Slim é que o governo começou comprando ativos, o que, para ele, foi um erro. Não somente se fez uma péssima seleção (no México, já tínhamos a má experiência do Fobaproa), como os Estados Unidos persistiram nesse erro que, cedo ou tarde, se torna uma quantia ingovernável, pois seriam trilhões de dólares que teriam de ser empregados para essas compras.

"Sob isso tudo, na minha opinião, há uma regulamentação ruim e uma supervisão pior. Falo em termos mundiais."

Para Slim, "essa crise vai permitir que encontremos soluções estruturais e verdadeiras não só para o México, mas para os Estados Unidos... Estivemos por algum tempo preocupados com a gripe aviária e fomos atingidos pela pandemia financeira dos Estados Unidos".

Foi então que Slim mencionou que, com essa crise, não tardariam em surgir numerosos gênios, mas também muitos Rambos financeiros, aos que não interessa nem ganhar a guerra, nem ter o poder, mas a quem interessa estar na guerra...

[...] Lamentavelmente, estamos vivendo uma situação muito especial, que não vai durar só um ano; por desgraça, será mais longa. Não falo do mercado de valores, falo da economia real, e é preciso tomar medidas para evitar os efeitos nessa economia real. É preciso ter em mente o devedor; que não volte a acontecer o mesmo que houve com o Fobaproa, quando o devedor terminou perdendo suas casas, porque venderam as hipotecas a 11 ou 12 centavos a grupos que queriam cobrar, em lugar de dar facilidades ao devedor... Em nosso caso, não é importante se o PIB cresce 2%, 1% ou menos de 1%. De fato, não creio que o crescimento do PIB seja significativo nessas condições; certamente será muito ruim. Precisamos cuidar dos salários e, sobretudo, do emprego.

Enquanto a recessão começava a causar estragos em todos os países do mundo e no México o debate cozinhava-se em fogo lento, Carlos Slim, que havia sido um dos convidados especiais do Senado da República para participar do foro "México diante da crise: o que fazer para crescer", qualificou a crise global como a pior, pior ainda que a de 1929. O cenário levantado por Slim foi mais do que preocupante. "Não quero ser catastrofista – teria dito o magnata –, mas será uma situação delicada e precisamos estar preparados para enfrentá-la, para depois não ficarmos chorando."

O Produto Interno Bruto desabará, haverá níveis de desemprego nunca vistos antes, a falência de um bom número de empresas, o fechamento de lojas e imóveis vazios.

Os argumentos de Slim diante da crise foram, entre outros, que o enfraquecimento econômico recorrente afetou sobremaneira a classe média. Ela ficou menor, porque as pessoas não tinham renda suficiente; além disso, quando as iniciativas fiscais no Congresso não funcionam, o governo trata de compensar esses recursos por meio do aumento do combustível, do gás ou da eletricidade.

"Nesse sentido, não devem ser usados os monopólios do Estado com fins de arrecadação, pois essas empresas precisam ser administradas com autonomia."

No contexto político, os comentários de Slim diante dos senadores foram recebidos como uma confrontação com o presidente Felipe Calderón que, dias antes, em suas viagens de trabalho pelo país, havia lançado uma rajada de críticas e desqualificações contra os que auguravam um futuro sombrio para o país, a quem chamou catastrofistas.

Slim não se abalou, sabendo que sua relação com o presidente Calderón sempre foi cordial, mas alguns de seus competidores aproveitaram a oportunidade para empreender uma campanha na mídia contra ele, usando jornalistas, acadêmicos e políticos identificados com um desses grupos.

Este é o texto completo da polêmica palestra de Carlos Slim para os legisladores, realizada no dia 9 de fevereiro de 2009:

> Obrigado, boa-tarde, tenho muito prazer e fico honrado de estar com vocês nesse foro tão importante.
>
> Não havia um antecedente, creio, desde 1931, durante a Grande Depressão, em que houvesse essa unidade entre o bloco revolucionário do Congresso e as câmaras de Comércio e Indústria. Essa foi uma reunião, uma aliança importante que se formou e permitiu, com as políticas públicas que naquele momento se adotaram, crescer 6,2% por ano, de 1932 a 1982.
>
> Esse crescimento sustentado durante tantos anos foi espetacular, era o famoso "milagre mexicano", e foi uma transformação enorme que o país conseguiu fazer graças a esses esforços e a essas políticas públicas, nas quais se elaboraram políticas de Estado que permaneceram por tantos anos.
>
> Dá pena que, desde 1982, depois da grande crise da dívida externa, tenhamos crescido zero em termos *per capita*. Não é uma taxa medíocre, é zero, que é muito pior do que medíocre, sobretudo se levarmos em conta a população que saiu forçada do país.
>
> É 0%, incluindo os mexicanos que tiveram de ir-se por não encontrar possibilidades de trabalho no país.
>
> Em 1982, essa grande crise da dívida externa teve várias razões; uma foi, talvez, os gastos públicos importantes.
>
> Outra, sem dúvida, foi a disponibilidade de petrodólares, de financiamento, de crédito, que permitiu o endividamento de forma excessiva. Mas a causa principal foi externa, foi a taxa de juros de 21%.
>
> Vocês compreenderão que uma economia, uma empresa ou uma simples pessoa, quando seu custo financeiro aumenta quatro vezes, têm de enfrentar problemas.
>
> E daí, dessa dívida externa com vários fins, entre eles cobrar, veio o plano e o modelo do Consenso de Washington, modelo que tem várias virtudes, mas cujos defeitos sofremos durante tantos anos e aos quais, é claro, os países em desenvolvimento não prestam atenção, não fazem caso.

Vimos que nesses abusos do Fundo Monetário, os tecnocratas, os acadêmicos, os dogmáticos e os ideólogos brilharam pela ausência; em nenhum momento, chamaram a atenção sobre isso.

O mais próximo foi a exuberância irracional dos mercados de dezembro de 1996, de Greenspan, quando o índice era 6.500 e logo subiu para 13 mil.

Bem, essa é uma situação realmente clara: é preciso ter uma visão a longo prazo, para adiante, mas é preciso saber o que ocorreu no passado.

Não há soluções simplistas para o desenvolvimento sustentável. O país passou de uma sociedade agrícola e rural a uma sociedade urbana e industrial. Agora deve passar a ser uma sociedade terciária: de serviços, tecnológica, de conhecimento, e ter em vista o que essa sociedade e seus novos paradigmas reclamam, para caminharmos nessa direção.

Tive muito prazer ao ouvir as palavras do presidente do Congresso, deputado César Duarte, durante a inauguração deste foro: "É preciso fazer uma revisão estrutural do modelo e um novo desenho do sistema financeiro". É o que falta.

Também o presidente do Senado falou de propostas e compromissos, falou ainda de mudanças estruturais para melhorar a produtividade e a concorrência, que são indiscutivelmente dois argumentos fundamentais nessa situação que estamos vivendo.

Essa crise que começa nos anos 1990, que Greenspan tratou de frear com sua exuberância irracional, em 2000, 2001, assusta pela destruição de riqueza dessa época. E vieram políticas excessivas, agressivas, frouxas, monetárias, fiscais, que fizeram essa crise, que estava corrigindo-se em 2001, que começou a corrigir-se em 2000, 2001, 2002, perder toda a proporção e nos levar ao que estamos vivendo hoje.

O grande epicentro é a enorme crise das instituições financeiras pelos excessos, os demasiados desmandos que tiveram em suas políticas liberais, neoliberais, com falta de todo senso de cuidado, eu diria que principalmente do governo dos Estados Unidos. Obviamente, as consequências vêm nas decisões da falta de regulamentação e de supervisão das instituições financeiras internacionais, criando novos instrumentos e derivativos cujo fator principal é o que chamam alavancagem, ou seja, a possibilidade de fazer, com um peso, 0, 30 ou 50.

Por exemplo, para comprar *commodities* (mercadorias), era preciso dar 5% de garantia; para comprar derivativos, não era preciso dar nada, e criou-se uma série de jogadores, apostadores, neófitos, rapazes que chegavam acreditando que tudo iria subir para sempre, e que apostavam, apostavam, e, bem, isso é o que estamos pagando.

Porém o grave é que, embora o epicentro sejam os Estados Unidos, as grandes consequências ou as más consequências estão ocorrendo fora: por exemplo, no Japão.

Enquanto o PIB (Produto Interno Bruto) caiu 3,8% nos Estados Unidos, no Japão caiu 8%; na Alemanha, 8%; no Japão, talvez 9%, no último trimestre. O momento é este, eu diria. Já passou o 29, estamos vivendo o 30, é preciso evitar o 31, 32, 33, é preciso evitar que esse mercado financeiro – que não conseguiu estabilizar-se e, é claro, por meio do crédito contamina a economia real – não faça entrar em colapso o mundo econômico, como o fez naquela ocasião e como se vê que está fazendo, em muitos sentidos, nesse momento.

O crescimento do desemprego é desmedido; fala-se de dois dígitos. A Espanha também já está em dois dígitos, e altos; Japão, Alemanha, todo mundo está decrescendo muito.

Nossos países têm a força, nossos países, falo da América Latina, têm a força em relação ao intercâmbio nesses últimos anos: nós, o petróleo; outros países, o sorgo; outros, o trigo etc., e temos os minerais.

Temos uma fortaleza econômica da qual precisamos cuidar e aplicar com muita atenção para evitar esses colapsos físicos.

Não há dúvida de que o Produto Interno Bruto mexicano vai desabar, vai cair, vai ser negativo, já desde o último trimestre do ano passado. Não sabemos quanto durará, mas o efeito vai ser muito forte.

Aí é quando digo: o PIB vai ser negativo, vai ser substancialmente negativo pela queda do petróleo e da exportação, entre outras coisas, e as consequências também serão internas, mas precisamos cuidar do emprego.

Não devemos pensar se são menos 2, menos 1 ou 0. É preciso saber qual é o salário, qual é o emprego, e é preciso estabelecer, como o acordo nacional encabeçado pelo presidente da República (Felipe Calderón Hinojosa), medidas que protejam o emprego e a renda familiar. É fundamental fazer isso, nesse momento.

Aqueles modelos, ideologias, dogmatismos e doutrinas que estivemos vivendo durante tantos anos, desde 1983, mas sobretudo quando o Consenso de Washington começa a aplicar-se com mais firmeza em nossos países, nos mantiveram com crescimento zero. Tenho prazer em ver que esse acordo atual rejeita tudo isso.

Creio que o grande acerto que estamos tendo, como o ocorrido nessa reunião com o bloco revolucionário do Congresso, é que estamos nos voltando para a economia interna, já nos damos conta de que nem tudo é pensar no exterior.

Pensávamos que o investimento estrangeiro é maravilhoso, parecia um donativo. O investimento estrangeiro não é um donativo, ele vem porque estamos oferecendo bons lucros.

As empresas modernas são como os velhos exércitos, que conquistavam territórios e cobravam tributos. As empresas conquistam mercados e cobram dividendos, *royalties* ou regalias, transferências de x, y ou z.

Ou seja, é preciso voltar-se para a economia interna. Obviamente necessitamos de investimento estrangeiro e da adoção de tecnologias modernas, mas temos de nos voltar para a economia interna, cuidar muito da nossa economia interna.

Impulsionar as PyMEs, as pequenas e médias empresas, baixar a mortalidade empresarial, impulsionar as empresas no México, e não digo por nós, há empresas fortes que competem internacionalmente. Não há países fortes sem empresas fortes.

Se os países não têm empresas fortes, estão se transformando em neocolônias. De alguma forma, precisam ter força para poder se projetar, não internamente, mas para fora.

Por isso, vemos países que impulsionaram as empresas fortes em sua transnacionalização, inclusive com subsídios fiscais, como a Espanha, que lhes permite deduzir entre 75% e 90% do investimento; o Brasil, que as apoia por meio do Banco Nacional de Desenvolvimento etc.

Necessitamos, como fizeram os Estados Unidos desde a Doutrina Monroe, desde os tempos da Colônia, ajudando na Independência, controlar nossas economias e nossos mercados.

Creio que é muito importante atender à economia interna. Que bom que nos voltamos outra vez para os bancos de desenvolvimento, que tínhamos deixado no esquecimento. Os bancos de desenvolvimento são fundamentais para o crescimento de nosso país.

Precisamos também voltar a fazer obras de infraestrutura para melhorar nosso capital humano, pois temos um grande orçamento.

Aí entra em cena a qualidade: nossa qualidade é baixa, precisamos modernizá-la, melhorá-la e passar para a cultura digital; já não basta alfabetizar, e sim alfabetizar digitalmente a população.

Necessitamos ser competitivos nessa civilização do conhecimento da informação. Necessitamos de concorrência, estou de acordo com a concorrência, é muito importante. É como se fôssemos um atleta que não compete com ninguém: não vai progredir nunca.

Necessitamos usar, na concorrência, referências internacionais: em que tempo fez o percurso, a que altura salta, como está o jogador de beisebol, o jogador de futebol, qual técnico é o melhor.

Sem dúvida, temos de estar abertos à concorrência, e a globalização não é uma alternativa, é uma necessidade, é um paradigma dessa nova civilização, embora neste momento esteja se retraindo por causa do colapso econômico, da falta de emprego, da falta de consumo, da queda da economia norte-americana e das economias fortes. Obviamente os países que exportam vão reduzir suas importações, vão reduzir o preço dos produtos primários, como já reduziram etc. etc. Vai haver uma queda importante do comércio internacional.

Além da queda no comércio internacional, vai cair a taxa de emprego, vai haver muito desemprego, ele vai aumentar como nunca vimos em nossa vida pessoal, somente nas histórias dos anos 1930.

As empresas vão falir, pequenas, médias e grandes, lojas vão fechar, vai haver lojas fechadas por todos os lados, os imóveis vão ficar vazios, será uma situação delicada.

Não quero ser catastrofista, mas temos de nos preparar, prever, e não ficar vendo as consequências depois, ficar chorando.

Creio que, como fizemos em 1931, temos de retomar nossas decisões, ver qual modelo precisamos traçar, como deve operar, como vamos sair dessa crise. Temos de sair dessa crise mais fortes. Como? Criando capital humano e físico. Se contamos com um bom capital físico, o capital humano vai ser muito importante.

O emprego é impulsionado por meio das PyMEs, todos sabemos disso, mas também é preciso atender ao nosso setor agropecuário, que pode estar um pouco descuidado, e, é claro, à infraestrutura. É com ela que se consegue emprego de forma mais rápida, mais efetiva e em maior número. É fundamental manter a infraestrutura.

Não é preciso esperar o plano, o projeto, a engenharia, nem o direito de ir e vir. As coisas se fazem no dia a dia.

Há 30 mil escolas em mau estado. É preciso consertá-las, modernizá-las. Precisam de janelas, banheiros, tetos e pintura; estão realmente em estado deplorável.

O mesmo é preciso fazer em relação aos hospitais, aos centros de saúde, aos escritórios do governo, às zonas arqueológicas, cuidando da biodiversidade do meio ambiente etc.

Creio que há no México uma capacidade de dar emprego intensivo com muito pouco dinheiro e, é claro, é preciso buscar a combinação do capital público e privado para impulsionar os projetos que o justifiquem.

Creio que precisamos sair mais fortes dessa crise. Vejo com espanto que ainda seguem os dogmas, depois de 26 anos de fracasso.

Ainda encontram novas fórmulas, novos culpados, para justificar o que não é, embora os que foram mais importantes o tenham reconhecido, como Williamson.

Nos últimos anos, transformamos a classe média em classe baixa, nós a afetamos muito, em boa parte do que assinalava o presidente da Comissão de Concorrência, que é 30% a 40% da renda, porque não existe renda, as pessoas não têm renda.

A terça parte dos estudantes da Unam vive com uma renda familiar de quatro salários mínimos, que hoje são 400 dólares. É ou não uma renda? Precisamos melhorar o emprego e a renda das pessoas.

Discute-se muito sobre riqueza e renda. Creio que não importa que a riqueza seja privada, coletiva, pública; ela tem de ser administrada com eficácia para gerar mais riqueza, e seu fruto, que é a renda. Deve haver uma melhor distribuição de renda.

E vemos que uma das formas de melhorar a distribuição de renda é com educação, emprego e fontes de emprego. A educação não só tem a vantagem de formar capital humano, mas também é a melhor oferta, e quem tem boa educação tem mais alternativas de trabalho.

Ainda faltam várias coisas no México, mas basicamente devemos insistir no emprego. Creio que é preciso tratar de adquirir, sem dúvida, capitais nacionais fortes e competitivos, fazer negócios, cara a cara, com as transnacionais.

Criar mais riqueza pública, e que não se usem, quando falha alguma iniciativa fiscal no Congresso, que não se usem os monopólios do Estado para arrecadação, para substituir a arrecadação fiscal.

Que não se use a energia elétrica, como se vem fazendo, para arrecadação fiscal. Nem a gasolina. Essas coisas devem ser separadas, devem ser empresas que se administrem com autonomia e fora do orçamento, para evitar que, quando não se autoriza uma renda, não se suba um ponto, não se aumentem os preços da rede tal ou tal para obter essa arrecadação.

Por último, quero dizer aqui, como há várias coisas que tem a ver com o que dizem nos Estados Unidos: "Buy America" ["Compre na América"]. O presidente, o secretário, o ministro Sebastián, da indústria espanhola, dizem: "E existe algo que nossos cidadãos podem fazer pelo seu país: apostar na Espanha, em nossos produtos, em nossa indústria e em nossos serviços, apostar em nós mesmos".

Está começando a haver nacionalismo econômico para o consumo, nos Estados Unidos, sem dúvida. Esperemos que, no nosso caso, não seja "Saia México" ou "Vendamos México".

Informo ao Legislativo sobre o que é a concorrência a que se referia o presidente da Comissão.

Aqui assinala que as razões principais, os fatores mais problemáticos do México são: ineficiência da burocracia governamental; corrupção; infraestrutura inadequada; regulamentações restritivas; regulamentações de impostos; acesso ao financiamento; impostos; crime e roubo; educação inadequada da força de trabalho.

Deixo-lhe isso: estamos em 60º lugar, não é tampouco a lei de Deus, porque em 1º lugar estão os Estados Unidos, já sabemos que não são o país mais competitivo do mundo, pois o estão enchendo de produtos por todos os lados.

Então lhe deixo, por favor, essas informações e agradeço-lhe muito a atenção, o tempo e o convite.

O sonho americano

O dom da ubiquidade

Nem os críticos mais ferozes de Carlos Slim podem negar seu toque de investidor ou de criador de riqueza, que gera empregos e bem-estar. Ainda no começo dos anos 1990, muitos estadunidenses se perguntavam: quem é esse mexicano que quer comprar tudo?

Desde muito jovem, Slim tornou evidentes os traços de sua personalidade, o que lhe permitiu ter maior conhecimento de si mesmo. Sua intuição para os negócios deixou claro que contava com muita capacidade de *insight*, o que lhe permitiu ganhar maturidade ao assumir responsabilidades próprias e o levou a atuar de forma mais livre e congruente na liderança de seus negócios.

Deixando de lado a discussão de que Slim seja o homem com mais dinheiro do México, a percepção dos estadunidenses é que ele soube construir seu império nesse país e é visto como um triunfador, porque a maneira de gerar riqueza não está fora do alcance de ninguém.

Desde muito jovem, ele conheceu os códigos que regem a sociedade estadunidense. Muitos de seus conhecimentos sobre como operam os negócios nos Estados Unidos foram aprendidos em suas múltiplas leituras na Biblioteca da Bolsa de Valores de Nova York (New York Stock Exchange), onde examinou centenas de livros e arquivos a respeito de temas financeiros, ao que haveria de agregar suas habituais leituras sobre a literatura e a história estadunidenses, assim como seu contato com as elites do poder e do dinheiro daquela nação.

Em vista do peso de seus negócios nos Estados Unidos, Carlos Slim projetou-se como uma pessoa de enorme influência e um homem cuja voz é ouvida em um dos mais influentes meios de comunicação daquele país e do mundo.

A revista *Fortune* comparou o perfil de Slim com o de um dos grandes magnatas estadunidenses, John D. Rockefeller. A rede *CNN* e a revista *Time* colocam-no entre os 25 executivos das empresas mais influentes do mundo, ao lado do brasileiro Carlos Ghosn, diretor-executivo da Nissan, e dos estadunidenses Bill Gates, da Microsoft; Steve Case, presidente da America

Online; e Jerry Levin, diretor-executivo da AOL; Robert Rubin, diretor-executivo do Citigroup; Michael Dell, diretor-executivo da Dell Computer; Stanley O'Neal, presidente da financeira Merrill Lynch; Andre Action Jackson, presidente da JFPI Corporation; Rupert Murdoch, presidente da News Corp.; Jeffrey Immelt, diretor-executivo do conglomerado General Electric; Oprah Winfrey, a rainha dos *talk shows* matutinos; Andrea Jung, diretora executiva dos produtos de beleza Avon; e o britânico *sir* John Browne, presidente da British Petroleum.

O *New York Post* também relaciona seu nome entre os 25 latinos mais influentes na cidade de Nova York, em âmbitos como artes, moda, saúde, política, meios de informação e filantropia.

Nessa lista, Slim se destaca, ao lado de Virgilio Garza, responsável pelo departamento de arte latino-americana da casa de leilões Christie's; de Julián Zugazagoitia, diretor do Museo del Barrio; do designer de modas brasileiro estabelecido em Nova York, Francisco Costa, diretor criativo da firma Calvin Klein; da colombiana Nina García, editora de moda da revista *Marie Claire;* de Rossana Rosado, conselheira de *El Diario/La Prensa;* de Rosario Dawson, cofundadora de Voto Latino; do portorriquenho Luis Ubiñas, presidente da Fundação Ford; da mecenas Yaz Hernández; de René Alegría, do grupo editorial HarperCollins; do escritor dominicano Junot Díaz, Prêmio Pulitzer; de Lin Miranda, roteirista de "In the Heigths"; do ator cubano Raúl Esparza; de César Perales, responsável pelo Fondo para la Defensa Legal y la Educación de los Puertorriqueños; de Anthony Romero, diretor-executivo da Unión de Libertades Civiles de Estados Unidos; e da juíza Sonia Sotomayor.

A presença de Slim nos Estados Unidos é cada vez mais importante. Ele faz parte da Junta Directiva de la Corporación RAND (Research and Development), organização de pesquisa sem fins lucrativos que oferece assessoria e soluções, em todo o mundo, sobre assuntos de política e comércio, entre outros temas.

É um forte impulsionador da Fundação Clinton, encabeçada pelo ex-presidente Bill Clinton, à qual destinou um fundo de 100 milhões de dólares para combater a pobreza na América Latina.

Da mesma maneira, Slim é um importante colaborador do Fundo Mundial para a Natureza, ao qual outorgou 100 milhões de dólares para preservar a biodiversidade do México em dezessete áreas naturais agrupadas em seis regiões do país. O Fundo Mundial para a Natureza (World Wide Fund for

Nature) é a maior e mais respeitada organização conservacionista independente do mundo. Sua missão é deter a degradação do ambiente natural do planeta e construir um futuro no qual os seres humanos convivam em harmonia com a natureza.

O WWF conta com cerca de 5 milhões de membros e uma rede mundial de 27 organizações nacionais, cinco associadas e 22 escritórios, que trabalham em mais de cem países. A sede internacional está localizada na Suíça e a sede para a América Latina encontra-se nos Estados Unidos.

Para os estadunidenses, não pareceu estranho que o secretário-geral da Organização das Nações Unidas, Ban Ki Moon, convidasse Carlos Slim a fazer parte de um grupo de pessoas notáveis para o assessoramento sobre a mudança climática.

Tampouco causou surpresa que, em meados de 2009, Slim recebesse a "Medalha do Presidente", da Universidade George Washington, pelo trabalho filantrópico que realiza por meio das diversas fundações que preside.

Esse reconhecimento foi instituído em 1988, e daí em diante tal medalha foi entregue a personalidades como Mikhail Gorbachev, Walter Cronkite e o primeiro-ministro israelense e Prêmio Nobel Shimon Peres, entre outros.

Outros galardões recebidos por Slim são o Golden Plate Award, outorgado pela American Academy of Achievement; o World Education and Development Fund; o Empresario del año (*Latin Trade* 2003); o Alliance Award 2004, outorgado pela Free Trade Alliance; o Hadrian Award (2004), outorgado pelo World Monuments Fund; e o Empresario de la Década (*Latin Trade* 2004).

Os sucessos de Carlos Slim, em seu conjunto, são impressionantes, seus múltiplos reconhecimentos vão do México à América Latina, dos Estados Unidos à Europa. Na China e no Japão, há um inusitado interesse de organizações não governamentais para que, nas escolas públicas, ele seja tomado como um exemplo de êxito e perseverança.

A mídia internacional lança seus refletores sobre tudo o que diz respeito ao magnata mexicano. No começo de 2007, quando o multimilionário Bill Gates visitou Slim em seu escritório para discutir pontos de vista sobre o mercado da internet, tanto no México quanto nos Estados Unidos, o encontro causou agitação, principalmente nos meios de comunicação locais. O fundador da Microsoft visitou a Cidade do México para receber a condecoração de prata da Orden Mexicana del Águila Azteca, que é a distinção mais alta que o governo mexicano outorga a um estrangeiro por serviços proeminentes prestados ao país. Gates havia doado milhares de computadores às bibliotecas públicas e ofereceu assistência ao governo mexicano para o atendimento de várias enfermidades, como a aids, o paludismo, a tuberculose e outras doenças comuns em países em desenvolvimento.

Nesse encontro, Gates e Slim conversaram sobre o mercado da publicidade na internet. Analisaram a necessidade de trabalharem juntos para incrementar a penetração dos serviços que poderiam tornar disponíveis por intermédio de suas companhias. A Microsoft e a Telmex têm uma aliança para oferecer serviços de internet e publicidade no México por meio da página www.prodigy.msn. Deveríamos lembrar que Slim salvou da quebra o provedor de serviços de internet Prodigy em 1997, agregando a ele uma interface em espanhol e elevando o número de seus clientes de menos de 200 mil para mais de 3,5 milhões de assinantes.

A presença de Slim nos Estados Unidos é cada vez mais forte, o que demonstrou com seu toque de investidor. Por exemplo, em fins de 2008, adquiriu 8% da companhia Bronco Drilling, ao obter 2,2 milhões de ações por um montante próximo a 15 milhões de dólares. Essa empresa dedica-se à produção de plataformas de petróleo e tem contratos para perfurar três poços no México.

Entre os numerosos investimentos da família Slim nos Estados Unidos, destacam-se aqueles feitos no começo de 2009, entre eles a compra pela corretora Inbursa, por 150 milhões de dólares, de 29 milhões de ações do Citigroup e a aquisição pela Inmobiliaria Carso de 300 mil novas ações da rede de lojas de luxo Saks Fifth Avenue, que se somam às 25,5 milhões adquiridas em 2008.

O grupo de Slim tem ações da Global Crossing, Office Max, Circuit City, Borders e, se isso não bastasse, a Carso Global Telecom, depositária da maioria das ações de controle da Telmex, opera serviços de telecomunicações nos Estados Unidos, o mesmo acontecendo com a América Móvil, que provê serviços de telefonia sem fio em território estadunidense. Devemos acrescentar que a Carso Global Telecom atende consumidores de baixa renda, principalmente hispânicos nos Estados Unidos, que têm muito pouco ou nenhum acesso ao crédito.

Em um mundo em que cada dia se dispõe de menos tempo, pareceria que Slim tem o dom da ubiquidade, está presente em todas as partes. Pode ser que alguém o descubra saindo de uma reunião de negócios em Wall Street, em um concerto no John F. Kennedy Center for the Performing Arts (Centro John F. Kennedy para as Artes Cênicas) em Washington, ou dando uma conferência em alguma universidade estadunidense.

Desde muito jovem, Carlos Slim inteirou-se dos problemas e da evolução da sociedade estadunidense. Na década de 1960, viajou pelas principais cidades dos Estados Unidos. Eram os tempos em que se debatiam as ideias dos pensadores mais conhecidos do mundo conservador norte-americano, como Sidney Hook, que vinha da extrema esquerda, assim como Norman Podhoretz, um dos gurus dos intelectuais do mundo judeu. Naqueles anos, o antigo esquerdista Irving Kristol fundou a revista *The Public Interest*, destinada a renovar a política norte-americana. Ao sul, a América Latina encontrava-se em um estado de turbulência social, política e econômica. Inspirados na Revolução Cubana, os intelectuais queriam libertar-se daquilo que se percebia como décadas de controle estrangeiro, por meio do domínio absoluto das oligarquias tradicionais. Nos Estados Unidos, estava latente a Guerra do Vietnã e os protestos universitários contra ela, e as desordens raciais assolavam o país. Então Fidel Castro e Che Guevara ganhavam mais e mais popularidade, arvorando a bandeira do socialismo como um sistema mais viável. Na América Latina, tinha andamento a chamada Teologia da Libertação. "O dever da Igreja é comprometer-se no processo de conscientização das massas populares e conseguir sua libertação", sentenciava o arcebispo de Recife, no Brasil, dom Helder Câmara. Nos Estados Unidos, era a época dourada do *soul* e apenas se percebia a influência dos Rolling Stones, da banda dos Manfred Mann e do quarteto dos Beatles. A música era uma espécie de catalisador e surgiam movimentos como o dos hippies. Uma herança importante dos movimentos sociais foi a evolução do papel da mulher na sociedade estadunidense. No Congresso, só havia quatro congressistas de raça negra e o número de estudantes negros era ínfimo. Também predominavam a repressão sexual, a censura literária e a família autoritária. Confusos e frustrados, os Estados Unidos estavam submersos em um círculo vicioso no qual a pobreza parecia não ter saída. A efervescência dos movimentos sociais foi rompendo, pouco a pouco, muitos dos atavismos sociais, políticos, culturais e econômicos.

Esse era o mundo que Carlos Slim encontrou em sua juventude, em suas primeiras viagens aos Estados Unidos.

Como em muitas partes do mundo, Carlos Slim agora é uma das vozes mais ouvidas e respeitadas nos Estados Unidos. Claro que não ficou isento das críticas de alguns dos mais influentes meios de comunicação estadunidenses que especularam sobre o papel dos investimentos do magnata mexicano.

A compra de um pacote acionário do mais influente jornal estadunidense, *The New York Times*, o colocou no centro das atenções. Fama, poder, êxito, autoridade, tudo se uniu nessa operação que, para Carlos Slim, apenas representou um desembolso de 250 milhões de dólares; uma ninharia para sua fortuna, mas uma compra de ações de alto impacto social e político.

As vozes se fizeram mais fortes quando se tornou pública a compra de ações do *NYT*.

"Muitos magnatas estrangeiros estão comprando barato. Os Estados Unidos devem se acostumar com isso... Vamos ter todos esses interesses estrangeiros como donos de empresas estadunidenses. É um dos fenômenos que aceleraram a recessão... Com sua participação no *The New York Times*, Carlos Slim basicamente se projeta como uma pessoa com enorme influência neste país, sem importar como será o desempenho de seu investimento", fez notar o reconhecido analista Armand Peschard-Sverdrup, do Centro para Estudos Estratégicos e Internacionais de Washington.

George Grayson, acadêmico pesquisador da College of William and Mary, de Virginia, EUA, e um dos mais ferozes críticos de Slim, não crê que o magnata mexicano interfira na política editorial por sua compra de ações do *NYT*. Isso sim, expressou, "os que lemos *The New York Times* todos os dias provavelmente abriremos garrafas de champagne, porque, a menos que consigam capital, esses jornais vão reduzir seus serviços".

Em consonância com Grayson, o professor de Sociologia da Universidade de Colúmbia, Todd Gitlin, assinalou que "investir sem pensar em influência melhoraria a reputação de Carlos Slim... creio que seria insensato de sua parte interferir no jornal... Slim se beneficiaria de uma reputação global ao estar por cima de uma simples interferência".

Para Alex Jones, professor da Universidade de Harvard e autor de *The Trust*, considerada a biografia definitiva dos Sulzberger, e o jornal *The New York Times*, a compra de ações por Slim "é o mais parecido ao investidor ideal, porque Slim é um homem que já fez sua fortuna e de alguma maneira é um empresário como o foi Adolph Ochs (o patriarca do *NYT*)".

Para Tom Rosenstiel, do Projeto de Excelência Jornalística e antigo crítico de mídia do *Los Angeles Times*, a aquisição de ações por Slim "é a de um forte aliado, ao dar-lhes o numerário de que necessitam para poder reforçar, e não debilitar, a posição da gerência do *New York Times*".

"O que está claro é que o jornal necessita de dinheiro e Slim o tem; por isso, poderia ajudar a salvar o jornal mediante um financiamento e dando-lhe tempo para que faça as mudanças necessárias, a fim de que a empresa continue sendo rentável", foi a opinião de Shannon K. O'Neil, especialista em América Latina do Conselho de Relações Exteriores de Nova York.

Nesse sentido, a presidente executiva do *NYT*, Janet Robinson, tornou público que o capital injetado por Slim na companhia seria usado de imediato para refinanciar dívidas e dar à empresa mais flexibilidade econômica.

Muito antes de 2007, o mais influente jornal dos Estados Unidos ainda apresentava alguns lucros, mas seus problemas financeiros vinham se arrastando por causa da redução de publicidade, o que provocou um corte nos custos, além da crescente concorrência do *Wall Street Journal*, adquirido pelo magnata da mídia Rupert Murdoch.

Tempos atrás, os Sulzberger se permitiram, em um ato de soberba, dar lições aos Bancroft, quando estes sucumbiram diante de Murdoch, erigindo-se então como os cavaleiros da grande imprensa independente e de prestígio "de toda a vida".

Perto do fechamento do segundo semestre de 2007, a empresa relatou que seu lucro trimestral líquido havia atingido 118,4 milhões de dólares, ou seja, tivera um aumento de 82 centavos de dólar por ação, em comparação com os 59,6 milhões de dólares, ou seja, um incremento de 41 centavos de dólar por ação, no mesmo período do ano anterior.

A venda da divisão de mídias audiovisuais contribuiu com 66 centavos de dólar para os lucros por ação da companhia. *The New York Times* também relatou uma perda de 29 centavos de dólar por ação por outras vendas de ativos, como uma gráfica, e uma perda de 5 centavos por título devido a gastos por depreciação acelerada.

"Enquanto nossos resultados do segundo semestre refletiram a debilidade do mercado de publicidade gráfica (...) continuamos movendo-nos agressivamente na direção do desenvolvimento de novos produtos, corte de gastos e de um reequilíbrio de nossa carteira", informou Janet Robinson em um comunicado.

O certo é que a empresa editorial havia sido golpeada por uma queda na receita publicitária devido à migração de leitores para a internet, assim como pelo declínio do mercado de habitação estadunidense e por outros fatores econômicos.

A crise batera à porta do mais influente jornal do mundo e do terceiro jornal com maior circulação nos Estados Unidos, com 1 milhão de exemplares vendidos por dia. Em termos financeiros, 2008 foi um ano muito duro para *The New York Times*. A empresa tinha um compromisso de 1.100 milhões de dólares de dívidas e um crédito de 400 milhões de dólares que vencia em maio, mas em caixa contava apenas com 46 milhões de dólares em dinheiro.

Necessitava com urgência de uma transfusão de dinheiro: o jornal pela primeira vez em sua história teve de cortar postos em sua redação, congelar salários e vender anúncios na primeira página. Para tratar de solucionar seus problemas financeiros, os donos do *Times*, desesperados, tentavam vender dezenove dos 52 andares do seu edifício sede em Manhattan para uma empresa de investimento e gestão. O jornal continuaria a ocupar os outros andares, já que, com o dinheiro dessa venda, pagaria parte de suas dívidas. Entre outros de seus ativos postos à venda estava o time de beisebol Red Stocks, de Boston, e o jornal *The Boston Globe*. Na voragem de sua crise, os executivos do *NYT* anunciaram o fechamento de sua filial de distribuição City and Suburban, o que levaria à demissão de 550 trabalhadores, ou 5,4% de sua equipe, além de preparar um plano para reduzir o número de seções e um aumento no preço do exemplar do jornal.

A situação do jornal *The New York Times* tornou-se insustentável devido à queda de 70% no preço de suas ações, de um máximo de doze meses a 21,14 dólares, alcançado em abril de 2008.

Carlos Slim resgatou o *NYT* ao assinar acordos por 250 milhões de dólares com duas de suas companhias: 125 milhões de dólares em compra de ações pelo Banco Inbursa e outros tantos por meio da Inmobiliaria Carso.

O acordo foi a compra de 9,1 milhões de ações classe A para um período de seis anos com garantias que são convertíveis em ações comuns. As notas têm uma taxa de juros de 14%, dos quais 11% são pagos à vista e 3% em bônus adicionais. Em princípio, Slim obteria 6,4% das ações.

Pelas cláusulas do acordo, Slim não estará representado no conselho do *NYT* nem terá direitos especiais de voto. Mas, quando exercer as garantias, contará com 17% das ações comuns da companhia, convertendo-se no seu maior acionista, e os donos principais, a família Ochs-Sulzberger, terão 19% das ações da empresa e direitos especiais de voto.

No fim de fevereiro de 2009, segundo documentação enviada pela The New York Times Company à Comissão da Bolsa de Valores dos Estados Unidos, as empresas de Carlos Slim aumentaram sua participação de 6,4% para 7% do capital, por meio de múltiplas compras de ações, em torno de 3,7 milhões de dólares, pela Inmobiliaria Carso.

Antes de se tornar pública a injeção de recursos pelos Slim, as empresas de investimento Harbinger Capital e Firebrand Partners compraram uma importante participação no jornal *The New York Times*. Os investimentos de Slim e dessas duas companhias representam juntos mais de 30% do capital e superam assim os 19% dos Sulzberger. Outro dos acionistas do *Times* é o fundo T. Rowe Price Group, com 11%, que seria o segundo acionista em importância.

Alguns analistas consideram que essa injeção de recursos não garante uma reestruturação do jornal, devido à estrutura acionária e ao controle exercido pela família Sulzberger que, mediante a posse de 90% das ações do tipo B, mantêm o denominado superdireito de voto.

Slim, em uma entrevista para o *New Yorker*, informou que seu investimento no jornal *The New York Times* não foi motivado por interesses nos conteúdos do meio, e sim nos canais de comunicação que transmitem tais conteúdos, como a televisão, a internet e os celulares.

Ao cumprir-se o primeiro ano de seus investimentos, Slim se propôs exercer o direito de compra dos próprios investimentos no *NYT*, companhia que se viu forçada a suspender o pagamento de dividendos aos acionistas ao não poder superar a crise que envolve a maior parte dos meios de comunicação impressa dos Estados Unidos.

Com toda a sua condição, o presidente do diretório executivo da The New York Times Company, Arthur Sulzberger, elogiou Carlos Slim como "verdadeiramente leal ao *Times*", em um artigo que publicou na página de internet do jornal, e disse que Slim faz parte dos "100 mais influentes do ano de 2009, segundo o *NYT*".

"Embora tivesse sido uma boa ideia que me conhecesse antes, e aos meus colegas, foi óbvio desde o momento em que nos conhecemos que Slim era verdadeiramente leal ao *Times*... Slim é um homem de negócios muito astuto, que compreende as grandes marcas... e mostra um profundo entendimento do papel que as notícias, a informação e a educação têm em nossa sociedade mundial interconectada."

Outra das experiências de Carlos Slim com os meios de comunicação deu-se com a compra de 1% das ações do jornal *The Independent*, de Londres, editado pelo consórcio Independent News and Media (INM). O investimento, em torno de 18 milhões de euros, deu lugar a muitas especulações.

O investimento nesse jornal "foi uma decisão errônea", admitiu o empresário mexicano.

No *The Independent*, desde anos atrás, seus principais acionistas travam uma luta. *Sir* Anthony O'Reilly e seu sócio Denis O'Brien exercem uma disputa feroz para manter o controle.

A família de O'Reilly controla 28% do INM, que tem *The Independent*, o *Belfast Telegraph* e jornais na Irlanda, na Austrália e na África do Sul. Denis O'Brien tem 20% das ações e sustenta uma luta com O'Reilly, que detém 28%. Nos meios ingleses, correu o rumor de que Carlos Slim havia adquirido o pacote de ações de *The Independent* para uma suposta negociação com Denis O'Brien, que é o dono da Digicel, considerada a principal operadora de telefonia móvel na zona do Caribe, e competidor de Slim naquela região.

Em meio a esses conflitos de interesses entre os sócios do INM, as ações da companhia que edita *The Independent* sofreram uma depreciação de 85%. As ações que antes valiam quase 4 euros baixaram seu valor para menos de 2 dólares na Bolsa de Londres, entre maio de 2008 e junho de 2009.

É evidente que Slim não quer brincar de Cidadão Kane, como estão fazendo os grandes magnatas da mídia, Ted Turner, Rupert Murdoch, Anthony O'Reilly e Denis O'Brien, que anseiam ser homens poderosos, à maneira de William Randolph Hearst.

Self-made man

Uma vida, uma trajetória

Benjamin Franklin costumava dizer que o homem devia ser frugal. Uma de suas máximas era: "Só gaste naquilo que traga um bem para outros ou para ti. Não desperdice nada". E observava também que "às vezes, o homem é mais generoso quando tem pouco dinheiro que quando tem muito, talvez pelo temor de descobrir sua escassa fortuna". A filosofia de Franklin tem muito a ver com o pensamento de Carlos Slim Helú: ele é frugal e não gosta de dar seu dinheiro de presente.

Slim não tem títulos nobiliários nem castelos, mas, diante dele, a realeza de todo o mundo, mesmo juntando suas fortunas, seria composta de proletários. É simplesmente o homem mais rico do mundo. E, embora não defenda isso, reza o ditado que "onde há dinheiro há dinastia". Os Slim são, no México, a família mais popular. Se o país fosse governado por uma monarquia, sem dúvida alguma os membros deste clã seriam a realeza.

Independentemente de sua fortuna, muitos se perguntam: O que tem esse homem que seduz conhecidos e estranhos? A resposta imediata poderia ser "dinheiro". Todos aqueles que sonham com o êxito desejariam que Carlos Slim lhes revelasse seus segredos, que lhes contasse como fez sua fortuna. Slim diz que não há nada oculto, que seu segredo consiste em trabalhar, economizar e investir.

Quando chegava aos cinquenta anos de idade, em 1991, seu nome apareceu pela primeira vez na lista dos bilionários da revista *Forbes*. Embora Slim fosse conhecido no mundo empresarial, a grande maioria dos mexicanos não sabia nada sobre ele. Hoje, depois de vários anos, é um rosto conhecido em todo o mundo.

Atribuem a ele uma riqueza superior a 69 bilhões de dólares. Milhões mais, milhões menos, os números podem variar de um ano a outro. O certo é que seu império cada dia se estende mais por todo o mundo. Por isso o chamam Rei Midas moderno.

De alguma maneira, Slim é o exemplo típico do *self-made man*, o homem que se fez por conta própria. Também não se trata do clássico personagem que "só estava no lugar certo no momento certo". Não, a de Carlos Slim talvez seja uma história diferente da de muitos milionários, embora subsistam alguns traços comuns a muitos deles, como sua atitude mental positiva, sua disciplina, tenacidade e dedicação, mas, sobretudo, sua paixão, seus conhecimentos e sua visão de negócios. É, em poucas palavras, um representante do dinheiro sagaz, um homem que fareja e sabe onde há dinheiro.

Não há lugar onde pessoas de todas as classes sociais não falem desse homem. Nos bares, é possível escutar longas conversas sobre seus milhões, suas obras de arte, as compras diárias de ações de alguma empresa, de quanto aumentou ou diminuiu sua fortuna. Longe, muito longe do que muitos imaginam, para que este mexicano de origem libanesa tome uma decisão de negócios, toda a informação necessária tem de caber em uma folha de papel e poucos sabem que, mentalmente, pode fazer, em segundos, uma operação financeira que um executivo levaria um bom tempo para fazer com um computador ou com uma calculadora. Ao contrário de Slim, a grande maioria de empresários tem a língua mais rápida que a mente. Por isso, a imprensa está atenta a seus movimentos e a suas palavras, pois, quando Slim fala, se impõe o silêncio.

Isso certamente incomoda a muitos, mas milhões de pessoas em todo o mundo o admiram e respeitam, desde o mais modesto empregado até o mais notável estadista. No Japão e na China, por exemplo, há um inusitado interesse por ensinar, nas escolas públicas, a filosofia de vida de Carlos Slim. Em contrapartida, no México, embora também seja admirado, há setores que o estigmatizaram porque rompeu todos os paradigmas, ao ser o homem mais rico do mundo proveniente de um país que tem múltiplas contradições sociais.

O certo é que seu pai o educou no mundo dos negócios. Não obstante dom Julián Slim Haddad ter falecido quando Carlos Slim tinha apenas treze anos de idade, muitos dos ensinamentos de seu pai continuam sendo aplicados em suas empresas. Inclusive fazem parte dos "dez mandamentos" de sua filosofia empresarial.

Slim nunca viu seu afazer empresarial como um trabalho. Desfruta do que mais gosta e diz que o êxito nada tem a ver com o curto prazo, o hoje ou o amanhã, e sim com a visão de futuro. Assim atingiu suas metas em todos os sentidos, não só criar uma grande fortuna e ter o reconhecimento mundial, mas também tratar de ser o mais feliz possível e criar filhos melhores para seu país.

Não lhe importa aparecer nas revistas que põem e tiram do ranking os mais ricos do universo. Ele sim, está consciente de sua enorme responsabilidade como um dos mais importantes homens de negócios do mundo. Gera centenas de milhares de empregos em mais de vinte países, é o mexicano que mais paga impostos com suas empresas (mais de 10 milhões de dólares anuais), é um dos maiores investidores do mundo (tem investimentos diversificados de mais de 70 milhões de dólares). Por isso foi considerado um dos seis homens mais poderosos do planeta, depois dos líderes dos Estados Unidos, da China e da Rússia, do diretor do Federal Reserve e dos fundadores da empresa de Internet Google, segundo a revista *Forbes*, cuja lista é integrada por 67 personalidades, uma para cada 100 milhões dos 6.700 milhões de habitantes do planeta. Os fatores para encabeçar a lista dos mais poderosos, segundo a revista, sustentam-se no número de pessoas às quais influenciam, na capacidade para projetar poder além de sua esfera imediata, no controle ou no acesso a recursos, e quão ativamente exercem esse poder.

Seja como for, os que o colocaram nesse ranking sustentam que "o objetivo de compilar esta lista é expor o poder, não glorificá-lo, e comprovar, com o tempo, que assim como é fácil perder influência, é difícil ganhá-la".

Mas, quando perguntaram a Slim o que se sente ao ser o homem mais rico do planeta, sua resposta foi: "Trata-se de um assunto sem relevância, porque não é uma competição, não estou jogando futebol". Afinal de contas, "não se leva nada deste mundo quando se morre". Por outro lado, respondeu uma e outra vez que "a riqueza deve ser administrada com eficiência, probidade, eficácia e sobriedade".

Longe, muito longe dos ricos e poderosos, Carlos Slim mantém uma vida distante da maioria deles. Continua vivendo na mesma casa há quatro décadas e disse que dali só se mudará para o cemitério. Agora vive ali sozinho, depois de ficar viúvo há quase quinze anos e de seu filho primogênito deixar de acompanhá-lo, depois de casar-se recentemente.

Embora tenha dito que um homem deve trabalhar até os sessenta anos para depois desfrutar da vida, e embora formalmente tenha se aposentado, por motivos de saúde, dos conselhos de administração de suas empresas antes de chegar aos sessenta anos, Slim continua ativo, ocupando um cargo simbólico como patriarca de seu incomensurável império. Inclusive o que chama a atenção é que, para o tamanho de sua fortuna, atribuiu-se um salário de 25 mil dólares mensais. Mas ainda hoje, não obstante as múltiplas viagens que faz por todo o mundo, fazendo negócios e dando conferências, encontra tempo para conviver com a família, seus seis filhos e vinte netos, assim como com seus poucos e seletos amigos, muitos deles conhecidos intelectuais que se deixaram seduzir pelo magnata.

Quando perguntaram a alguns escritores próximos ao empresário, como Gabriel García Márquez ou Carlos Fuentes, se Carlos Slim manda chamá-los, responderam que eles o procuram porque Slim os "ilumina". O mesmo costumava dizer Carlos Monsiváis – um dos escritores mais populares – que foi muito admirado pelo magnata.

No México, não são poucos os intelectuais e acadêmicos de esquerdas e de direitas que procuram Slim. Muitos trânsfugas da academia, cansados de estar relegados às bibliotecas e às aulas, tomaram de assalto os meios de comunicação para obter notoriedade, assumiram o "jornalismo" como seu *modus vivendi* e *operandi* e desfrutam sentar-se à mesa dos ricos e famosos.

O mesmíssimo Fidel Castro, que idolatrou toda sua vida a Karl Marx, o filósofo do comunismo, terminou seduzido por Carlos Slim, que é considerado um dos maiores símbolos do capitalismo.

Entre conversas sobre as bondades do socialismo e do capitalismo, Castro e Slim chegaram a desfrutar juntos sua predileção pelos "puros" em alguns encontros. O magnata foi um grande fã dos puros Cohiba, fumava dois a três por dia. Embora não tenha perdido o gosto pelo aroma dos puros, deixou de fumá-los em 2007.

Assim, o líder da Revolução Cubana – que, se supõe, seja a antítese do magnata – escreveu um artigo no jornal *Granma*, em agosto de 2010, no qual enalteceu a Carlos Slim. O comandante escreveu: "Slim conhece todos os segredos do capitalismo e, apesar de ser o mais rico de todos, é um homem inteligente que conhece todos os segredos das bolsas e todos os mecanismos do sistema capitalista".

E confessou: "Carlos Slim me visitou sempre, quando fui ao México e, uma vez, visitou-me em Cuba. Obsequiou-me um televisou – o mais moderno naquele momento – que conservei na minha casa até um ano atrás. Não o fez com intenção de subornar-me. Nunca lhe pedi nenhum favor tampouco".

Assim como Fidel Castro, entre outras das muitas personalidades que falaram bem de Carlos Slim está o ex-presidente dos Estados Unidos Bill Clinton, com quem o magnata forjou uma sólida amizade. Clinton elogiou o altruísmo de Slim e as centenas de milhares de empregos que gerou com suas empresas. Juntos, viajaram pelo mundo dando conferências sobre desenvolvimento sustentável e, com certa regularidade, convivem em *petit comité.*

Carlos Slim goza da aceitação dos círculos do poder e do dinheiro nos Estados Unidos, algo nada fácil para um mexicano de êxito. Inclusive nos círculos sociais de Nova York e de Miami, é visto com inusitada admiração. É o primeiro latino-americano a ostentar o título de homem mais rico do mundo, algo inédito nos mais de quinze anos de existência da famosa lista da *Forbes.*

> Os Estados Unidos são o país do mundo com o maior número de ricos e, entre os dez mais, sempre aparecem pelo menos três bilionários desse país, alguns asiáticos e europeus. Mas contam-se nos dedos de uma mão os latino-americanos que ali aparecem.

Para os norte-americanos, Slim é um homem de êxito sob todos os aspectos. Na cultura norte-americana não há lugar para os perdedores. Desde a infância lhes é inculcada a concorrência, a luta pelo prestígio, tudo é calculado a partir de uma excessiva exigência econômica. Embora Slim rompa com alguns esquemas dessa cultura – se podemos chamá-la assim – como com o hedonismo, a agressividade e a competição que caracterizam essa sociedade, que se singulariza por seus grandes benefícios econômicos e pelo enorme custo social, os olhos de todos estão postos neste mexicano. Felix Salmon, um dos jornalistas mais respeitados em Wall Street, ao abordar a ascensão de Carlos Slim como o mais rico do planeta, escreveu: "Você pode ganhar milhões de dólares por ano durante toda uma vida de trabalho e poderia não chegar a ser tão rico como Carlos Slim: para conseguir esse tipo de riqueza, não é suficiente ganhar dinheiro. Você precisa construir e ter uma companhia, idealmente com... um monopólio. Mas enquanto o monopólio da Microsoft era global, o de Slim é muito local – está confinado ao México. E parte muito importante de sua riqueza vem de suas propriedades em outros países e outras indústrias, onde não há nenhum tipo de monopólio".

Mas, assim como choveram elogios, também recebeu cataratas de críticas. Uma das vozes discordantes é a de Denise Dresser, doutorada em Ciências Políticas pela Universidade de Princeton e especialista em política mexicana contemporânea e nas relações México-Estados Unidos. A conhecida acadêmica, com forte presença nos meios de comunicação do México, referiu-se a Slim como "o verdadeiro inominável".

O homem de quem se fala em tons portentosos. De quem se fala com medo. De quem se fala com admiração. Aquele que move tudo, controla tudo, compra tudo. Que está acima da autoridade do governo e da vigilância dos meios de comunicação. Que produz a metade do Produto Interno Bruto do México. Que paga os salários de mais de 200 mil pessoas. O mexicano mais conhecido e o menos submetido a escrutínio, que não necessita mover os fios da política porque controla as artérias da economia. O quinto poder. O verdadeiro inominável. Mas não é (o ex-presidente) Carlos Salinas; é Carlos Slim. Ali está. Cada vez mais presente, cada dia mais influente, cada dia mais diversificado. Nos telefones fixos e nos telefones celulares; na Bolsa e nas pastelarias; nos cartões de crédito e nos cartões telefônicos; na remodelação do Centro Histórico e na sua compra; na lista da *Forbes* e na vida cotidiana dos mexicanos... O empresário a quem o governo do México vendeu uma máquina para fazer dinheiro e que soube usá-la muito bem.

Porque ninguém duvida do talento, do olfato, do sentido empresarial de Carlos Slim. Comprou um monopólio e o converteu em um império, decisão após decisão, investimento após investimento, aquisição após aquisição. Soube – antes de mais nada – quando comprar e o quê comprar...

Atuou com inteligência e com sagacidade; atuou com grande instinto de *timing* e com grande senso de oportunidade. Entendeu como opera a relação de codependência entre o governo e a classe empresarial e os meios de comunicação e a explorou a seu favor. Daí o êxito; daí o reconhecimento; daí o pedestal em que o país o colocou. O Midas mexicano: tudo o que toca se transforma em um milhão a mais...

Hoje em dia, o poder de Carlos Slim no México é um poder inominável, que quase ninguém menciona; do qual quase nenhum meio se ocupa; sobre o qual quase nenhum jornalista escreve; do qual quase nenhum intelectual fala; esse que nenhum regulador mexicano se atreve a tocar. Pelo menos é um empresário nacional, dizem. Pelo menos investe no México, dizem. Pelo menos está preocupado com o desenvolvimento do país e pronuncia discursos a esse respeito. Mas há um sério problema com esses raciocínios. Eludem o fato inegável de um jogo de soma zero: o que entra no bolso de Carlos Slim sai do bolso dos consumidores mexicanos. E a porção que embolsa é mais do que ele deveria tocar. Mais do que o governo deveria permitir.

Não precisava ter sido assim. Todos os países enfrentam os mesmos dilemas, mas muitos souberam resolvê-los melhor. Todos os governos negociam com as companhias de telecomunicações e chegam a acordos aceitáveis sobre as margens de lucro e as tarifas oferecidas. Todas as economias de êxito e competitivas contam com boa regulação. Têm alguém que luta em favor dos preços baixos, das tarifas reduzidas, da concorrência, da boa qualidade e dos interesses do público. Têm telecomunicações que fomentam a competitividade, como na Índia, onde uma chamada telefônica para os Estados Unidos é incrivelmente barata. Mas no México não é assim. No México não pode ser assim. O México jamais vai ser assim enquanto o governo se sentar à mesa de Carlos Slim, em vez de regulá-lo. Enquanto a classe empresarial o perceber como um exemplo a seguir, em vez de um gargalo, um funil para a economia. Enquanto a mídia não fizer as perguntas necessárias e a investigação indispensável, enquanto a população continuar pagando a conta porque crê que não tem outra opção.

Mas há outra opção: é a do governo que atua. Há outro caminho: é o do cidadão que luta pelos seus direitos. Há outra saída: implica abrir a porta regulatória. Há outra solução: candidatos presidenciais que enfrentem o problema em vez de evitá-lo. Há outro cenário: implica confrontar o senhor Slim com suas próprias palavras, quando diz: "O México deve estar na vanguarda da nova civilização digital". Pois isso só ocorrerá quando as tarifas das telecomunicações no México tornarem-se internacionalmente competitivas. Quando a telefonia no México custar o mesmo que no resto da América do Norte. Quando a Telmex deixar de provocar interferência nos sistemas de telefonia pela internet. Quando o poder de Carlos Slim deixar de ser um poder inominável e se converter em um poder regulado. Quando o consumidor importar mais que o multimilionário que ajudaram a criar. Quem não tem uma história para contar? O governo e a empresa jogam no mesmo time.

Essas são palavras da doutora Dresser.

De alguma forma, Slim esteve no olho do furacão nos últimos tempos. Quando decidiu retirar a publicidade de suas empresas das companhias de televisão abertas comerciais (Televisa e TV Azteca) porque estas se opunham ao seu interesse em participar do chamado *triple play*, ao pretender oferecer serviços de telefonia, internet e televisão, todos o atacaram. Choveram críticas e campanhas difamatórias, às que se somaram demandas multimilionárias por parte de seus competidores. O certo é que o grupo empresarial de Slim é 15 vezes maior que Televisa e a TV Azteca juntas. Nos tribunais, o grupo de Slim travou uma batalha sem precedentes e é muito provável que ganhe esta guerra, pois no fundo o governo pareceu receoso, ao mostrar-se fraco perante os monopólios existentes.

A tecnologia atual permite que Slim ofereça serviços de voz, vídeo e internet em uma só conexão. Nesse sentido, as empresas de serviços integrados com as que Slim está associado na América Latina foram se posicionando como o principal provedor em dezesseis dos dezoito países nos quais opera. E no seu principal negócio, a telefonia, conta com mais de 230 milhões de clientes desde os Estados Unidos até a Argentina, que representaram uma receita de 45 milhões de dólares no ano 2010 para sua companhia América Móvil.

Se os números e dados em torno dos negócios de Slim assustam, sua riqueza exponencial causa mais motivo de debate no México que no resto da América Latina, e muito menos nos Estados Unidos. Critica-se que, em um país no qual quatro de cada dez pessoas vivem na pobreza, um pequeno grupo de onze arquimilionários acumule uma fortuna de 130 milhões de dólares, cifra que supera a reserva internacional de divisas, ou a quantidade de dinheiro que equivale ao 12,4% do valor de todos os bens e serviços produzidos pela economia nacional.

Enquanto os mexicanos ricos são questionados por seu poder econômico, especialistas e delegações de funcionários de vários governos buscam Slim para matar a sede com seus conhecimentos. Não são poucos os funcionários do mais alto nível e os empresários norte-americanos que buscam o magnata mexicano para encontrar respostas à crise que assola os Estados Unidos devido aos maus manejos financeiros, à especulação e à corrupção, que propiciaram essa crise sem precedentes, com efeitos globais altamente contagiosos.

Slim é visto como um guru. Por isso, sua presença é imprescindível tanto nos foros multilaterais quanto nos eventos empresariais de todo o mundo. Essa é a diferença diante de outros homens que ocuparam a lista dos mais ricos do mundo; por isso é considerado um dos homens mais influentes e poderosos do planeta.

Polêmico, audaz, Carlos Slim se mantém, de certa forma, distante da mídia. Poucas vezes concede entrevistas. A seu escritório chegam, todos os dias, solicitações de jornalistas de todo o mundo. Muitos sentem fascinação por falar com ele. Chegam a ele cartas de agradecimento de todos os confins do país, pelo apoio recebido de suas fundações. Chovem centenas de convites para falar em foros internacionais, reconhecimentos são oferecidos, mas Slim, queira-se ou não, está invariavelmente concentrado no circuito das Bolsas e dos negócios. O lugar mais reservado e secreto é seu escritório, bem iluminado, discreto e austero, sem deixar de ser elegante, onde trabalha e onde tomou decisões determinantes para o florescimento do seu império. Sua mesa de trabalho pessoal complementa-se com seis confortáveis cadeiras. Não faltam obras do escultor Auguste Rodin nem, muito menos, a escultura "Os últimos dias de Napoleão", do escultor suíço Vicenio Vela. Slim, homem de personalidade espartana, diz a seus amigos e aos principais membros de sua equipe que a escultura "está ali para que ele não se esqueça de que é necessário ter sempre os pés na terra".

Turistas ricos que passeavam por Xangai mostraram seu assombro quando viram que Carlos Slim – homem que, com suas empresas, controla o equivalente a 7,5% do PIB do México –, estava em uma enorme fila, como qualquer pessoa comum, para ver uma das mais importantes exposições internacionais daquele lugar. Slim estava acompanhado por um de seus melhores amigos de toda a vida. Essa mesma cena poderia repetir-se em Nova York, Paris, Madri ou São Paulo. Este milionário gosta de andar por todos lados, inclusive no México e, quando alguém o descobre, a multidão se aglutina em torno dele como se fosse uma estrela de rock. Como uma colmeia às abelhas, a personalidade de Slim atrai as pessoas, alguns lhe pedem um autógrafo, outros se conformam com apertar-lhe a mão ou tirar uma foto com ele, mas muitos devem querer, nesses momentos, espremer seus conhecimentos para fazer algum negócio. Sua fama, como seus negócios, atravessou fronteiras diante da necessidade de ganhar musculatura para competir em um mundo global. Diante dos desafios da economia – diz Slim – "hoje é preciso mover-se mais que nunca".

Assim, quando muitos empresários se confessaram devotos de "Arte da Guerra", do filósofo chinês Sun Tzu, cujas máximas se converteram em uma espécie de sagradas escrituras para as estratégias empresariais, Slim pensa que o importante é ter empresas líderes. Diz isso com o conhecimento de haver resistido a diversos ciclos da economia, e das dificuldades financeiras que soube evitar. Longe de ser arrogante, não atribui a si mesmo todos os êxitos. Sustenta que o cliente ou o consumidor deve estar acima de tudo e deve contar com uma grande organização que sempre deve buscar os melhores. Tanto é assim que triunfou apesar das mudanças políticas, e sua linha de atuação não variou de maneira significativa nas últimas décadas.

Uma tarde, enquanto trabalhava em seu escritório com as mangas arregaçadas e via, através da janela panorâmica, a história da extraordinária acumulação econômica que começou em 1966, quando ele tinha apenas 26 anos de idade, Slim comentou comigo que já tinha, na época, o equivalente a uns 400 mil dólares, obtidos com investimentos feitos na Bolsa e com o apoio do patrimônio familiar. Então, recém-casado com Soumaya Domit Gemayel, com quem teria seis filhos, lançou-se ao mundo dos negócios, adquirindo empresas do setor imobiliário, da construção civil e engarrafadoras de bebidas. Nas duas décadas seguintes, seu grupo teve um crescimento gradual. Em 1982, tudo mudou. Em aberto desafio ao espírito de manada, decidiu fazer compras em uma das mais severas crises da moderna e incipiente economia mexicana. Enquanto os investidores estrangeiros e locais tentavam desfazer-se de seus ativos a qualquer preço, Slim fez o contrário: comprou empresas de mineração, lojas de varejo, fábricas de cabos e muito mais. Construiu, ao longo da crise e de seus efeitos, o maior conglomerado econômico do país – o Grupo Carso. "As decisões que tomei naqueles anos me fizeram recordar a decisão tomada por meu pai em 1914, quando em plena Revolução Mexicana, comprou do irmão 50% do negócio (familiar), arriscando todo seu capital e seu futuro".

A segunda metamorfose ocorreu em 1990, quando com as companhias France Telecom, Southwestern Bell e outros 35 investidores mexicanos, participou do leilão das privatizações e obteve o controle da Telmex, o gigante estatal das telecomunicações. Foi assim, pela telefonia, que chegou ao topo do mundo internacional dos negócios. Suas duas companhias telefônicas, Telmex e América Móvil, juntas, valem 30 vezes mais que o Grupo Carso, com mais de quatro décadas de existência.

Para traçar um perfil do homem mais rico do mundo teríamos de retomar suas palavras. Diz ele que começou a economizar seu dinheiro aos dez anos de idade e que herdou de seu pai a habilidade para os negócios.

Conta Carlos Slim que seu pai, Julián Slim Haddad, deu a seus filhos uma educação fundada em valores bem definidos. Era uma pessoa de caráter carinhoso e de valores muito sólidos, que brindou sempre à união familiar um lugar prioritário na sua vida, conseguindo estabelecer nela uma grata harmonia, princípios de honradez, de sinceridade e uma profunda preocupação pelo México.

Ao falecer, dom Julián não só lhes deixou um patrimônio, em valores atuais, em torno de 100 milhões de dólares, como também muitos ensinamentos:

"As razões do êxito comercial do meu pai foram simples: vocação, talento e trabalho. Seus conselhos em questões profissionais, morais e de responsabilidade eram muito claros. Cito suas próprias palavras: o comércio deve implementar um sistema útil; suas atividades e finalidade descansam em um pequeno lucro com as vendas. Deve proporcionar ao consumidor artigos finos e baratos, tratar diretamente com ele, dar-lhe facilidades de pagamento, ajustar seus atos à mais estrita moralidade e honradez".

Slim recorda que seu pai lhe deixou inúmeras anedotas e bons recursos, que aplica em sua vida diária os quais costuma comentar com prazer e a modo de ensinamento a seus entes queridos, destinando a eles o mesmo amor e o mesmo exemplo que recebeu. Contou que desde muito jovem teve de amadurecer e que, embora desde seus tempos de estudante de escola preparatória fosse muito, mostrava-se, ao mesmo tempo, como um rapaz de caráter reflexivo. Gostava de sair com seus amigos e ir às festas, mas sua vida não girava em torno desse ambiente. Em certas ocasiões, preferia permanecer em casa no fim de semana. Era introspectivo, gostava de analisar tudo que acontecia em seu país e a problemática da sociedade.

Aos dezessete anos de idade, matriculou-se na Universidade Nacional Autônoma do México para cursar a carreira de engenharia. Antes de concluir seus estudos, já dava aulas na Unam, na cátedra de álgebra. Em 1963, aos 23 anos, graduou-se com a tese "Aplicações da Programação Linear em Engenharia Civil". Fez também estudos complementares em desenvolvimento econômico e planejamento industrial.

Depois de concluir seus estudos empreendeu uma longa viagem pelos Estados Unidos e pela Europa. Enquanto sua geração, em todo o mundo, viveu importantes mudanças sociais e políticas, às quais ele não se subtraiu, aproveitou seu tempo para submergir durante dias inteiros em múltiplas leituras na Biblioteca da Bolsa de Valores de Nova York, onde examinou centenas de livros e arquivos sobre temas financeiros, ao que teríamos de agregar suas habituais leituras de literatura e história.

Aos 26 anos de idade, quando Carlos Slim casou-se com Soumaya Domit Gemayel – de dezoito anos – começava a estabelecer as bases de seu império. Soumaya, nascida em 1948, era filha de Antonio Domit Dib e de Lili Gemayel. Dom Antonio Domit, originário de Bechele, foi o principal promotor da indústria do calçado no México e *dona* Lili pertencia a uma importante família de políticos de seu país. Seu tio Amin Gemayel foi presidente do Líbano.

Quando se casaram, em 1966, Carlos Slim trabalhava no salão de leilões da Bolsa Mexicana de Valores, no velho edifício da rua Uruguay, no centro da Cidade do México. Como presente de bodas, Carlos Slim recebeu 1 milhão de pesos de sua mãe, com que comprou um terreno em Polanco. O costume libanês era construir a casa da nova família. Mas o novo casal decidiu construir, em vez disso, um edifício na rua Bernard Shaw, em Polanco; viviam em um andar e alugavam os outros apartamentos.

Ao mesmo tempo que se dedicava ao incipiente matrimônio, Carlos Slim, apoiado por sua esposa Soumaya, empreendeu a gestação dos Grupos Inbursa e Carso, adquirindo como sua primeira empresa a engarrafadora Jarritos del Sur, e começou a construir várias empresas como: Corretora Inversora Bursátil, Inmobiliaria Carso, Constructora Carso, Promotora del Hogar, S.S.G, Inmobiliaria, Mina de Agregados Pétreos El Volcán, Bienes Raíces Mexicanos e Pedregales del Sur. A Inmobiliaria Carso foi constituída em janeiro de 1966, três meses antes de casar-se, e o nome de seu império vem das primeiras letras de Carlos e Soumaya.

Agora é o homem mais rico do mundo, com mais de duzentas empresas em mais de vinte países. Controla entre 30% e 40% da Bolsa Mexicana de Valores, é o empresário que mais paga impostos com suas empresas, investiu, na última década, mais de 60 milhões de dólares na América Latina, gera mais de 250 mil empregos em suas empresas e mais de 1,5 milhão de empregos indiretos e é um dos maiores filantropos do mundo, ao doar um quarto de sua fortuna para obras sociais, humanitárias e para o combate à pobreza.

Anexos

Anexo 1 | O Livro Branco

Privatização pela melhor oferta

Muito acima da venda de bancos e outras empresas em poder do Estado, a privatização da Teléfonos de México durante o governo do ex-presidente Carlos Salinas de Gortari foi a joia mais cobiçada pelos empresários.

No dia 1º de dezembro de 1988, quando Carlos Salinas de Gortari iniciou seu mandato, havia um total de 618 empresas paraestatais, das quais 399 passaram ao setor privado antes que concluísse sua gestão. O Estado participava de cinquenta ramos da atividade econômica e, por decisão presidencial, foram reduzidas a somente 21. Apesar de o chamado "Livro Branco", no qual se registraram as operações das privatizações, ter afirmado que 93% da propriedade ficou com os investidores nacionais, reconhece-se que na Telmex concentrou-se a maior parte do investimento estrangeiro, embora se estabeleça que o controle absoluto da companhia telefônica permaneceu nas mãos de mexicanos.

Para os dois principais responsáveis pelos processos de privatização, o ex-secretário da Fazenda, Pedro Aspe, e a ex-secretária da Controladoria, María Elena Vázquez Nava, a venda das empresas como a Telmex, entre muitas outras, realizou-se porque

> [...] o Estado havia sido tomado por atividades e entidades que bloqueavam a possibilidade de desenvolvimento com o uso da energia social e pela diminuição do cumprimento de seus compromissos fundamentais precisamente naquelas regras que haviam justificado sua participação ativa na busca da justiça social. Foi o caso de advertir sobre os riscos desse pesado aparato que, inclusive por seu volume, havia perdido a capacidade de manter-se em dia com a mudança tecnológica e de cumprir com níveis elementares de eficiência financeira. Não se pretendia apenas melhorar os níveis administrativos, mas também o do uso responsável dos escassos recursos do povo do México, os quais não podem ser gastos descontro-

ladamente com a manutenção improdutiva de ramos prescindíveis – por não serem estratégicos nem prioritários – que, afinal, se voltam contra o interesse social, provocando mais carências do que satisfações.

Dessa percepção de "ineficiência" e de uma suposta carga para o governo, foi que se optou por privatizar a Teléfonos de México, que resultou ser a empresa mais rentável e proporcionou a seus novos donos, somente no primeiro ano, lucros de 2 bilhões de dólares. A Telmex era, desde antes de ser privatizada, uma empresa rentável. Sua venda representou para o governo de Salinas 40% do total da receita das 399 empresas privatizadas. No entanto, a companhia telefônica foi entregue à melhor oferta.

A seguir, o resumo do relatório do "Livro Branco" sobre a privatização da Teléfonos de México, que reunia um total de vinte subsidiárias.

Entidad: Teléfonos de México, S.A. de C.V. y Subsidiarias

1. Alquiladoras de Casas, S.A. de C.V.
2. Anuncios en Directorios, S.A. de C.V.
3. Canalizaciones Mexicanas, S.A. de C.V.
4. Compañía de Teléfonos y Bienes Raíces, S.A. de C.V.
5. Construcciones Telefónicas Mexicanas, S.A. de C.V.
6. Construcciones y Canalizaciones, S.A. de C.V.
7. Editorial Argos, S.A. de C.V.
8. Fincas Coahuila, S.A. de C.V.
9. Fuerza y Clima, S.A. de C.V.
10. Imprenta Nuevo Mundo, S.A. de C.V.
11. Impulsora Mexicana de Telecomunicaciones, S.A. de C.V.
12. Industrial Afiliada, S.A. de C.V.
13. Inmobiliaria Aztlán, S.A. de C.V.
14. Operadora Mercantil, S.A. de C.V.
15. Radio Móvil Dipsa, S.A. de C.V.
16. Renta de Equipo, S.A. de C.V.
17. Sercotel, S.A. de C.V.
18. Servicios y Supervisión, S.A. de C.V.
19. Teleconstructora, S.A. de C.V.
20. Teléfonos del Noreste, S.A. de C.V.

Natureza jurídica: empresas de participação estatal majoritária.

Setor: comunicações e transportes

Objeto social: explorar o serviço telefônico local e de longa distância, assim como as atividades afins realizadas pelas subsidiárias.

Formalização da Proposta de Desincorporação:

A SCT, com ofício nº 5/1986 de 30 de março de 1989, propôs a venda da participação acionária do Governo Federal no capital social da Teléfonos de México, S.A. de C.V. (Telmex). Em 15 de agosto de 1989, o Gabinete Econômico a aprovou por meio do Acordo nº XXXVIII. No dia 21 de setembro do mesmo ano, o presidente da República anunciou a decisão do Governo Federal de vender sua participação acionária na empresa, com a finalidade de conseguir um setor de telecomunicações mais competitivo e eficiente, conservando a reitoria do Estado; emitiram-se, ademais, os esboços aos quais essa venda deveria ajustar-se.

Com base no Acordo nº XXXVIII do Gabinete Econômico, do dia 15 de agosto de 1989, a Comissão Intersecretarial de Gasto Público e Financiamiento, mediante a ata do dia 23 de outubro de 1989, pronunciou-se favoravelmente à alienação dos títulos representativos da Telmex em poder do Governo Federal e das entidades paraestatais e pelo Acordo nº. 90-III-E-7, do dia 12 de fevereiro de 1990, decretou que a desincorporação da Teléfonos de México, S.A. de C.V. implicava as de suas dezoito filiais mais duas em processo de fusão.

Com data de 15 de outubro de 1990, mediante o ofício nº 1.0.00784, a SPP ordenou a nova setorização da SHCP. No dia 27 de outubro, o Titular da SHCP foi designado presidente do Conselho de Administração. No dia 30 de janeiro de 1990, por meio do ofício nº 1.0.00071, a SPP deu autorização ao Titular da SCT para desincorporar a entidade. Nessa mesma data, a SPP solicitou ao secretário da Fazenda, mediante ofício nº 1.0.00072, a designação da Sociedad Nacional de Crédito, por meio da qual se efetuaria a venda da participação estatal no capital social da empresa. Em 26 de março de 1990, a SHCP, por meio do ofício nº JRS/0124/90 designou o Banco Internacional, SNC, responsável pela propagação, avaliação e venda da participação acionária do Governo Federal no capital da empresa e de suas filiais.

A Assembleia Geral Extraordinária de Acionistas de Telefonia de México, S.A. de C.V., no dia 15 de junho de 1990, decidiu, entre outros pontos:

a) modificar o regime das ações que integram a série "AA", as quais deverão representar 51% das ações comuns com direito a voto e que só poderão ser subscritas ou adquiridas por investidores mexicanos;
b) aumentar o capital social e decretar um dividendo em ações da série "L" , que serão distribuídas à razão de 1,5 ação "L" por ação comum das séries "AA" e "A", em que se divide o capital social mediante a capitalização de lucros obtidos nos exercícios anteriores;
c) aumentar o número de membros que integrarão o Conselho de Administração de dezenove membros titulares;
d) modificar os estatutos da sociedade para que estes reflitam a nova estrutura do capital social e a nova integração do Conselho de Administração, e
e) dar permissão ao Conselho de Administração para que integre um plano de participação dos trabalhadores no capital social da entidade.

Depois do aumento de capital e do acordo sobre a nova estrutura de propriedade, os 20,4% do capital social teria maioria dentro do Conselho de Administração e controlaria o voto da empresa, a subscrição só para mexicanos; os 19,6% ações em "A" com voto completo sem restrições de propriedade; e os 60% em ações "L" com voto limitado.

Designação de Auditor Externo (Art. 12 do Regulamento da Lei Federal de Entidades Paraestatais, em vigor a partir de 27 de janeiro de 1990).

No dia 18 de junho de 1990, mediante ofício nº DA-90-003, a Secogef designou o despachante Roberto Casas Alatriste, para fazer a auditoria de venda dos Estados Financieros em 30 de junho de 1990, os quais foram considerados pelo agente financeiro para a elaboração da Avaliação Técnico-Financeira da entidade.

Edital de Venda: O edital de venda foi determinado pelo banco agente em agosto de 1990 e entregue, entre 13 de agosto e 21 de setembro de 1990, aos grupos de investidores qualificados.

Licitação Pública: Em junho de 1990, o Banco Internacional, SNC, e seu assessor financeiro, Goldman Sachs & Co., concluíram a Avaliação Técnico-Financeira da entidade.

A Comissão Nacional de Valores outorgou, em 10 de agosto de 1990, a autorização nº 5.860 para fazer o leilão das ações "AA" sem o cupom correspondente ao dividendo em ações "L" de voto limitado.

No dia 13 de agosto de 1990, os jornais *Excélsior, La Prensa, El Nacional, El Economista, Novedades, El Día, El Universal, La Jornada, uno más uno, El Sol de México, El Heraldo de México, Ovaciones Segunda Edición*, assim como *El Norte, El Porvenir* e *El Diario de Monterrey* e *Ocho Columnas* e *Occidental de Guadalajara*, publicaram a convocatória e as bases de licitação das ações "AA" de propriedade do Governo Federal, representativas de 20,4% do capital social, e a opção de 5,1% de ações da série "L". No dia 16 de agosto de 1990, *Novedades, El Día, El Universal, Excélsior, La Jornada, El Heraldo de México* e *El Nacional* publicaram um convite aos investidores para que manifestassem seu interesse em participar do processo de desincorporação da entidade. Entre 20 de agosto e 31 de outubro de 1990, o Banco Internacional, SNC, coordenou visitas à empresa, assim como entrevistas com funcionários da Telmex e do setor de Comunicações.

No dia 15 de novembro de 1990, entre os Tabelionatos Públicos números 1, 74, 87, 89 e 181 do Distrito Federal, foram recebidas as seguintes propostas de compra:

Grupo liderado por Acciones y Valores de México, S.A. de C.V., representado por Roberto Hernández Ramírez, com a Contraloría Mextel, S.A. de C.V.; Accitel de México, S.A de C.V.; Telefónica de México, S.A. de C.V.; e GTE Mexican Telephone Incorporated, que ofereceram pagar a quantia de 0,780 centavo de dólar americano por ação "AA", somando 1.687,2 bilhão de dólares americanos, pelas 2.163.040.972 ações mais a opção de compra de 5,1% de ações "L".

O grupo liderado pelo Grupo Carso, S.A. de C.V., representado por Carlos Slim Helú, Jaime Chico Pardo, Fernando Pérez Simón, Alejandro Escoto Cano e Sergio F. Medina Noriega, com Seguros de México, S.A., um grupo de investidores mexicanos, Southwestern Bell International Holdings, Co. e France Cable et Radio, que ofereceram 0,80165 centavo de dólar por ação por um total de 2.163.040.972 ações "AA" sem o cupom correspondente ao dividendo em ações da série "L" da Telmex, com a opção de compra de ações da série "L", que representa 5,1% do capital acionário da Telmex, segundo o convênio sobre a opção a pactuar-se entre o Governo e o Consórcio. O preço oferecido foi de 1,734 bilhão de dólares pelas ações e, para incrementar o valor da oferta, foram oferecidos 23,6 milhões de dólares em dividendos.

O grupo liderado por Gentor, S.A. de C.V., representado por Humberto Acosta Campillo e Salvador Benítez Lozano, que se dispuseram a comprar unicamente 10,4% do capital social, 1.103.151.000 ações das 2.163.040.972 ações "AA" em leilão, a um preço de 0,634546 centavo de dólar por ação, somando 700 milhões de dólares, mais a opção de compra de 5,1% de ações da série "L".

Formalização da Alienação: No dia 6 de dezembro de 1990, a Comisión Intersecretarial del Gasto y Financiamiento emitiu o acordo nº 90-XXIII-E-2, relativo à Telmex, mediante o qual o diretor-geral desta empresa deveria formalizar as negociações com o sindicato para expressar com exatidão sua participação acionária, antes do anúncio da venda.

A Comissão Intersecretarial de Gasto Público e Financiamento, na sessão celebrada em 6 de dezembro de 1990, por meio do Acordo nº 90-XXIII-E-1 aceitou vender a Telmex ao Grupo Carso, S.A. de C.V., Seguros de México S.A., a um grupo de investidores mexicanos e às empresas Southwestern Bell International Holdings, Co. e France Cable et Radio, por terem apresentado as melhores condições para adquirir o total das ações "AA".

No dia 9 de dezembro de 1990, a SHCP emitiu a resolução nº RVP-179-A, que aprovou a venda das ações "AA", de propriedade do Governo Federal, ao Grupo Carso, S.A. de C.V., a Seguros de México S.A., a um grupo de investidores mexicanos e às empresas Southwestern Bell International Holdings, Co. e France Cable et Radio, por 1.7576 bilhões de dólares. Nessa mesma data, a SHCP emitiu o ofício nº JRS/0457-A/90, pelo qual se autorizou o Banco Internacional, SNC, a proceder venda da participação acionária do Governo Federal, motivo da licitação, na empresa Teléfonos de México, S.A., de C.V.

Nessa mesma data e com base no artigo 32 da Lei Federal de Entidades Paraestatais, o Sindicato de Telefonistas da República do México e Nacional Financeira, SNC, assinaram um contrato de fideicomisso pelo qual os trabalhadores, por meio de um crédito outorgado pela Nacional Financiera, SNC, adquiriram 4,4% do capital social da empresa, 186.615.300 ações da série "A", por um crédito de 325 milhões de dólares, equivalentes a 955.167,5 milhões de pesos. As ações ficariam como garantia de pagamento do crédito, segundo autorização da SHCP em ofício nº JRS/0457-B/90 e Resolución de Venta nº RVP-179-B, ambos do dia 9 de dezembro de 1990.

Conclusão do Processo: No dia 13 de dezembro de 1990, foi assinado o Contrato de Compra-Venda com o Grupo Carso, S.A. de C.V., com Bernardo Quintana I., Rómulo O'Farril nº 33 investidores mexicanos, Southwestern

Bell International Holdings, Co. e France Cable et Radio, ganhadores da licitação. No dia 20 de dezembro de 1990, diante dos titulares da SHCP, SCT, Secogef, SPP e do secretário-geral do Sindicato de Telefonistas de la República Mexicana e representantes do grupo ganhador, assinou-se um contrato de fideicomisso sobre a totalidade das ações "AA", motivo da compra-venda, com vigência de dez anos, para garantir o cumprimento das obrigações contraídas pelos compradores.

Primeira etapa: As ações adquiridas pelos investidores nacionais equivalem a 10,4% do capital social da entidade, ao passo que os dois investidores estrangeiros compraram cada um 5,0%, com o que o total de ações adquiridas subiu para 20,4% do capital social da entidade.

O montante da operação ascendeu a 1.757,6 bilhão de dólares, correspondendo 1.734 bilhão de dólares às ações e 23,6 milhões de dólares em dividendos. A equivalência total em moeda nacional chegou a 5.171.216 milhões de pesos.

A licitação contemplava o pagamento à vista e a alternativa de pagar em seis meses, gerando juros pela taxa de mercado. Os investidores estrangeiros pagaram à vista e o grupo mexicano, ao término do prazo pactuado, por assim convir a seus interesses.

Com a operação anterior, a Telmex deixou de ser a entidade de participação estatal majoritária.

Entre setembro e outubro de 1991, a Southwestern Bell International Holdings, Co. adquiriu 5,0%, a France Cable et Radio, 0,033% e dois investidores mexicanos adquiriram 0,067% das ações "L" por um montante de 476,6 milhões de dólares, equivalentes a 1.454, 078,7 milhões de pesos.

Segunda etapa: A colocação, nos mercados internacionais, da oferta pública secundária de 16,45% das ações "L" da Telmex foi preparada pela SHCP, pelo Banco Internacional-ISEFI e pela Goldman, Sachs & Co. e consistiu, basicamente, no seguinte:

a) incrementar a liquidez da ação por meio dessa oferta pública;
b) contratar a Goldman, Sachs & Co. como coordenadora global e colíder nas sindicâncias internacionais;
c) selecionar bancos de investimento e corretoras de valores que colocariam as ações da Telmex no mercado;
d) selecionar colocadores por concurso;

e) definir bancos e corretoras de valores para a colocação no resto do mundo;
f) e no México, registrar as ações "L" na Bolsa Mexicana de Valores e, no exterior, efetuar um programa, patrocinado pela Telmex, de American Depositary Receipts (ADR), que representam um pacote de 20 ações da série "L" denominado American Depositary Shares (ADS).

No dia 9 de abril de 1991, foi apresentada para a Securities and Exchanges Commission (SEC), dos Estados Unidos, a solicitação de registro da oferta pública de ações "L". Nessas datas, o valor das ações "A" era de 2,69 dólares cada uma. No dia 19 de abril de 1991, o Banco Internacional, SNC, informou à Comisión Intersecretarial del Gasto y Financiamiento que as ações "L" estavam avaliadas em 3,12 dólares por ação.

Entre 26 de abril e 20 de maio, realizaram-se apresentações em espanhol, inglês e japonês para investidores, em 25 cidades do México, do Japão, da Europa, dos Estados Unidos e do Canadá. A colocação das ações "L" no mercado efetuou-se tomando como referência os valores fundamentais da Telmex, suas perspectivas a longo prazo e sua cotização nos dias prévios à colocação.

No dia 13 de maio de 1991, foram publicadas no *Diario Oficial de la Federación* as disposições para a oferta pública internacional. No dia 14 de maio de 1991, simultaneamente no México, nos Estados Unidos, no Canadá, na Europa e no Japão, ocorreu a oferta pública internacional de ações "L" de propriedade do Governo Federal. Foi colocado à disposição 15,7% do capital social da empresa, resultante da venda de 1.665 bilhão de ações "L", das quais 1.377 bilhão nos mercados de mais de vinte países e 288 milhões de ações no mercado nacional. Destas últimas, 150 milhões de ações foram adquiridas pela Telmex para o fundo de aposentadoria dos empregados administrativos. Em 20 de maio desse mesmo ano, recebeu-se um valor líquido de comissões de 2.166,7 bilhões de dólares. No dia 6 de junho de 1991, foram adquiridas 80 milhões de ações "L" pelos colocadores internacionais, no exercício de uma parte da opção de sobredemanda "Green Shoe" posta à sua disposição pelo Governo Federal. O valor dessa última venda foi de 104,1 milhões de dólares adicionais. O valor total da colocação de 1.745 bilhão de ações "L" ascendeu a 2.270,8 bilhões de dólares, equivalentes a 6.818.006 milhões de pesos.

Com essas operações, a entidade deixou de ser de participação estatal minoritária, uma vez que o Governo Federal conservou apenas 9,52% do capital social.

Terceira etapa: Com base nos bons resultados da empresa, o desempenho financeiro da ação e o desejo de reafirmar a presença do México nos mercados internacionais de capital, nos primeiros meses de 1992 o Governo Federal decidiu realizar uma segunda oferta de ações "L" da Telmex por meio do Banco Internacional-ISEFI e da Goldman, Sachs & Co.

A estratégia tinha como objetivo pulverizar a oferta para evitar a sobreconcorrência por um mesmo mercado e conseguir mais liquidez. Em 27 de abril e 8 de maio, foram feitas apresentações para investidores do México, do Japão, da Europa, dos Estados Unidos e do Canadá, conduta indispensável a fim de promover a venda das ações da Telmex; mais de 60 mil prospectos preliminares da Telmex em espanhol, inglês e francês foram distribuídos em mais de vinte países.

Para a determinação do preço de oferta da ação, conduziu-se uma análise das perspectivas da empresa, do mercado das telecomunicações no mundo inteiro e das condições dos diferentes mercados de capital.

No dia 11 de maio de 1992, fixou-se o preço para a oferta de 56.125 dólares por ADS (o mesmo que inclui vinte ações "L") nos mercados internacionais.

No dia 12 de maio de 1992, fez-se uma segunda oferta pública nacional e internacional de ações "L". O volume colocado à disposição foi de 500 milhões de ações, correspondentes a 4,7% do capital social. Em 18 de maio desse mesmo ano, recebeu-se um valor de 1.360,4 bilhão de dólares, equivalentes a 4.212,735,3 milhões de pesos.

No dia 17 de dezembro de 1992, mediante ofício nº JRS/232/92, a Unidade de Privatização da SHCP solicitou ao subsecretário de Programação, da mesma Secretaria, o cancelamento da chave programática-orçamentária atribuída à Telmex e às suas subsidiárias do Registro da Administração Pública Paraestatal.

Quarta etapa: Do dia 29 de outubro até 14 de dezembro de 1993, fez-se uma oferta pública de ações "L" no mercado aberto, em um total de 329 milhões de ações, correspondentes a 3,1% do capital social. A operação anterior ascendeu a 902.8 milhões de dólares, equivalentes a 2.912,933,6 bilhões de pesos novos.

No dia 31 de dezembro de 1993, o Governo Federal era proprietário de 20.420.175 ações da série "A" e de 160.431.473 ações da série "L", que representam 1,7% do capital social da Teléfonos de México, S.A. de C.V.

Opinião dos Comissários Públicos: Os Comissários Públicos designados pela Secogef emitiram sua opinião a respeito da maneira como se efetuou o processo de desincorporação, no dia 20 de dezembro de 1992.

Anexo 2 | O leilão

Uma pechincha

Para o grupo empresarial de Carlos Slim, a aquisição da Teléfonos de México foi uma operação aberta e alheia a todo interesse político. Com o propósito de romper o estigma de ter sido favorecido pelo ex-presidente Salinas, Slim disse estar disposto a abrir os livros contábeis de suas empresas.

Mediante o pagamento de 441,8 milhões de dólares, o Grupo Carso, comprando apenas 5,17%, conseguiu o controle operativo da Teléfonos de México, associado a um grupo de investidores que fizeram um pagamento "superior" ao estabelecido no mercado por ações "AA", cobrindo o valor da transferência antes que vencesse o prazo. Além disso, apresenta argumentos de que não houve nenhum dano patrimonial contra a nação.

A privatização da Telmex foi anunciada oficialmente no dia 21 de setembro de 1989, e os três licitantes apresentaram ofertas no dia 15 de novembro de 1990, anunciando-se o vencedor no dia 7 de dezembro desse mesmo ano.

Na véspera do processo, o governo federal afirmou que, no caso de os grupos mexicanos e estrangeiros estabelecerem ofertas em separado, a garantia seria de $ 25.000.000 (vinte e cinco milhões de dólares para cada licitador.)

No caso de o Banco Internacional, SNC, requerer informações adicionais a fim de poder comparar as ofertas, tais informações seriam solicitadas diretamente a cada grupo, que deveria entregá-las em um período de 72 horas a partir do momento em que o Banco as solicitasse. Esse prazo só poderia ser ampliado a critério do Banco Internacional, mediante uma petição justificada do interessado, no prazo de 72 horas assinalado. Uma vez equiparadas, as ofertas seriam entregues à Secretaria de Hacienda y Crédito Público.

Também se estabeleceu que nos termos do artigo 32 da Lei Federal das Entidades Paraestatais, os trabalhadores organizados da empresa tinham direito de preferência sobre as ações do leilão.

Assim se estabeleceu o seguinte:

O Grupo Vencedor do leilão por 20,4% do capital social representado pelas ações da série "AA" que, por sua vez, compõem o mínimo de 51% das ações comuns, deverá pagar, no dia da assinatura do respectivo Contrato de Compra-Venda, a soma de $ 250.000.000 (duzentos e cinquenta milhões de dólares). Quando da eleição do Grupo Vencedor, o pagamento anterior será dividido em $ 125.000.000 (cento e vinte e cinco milhões de dólares) para cada um dos grupos mexicanos e estrangeiros. Para efetuar esse pagamento, os grupos poderão usar como parte dele as quantias já depositadas como garantia, conforme previsto na cláusula 6. O saldo deverá ser pago à vista, ou parcialmente com ações da série "L" de propriedade do Grupo Vencedor, a um preço estabelecido, em um prazo que não excederá 180 dias corridos, gerando juros às taxas do mercado, garantindo-se, em todo caso, o pagamento do saldo com as ações da série "AA" da Telmex que fiquem obrigadas ao fideicomisso a que se refere a cláusula 2 dessas bases. Esse procedimento será detalhado no Esquema de Desincorporação.

A partir de 20 de dezembro de 1990 e no mais tardar em 31 de janeiro de 1991, sempre e quando se tenham cumprido as condições dessa convocatória e bases aqui especificadas, a Secretaria da Fazenda e Crédito Público, por um procedimento do Banco Internacional, SNC, dará a conhecer o resultado desse leilão e serão devolvidas, sendo o caso, as garantias outorgadas pelos participantes, com os juros gerados.

Se não forem efetuados os pagamentos nos prazos assinalados, as garantias e o pagamento inicial serão perdidos em favor do Governo Federal, em caráter punitivo.

Em um comunicado de imprensa, datado de 10 de dezembro de 1990, foram feitas as seguintes observações sobre a desincorporação da Teléfonos de México.

No dia 21 de setembro de 1989, o presidente da República, Carlos Salinas de Gortari, anunciou a decisão do Governo Federal de alienar sua participação acionária na Telmex, com o fim de conseguir tornar o setor de comunicações mais competitivo e eficiente, conservando a reitoria do Estado. Os objetivos assinalados foram:

- Melhorar radicalmente o serviço.
- Expandir de forma continuada o sistema atual.
- Fortalecer a pesquisa e o desenvolvimento tecnológico.
- Garantir os direitos dos trabalhadores e dar-lhes participação na empresa.
- Garantir o controle majoritário dos mexicanos.

Desde o anúncio da desincorporação, trabalhou-se para assegurar a conquista de todos e de cada um dos objetivos mencionados.

A primeira etapa do processo concluiu o seguinte: na quinta-feira 6 de dezembro, a Comissão Intersecretarial de Gasto Público e Financiamento terminou a avaliação das propostas apresentadas para adquirir as ações de controle da empresa. Na sexta feira 7, depois do fechamento das operações nos mercados da Bolsa, notificou-se a decisão ao Grupo Vencedor.

O processo foi o seguinte: em primeiro lugar e reconhecendo a necessidade de expandir os serviços de telecomunicações no México, fizeram-se várias modificações necessárias para que a Telmex pudesse cumprir os compromissos de seu programa de expansão.

Por outra parte, modificou-se o Título de Concessão vigente da Telmex, para garantir a conquista dos objetivos de melhorar o serviço, expandir o sistema e fortalecer a pesquisa e o desenvolvimento tecnológico. No Título de Concessão também se estabelece que o controle da empresa deverá permanecer nas mãos de mexicanos. Esse título facilita o desenvolvimento das telecomunicações com uma concepção moderna e ágil de regulamentação, dentro de um marco de concorrência. A modificação do título vigente, assinada pela Secretaria de Comunicação e Transportes e Telefonia do México no dia 10 de agosto passado, será publicada no *Diario Oficial de la Federación*, na segunda-feira 10 de dezembro.

Propôs-se uma modificação na estrutura acionária da Teléfonos de México para garantir o controle dos mexicanos em uma empresa com tão elevado valor de mercado, garantindo ao mesmo tempo os direitos dos acionistas minoritários. Essa modificação foi particularmente complexa, uma vez que a empresa opera tanto na Bolsa Mexicana de Valores quanto na de Nova York. As modificações propostas à estrutura acionária da Telmex foram aprovadas, tornando-se públicas na Assembléia Extraordinária de Acionistas do dia 15 de junho de 1990.

Por outro lado, para cumprir a oferta do senhor presidente da República, estabeleceu-se um esquema para que os trabalhadores adquirissem parte do capital social da Telmex. O contrato correspondente foi assinado hoje mesmo pelo Secretario General del Sindicato de Telefonistas, pelo Presidente del Conselho de Administração de Telefonia do México e pelas testemunhas de honra, o Secretário do Trabalho e Previdência Social e o Secretário de Comicação e Transporte.

O calendário para a desincorporação, publicado em 13 de agosto nos jornais de maior circulação, cumpriu-se estritamente e o processo foi conduzido com toda a transparência.

As empresas que se qualificaram para participar do leilão (cinco nacionais e onze estrangeiras) e cuja lista foi dada a conhecer à opinião pública no dia 21 de dezembro de 1990, tiveram acesso à mesma informação, para avaliá-la e preparar suas ofertas. O Banco Internacional, SNC, recebeu mais de trezentas perguntas dos diferentes participantes. Tais perguntas foram respondidas diretamente pelo banco e, em alguns casos, passadas à Secretaria da Fazenda e Crédito Público e a Teléfonos de México. Todos os participantes tiveram direito às perguntas e respostas. Da mesma forma, os grupos fizeram visitas à Telmex, onde foram feitas apresentações iguais de todas as áreas que integram a organização, colocando-se à disposição dos grupos uma sala de informação com a documentação relevante para a avaliação da empresa. Todos os grupos foram acompanhados sempre por funcionários do Banco Internacional.

Como se deu a conhecer oportunamente à opinião pública, e de acordo com o calendário estabelecido, no dia 15 de novembro foram apresentadas as ofertas para o leilão de 20,4% do capital social da Teléfonos de México, propriedade do Governo Federal e diante de representantes da Secretaria da Fazenda e Crédito Público e da Secretaria da Controladoria da Federação. Nelas se especificavam as quantias oferecidas e as condições da operação de compra-venda, assim como as propostas para os programas de modernização, avanço tecnológico, expansão e capacitação de pessoal para a Telmex.

De imediato, teve início a avaliação e a homologação das ofertas, tanto em seus aspectos financeiros quanto técnicos. Os resultados da avaliação foram apresentados à Comissão Intersecretarial de Gasto Público e Financiamento na quinta-feira 6 de dezembro; o grupo vencedor foi notificado da decisão no dia seguinte, quando os mercados da Bolsa já estavam fechados. Por sua vez, decidiu-se que, por se tratar de uma empresa que opera ativamente tanto na Bolsa Mexicana de Valores quanto na de Nova York, tornava-se imprescindível anunciar ao público o resultado do leilão antes que se abrissem os mercados na segunda-feira 10 de dezembro.

Deve-se assinalar que as três ofertas foram satisfatórias e que cada uma delas garantia o controle majoritário mexicano da empresa. Todas elas se ajustavam plenamente aos requisitos estabelecidos no Esquema e nas Bases para o leilão da Teléfonos de México, e todos os grupos tinham sido devidamente qualificados para participar do leilão. Da mesma forma, todos os licitantes decidiram comprometer-se com o crescimento da empresa e, portanto, incluíram a opção dos 5,1% das ações "L" oferecidas pelo Governo Federal. Os aspectos técnicos das ofertas foram analisados pelos especialistas da Teléfonos de México, cuja conclusão foi a de que "não continham diferenças significativas que permitissem observar vantagens de uma sobre a outra". Consequentemente, o valor oferecido foi, afinal de contas, a variável determinante para a decisão.

As características principais das três ofertas foram as seguintes:

Primeira oferta:

Apresentada pelo Grupo Carso, pela France Cable et Radio e pela Southwestern Bell.

Oferece 5.138,7 bilhões de pesos (1.734 bilhão de dólares), mais os dividendos à vista correspondentes a 20,4% do capital social até um valor total, pelo valor presente, de 69.938 bilhões de pesos (23.6 milhões de dólares). Assim, o pagamento total oferecido é de 5.208,6 bilhões de pesos (1.757,6 bilhão de dólares).

Nessa oferta, o preço equivalente por ação, inclusive a opção, é de 6.022 pesos (2,03 dólares).

Segunda oferta:

Apresentada por Acciones y Valores de México, S.A. de C.V., Casa de Bolsa, GTE e Telefónica de España.

Oferece 5.000 bilhões de pesos (1.687,2 bilhão de dólares).

Nessa oferta, o preço equivalente por ação, inclusive a opção, é de 5.779 pesos (1,95 dólar).

Terceira oferta:

Apresentada pelo Grupo Gentor.

Somente pelo componente mexicano, oferece 2.074 bilhões de pesos (700 milhões de dólares).

Nessa oferta, o preço equivalente por ação, inclusive a opção, é de 4,701 pesos (1,59 dólar).

A Comissão Intersecretarial de Gasto Público e Financiamento decidiu que a primeira oferta, encabeçada pelo Grupo Carso, é a vencedora, destacando que o valor do pagamento oferecido supera em 208,6 bilhões de pesos o da segunda, quer dizer, é 4,2% mais alto.

É importante assinalar, além disso, que o pagamento de 1.757,6 bilhão de dólares oferecido pelo grupo vencedor pelo pacote acionário leiloado supera em 609,8 milhões de dólares o valor total de mercado do capital da empresa em dezembro de 1988 (que era de 1.147,8 bilhão de dólares).

O Grupo Carso, encabeçado pelo engenheiro Carlos Slim, engloba diversas companhias industriais e comerciais. Suas vendas anuais superam 1.500 bilhão de dólares; a empresa tem mais de 30 mil funcionários e conta com uma grande capacidade empresarial.

A France Cable et Radio é filial da empresa France Telecom, com vendas de mais de 20 bilhões de dólares por ano e 155 mil funcionários; até hoje, instalou e opera 28 milhões de linhas telefônicas em seu país (comparadas com 5,5 milhões de linhas que a Telmex opera no México). A empresa demonstrou grande capacidade de expandir e modernizar a rede de telecomunicações de seu país, que cresceu a uma taxa anual média de 11% nos últimos vinte anos, com um nível de digitalização dos mais avançados do mundo. Essa empresa é considerada, quanto ao avanço tecnológico, uma das mais importantes do mundo.

As vendas da empresa Southwestern Bell superam 8.900 bilhões de dólares por ano; tem 12 milhões de linhas instaladas e conta com 66.700 funcionários. Essa empresa se converteu em corporação independente em 1984, quando o sistema nacional de telecomunicações nos Estados Unidos se desagregou. É uma das companhias líderes em telefonia local, celular e de radiolocalização nos Estados Unidos.

A informação anterior indica que a nova administração da Teléfonos de México contará, sem dúvida, com a capacidade para alcançar as ambiciosas metas de crescimento e qualidade que lhe foram impostas pelo Título de Concessão. Com isso, conseguiremos levar o México ao lugar que lhe corresponde em matéria de telecomunicações e que lhe é indispensável para alcançar as metas nacionais de crescimento e desenvolvimento econômico.

A privatização da Teléfonos de México fez-se com transparência e imparcialidade e o público foi informado oportunamente das diferentes etapas desse processo. Essa grande tarefa foi realizada graças ao trabalho em equipe de muitos servidores públicos de diversas dependências; dos funcionários e do Sindicato de Teléfonos de México e do Banco Internacional. Uma vez que é uma das privatizações mais importantes do mundo, por seu valor e complexidade, podemos dizer que foi manejada com eficiência e profissionalismo.

O Executivo Federal deseja fazer o mais amplo agradecimento a todos os grupos que participaram do leilão, com grande seriedade, uma tarefa de muitos meses de trabalho, que implicou um importante investimento de recursos.

Nos próximos dias, haverá a entrega das ações correspondentes a 20,4% do capital social da empresa, com as quais, de acordo com a nova estrutura acionária, será obtida a maioria necessária para o controle administrativo da Telmex e haverá a nomeação do novo diretor-geral. Com isso, conclui-se a primeira etapa da desincorporação, para depois efetuar a colocação das ações "L", propriedade do Governo Federal, nos mercados de valores nacional e estrangeiros. Como nas etapas anteriores, oportunamente se dará a conhecer à opinião pública, em todos os detalhes, os passos necessários para essas ofertas.

Este livro foi impresso pela Orgrafic Gráfica e Editora Ltda. para a Editora Prumo Ltda.